존 듀이 / 제러미 벤담 / 헤라클레이토스 / 루드비히 비트겐슈타인 / 소크라테스
카를 마르크스 / 에드문트 후설 / 니콜로 마키아벨리 / 데이비드 흄
아서 쇼펜하우어 / 프로타고라스 / 토마스 홉스 / 게오르크 헤겔 / 플라톤 / 장 자크 루소
마르틴 부버 / 미셸 푸코 / 쇠렌 키르케고르 / 볼테르 / 존 롤스 / 칸트

르네 데카르트 / 한나 아렌트 / 에피쿠로스 / 존 스튜어트 밀 / 장 폴 사르트르
디오게네스 / 마르틴 하이데거 / 에픽테토스 / 프리드리히 니체 / 탈레스 / 애덤 스미스
막스 베버 / 오컴 / 시몬 드 보부아르 / 아우렐리우스 아우구스티누스 / 토마스 쿤
토마스 아퀴나스 / 피타고라스 / 안셀무스 / 프란시스 베이컨 / 아리스토텔레스

스타벅스에서
철학 한 잔

스타벅스에서 철학 한 잔

초판 1쇄 발행일 2019년 6월 21일
초판 2쇄 발행일 2019년 8월 21일

지은이　함께성장인문학연구원
　　　　원장 : 정예서
　　　　연구원 : 김상현, 류충열, 이민서, 임명희, 정비아, 조윤주, 차경숙
펴낸곳　달의뒤편
펴낸이　구정남·이헌건
마케팅　최진태

주소　　서울 은평구 통일로 684 서울혁신파크 미래청 303B(녹번동)
전화　　02.832.9395
팩스　　02.6007.1725
URL　　www.bookusim.co.kr
등록　　제2017-000077호(2014.7.8)

ISBN　979-11-966399-0-7 03100
값　　　15,000원

신나는 직장 생활을 위한 **42가지 철학 처방전**

스타벅스에서
철학 한 잔

함께성장인문학연구원

지옥철을 견디며
출근하는 당신

며칠 전, 20여 년간 출근하던 직장을 퇴사한 제자의 소회를 읽으며 마음이 먹먹해졌습니다. 그리고 이 같은 질문이 떠올랐습니다. '그는 직장에서 노동, 즉 일을 어떻게 정의하며 긴 시간을 일했던 것일까?' 그 질문은 상담을 하며 만났던 분들이나 우리 연구원에서 만난, 대부분이 직장인이었던 제자들은 또 노동을 어떻게 정의할까에 대한 생각으로 확장됐습니다.

이 책을 읽는 독자인 당신은 어떤 생각을 하며 오늘 아침, 지옥철로, 붐비는 버스로 직장을 향하셨나요? 어떤 강력한 이유로 일정 시간을 담보하며 직장인의 일상을 선택하셨나요? 오랫동안 또는 이제 막 직장에 몸담은 그대가 생각하는 '일'의 정의는 무엇인가요?

저는 지난 10여 년 동안 어른의 학당인 〈함께성장인문학연구원〉에서 수백 명의 직장인이 주경야독으로 인문학을 공부하는 광경을 목도했습니다.

직장생활은 물론, 가정에서 저마다의 역할이 있음에도 '어떻게 살아가는 것이 행복한 삶인가'에 대한 의문을 품고 책을 읽던 시간. 그럼에도 그들역시 연말연시나 인사이동이 시작되면 한차례 몸살을 앓듯 혼란기를 겪습니다. 새로 이동한 부서에 적응하기 위한 질문과 상사나 부하직원, 동료 간의 관계에서 오는 불편함에 대한 질문도 대체로 비슷했습니다. 저는 그런 질문에 답을 하면서 '어떻게 하면 몸담고 있는 회사의 구성원으로서 즐거울 수 있을까'라는 생각을 거듭하게 됐습니다.

우리가 지혜를 사랑해야 하는 이유

필로소피란 말은 그리스어의 필로소피아(philosophia)에서 유래했습니다. 필로는 '사랑하다' '좋아하다'라는 뜻의 접두사이고 소피아는 '지혜'라는 뜻이니, 필로소피아는 지(知)를 사랑한다, 즉 '학문'을 사랑한다는 말로 풀이됩니다. 철학(哲學)의 밝을 철(哲)도 현(賢) 또는 지(知)의 뜻과 다를 바 없습니다. 그렇다면 철학은 무엇을 위한 학문일까요?

그리스 철학부터 현대 철학에 이르기까지 철학자들이 가장 많이 연구했던 주제는 인간의 '육체와 정신'에 관한 것이었습니다. 예컨대 플라톤이 "정신은 고매하고 영원한 영혼이다"라며 "인간은 두 발로 걷는 깃털 없는 짐승"이라고 하자, 모든 형식을 거부하고 자연에 순응하는 본성의 삶을 추구했던 디오게네스는 어느 날 플라톤에게 닭을 가지고 와 털을 뽑으며 "자, 보시오. 그대가 인간은 깃털 없는 짐승이라고 했다는데, 그렇다면 이 닭도 과연 인간이라 할 수 있는가?"라고 묻습니다.

"육체는 영혼의 감옥이고 숭고한 정신의 영혼은 하늘에 있다"라고 주장한 플라톤에게 의문을 제기한 것입니다. 플라톤은 자신의 철학과 배치되는 디오게네스를 못마땅해하면서도 그를 '미친 소크라테스'라고 불렀습니다.

거리의 철학자라고 불리며 평생을 살았던 디오게네스를 비롯, 자신이 신과 어떻게 만났는지를 방대한 원고의 『고백록』을 통해 남긴 아우구스티누스, 스스로를 증명하기 위해 감옥에서 독배를 마신 소크라테스, 그 외에도 많은 철학자가 자신의 연구를 위해 생의 긴 시간을 바친 이유는 무엇일까요?

자신에게 다가온 질문의 대답을 구하던 철학자들은 결국, 동시대 사람들이 인간의 격을 회복할 수 있도록 돕기 위해 평생을 연구한 것입니다. 고대로부터 수천 년이 지난 현대에도 여전히 반복되고 있는 우리의 의구심에 대답이 된 현자들의 말. 이렇듯 철학은 누구도 예외 없이 평등하게 주어진 시간 속에서 속수무책으로 떠밀려가는 인간이 아닌 '인간으로서의 나아감을 위한 연구자들의 운동'입니다.

우리는 이미 철학자다

직장인인 당신이 새해, 인사발령을 받았는데 그 부서 팀장의 성품이 악명 높다면, 당신은 아마도 그 팀장과 어떻게 조직생활을 해 나가야 할까를 생각하게 되겠지요. 철학자들의 연구는 그처럼 일상의 불협화음이나 결핍에서 시작됐습니다. 그러니 노동의 현장에서 어떤 상황에 맞닥뜨린 당신이 그 대답을 찾는 연구를 하고 있다면 당신은 이미 철학하는 인간입니다.

이 책에서는 그리스 철학에서 현대 철학에 이르기까지 특수에서 보편으로, 보편에서 특수로의 앎을 연구한 철학자들의 말이 현대, 특히 직장에서 오늘을 사는 우리에게 어떻게 도움을 줄 수 있을지를 간추렸습니다. 때로는 목숨을 담보로 한 철학자들의 연구가 우리 직장인에게 스타벅스에서 마시는 따뜻한 차 한 잔의 위로처럼 다가가는 것, 그것이 우리 연구원에서 펴낸 이 책의 소명입니다.

멈추지 못하는 회전문

우리의 갈등은 대체로 '제대로 처방받지 못한' 또는 '제대로 알고 있지 못한' 불안에서 오는 경우가 많습니다. 더 이상, 이유도 모른 채 멈추지 못하는 회전문이 아닌, 왜 노동해야 하는 가에 대한 대답을 알고 소소한 일로 마음을 다치지 않는, 마음이 풍요로운 직장인, 철학자들이 전하는 말이 격려가 되고, 삶의 지혜가 되어 지옥철이 아닌 스스로 선택한 직장의 장소적 가치, 스스로 내 삶을 이끌어 가는 당당한 직장인이 되는 '알아가는' 시간이 이 책을 읽는 당신에게 도래하길 바랍니다.

철학자들의 웅숭깊은 사유에 빚을 지며 자칫 그들에게 누가 될까 걱정이 됩니다. 그러나 한편, 그들의 말을 오늘의 직장인에게 적용할 수 있도록 전하게 된 건 분명, 반가운 작업이었습니다.

이 책을 꾸리는 동안 서로 깊어진 우리 연구원들과 나눈 시간도 인상적인 한 장면으로 남았습니다. 부족한 선생을 따라 끝까지 연구자로서 함께한 연구원들에게 고마운 인사를 전합니다.

이 책을 막 펼쳐 든 독자, 후일 만날 그대에게도 반갑고 고맙다는 인사를 건네며, 오늘도 아침 공기를 가르며 출근을 위해 길을 나선 직장인인 당신. 아리스토텔레스가 "인간의 최고 선은 행복이다"라고 했듯, 어디에 계시거나 당신이 인간이어서 행복하다고 느끼는 하루가 되기를 응원합니다.

어른의 학당 〈함께성장인문학연구원〉 원장 **정 예 서**

목차

2장 직장에서 당신의 '관계'는 안녕한가?

3장 우리의 가치 있는 삶, 가능할까?

4장 직장을 그만두면 자유로울까?

목차

5장 연봉만 오르면 부자가 될 수 있을까?

6장 성장을 향한 터닝포인트, 어떻게 가능할까?

1장

즐거운 일터,
가능한가?

업무도 바쁜데 철학이라고?

존 듀이 '창조적 지성' / 이민서

철학 처방전

철학은 배워서 어디다 쓰지?

매월 말 열리는 마케팅 회의시간마다 J대리는 가슴이 답답해집니다. 한 달 업무를 점검하고 다음 달 진행할 업무를 기획하는 회의에서는 늘 새로운 아이디어가 요구되기 때문입니다. 다른 사람들은 통통 튀는 아이디어를 제안하는데 J대리는 자신만 진부한 아이디어를 내는 것 같아 자신감이 떨어집니다. 마케팅 관련 서적이나 자기계발서를 읽어봐도 크게 나아지지 않습니다.

그러던 어느 날, 아이디어 뱅크로 불리는 타 부서 M과장과 개인적으로 대화를 나눌 기회가 생겼습니다. J대리는 어떻게 하면 창의적인 아이디어를 낼 수 있는지 조심스럽게 물었습니다. 그런데 M과장의 대답은 의외였습니다. 철학과 심리학이 아이디어를 내는 데 많은 도움이 된다는 겁니다. J대리는 선뜻 이해가 되지 않았습니다. 실생활에 전혀 도움이 되지 않아 그저 사유에 머무는 학문쯤으로 치부했던 철학이 아이디어의 원천이라니요.

J대리뿐 아니라 많은 사람이 철학은 난해하고 관념적이어서 전공자들이나 연구하는 학문 정도로 여기는 경향이 있습니다. 특히 하루하루 업무에 쫓기는 직장인에게 철학은 그야말로 멀고도 먼 학문이 아닐 수 없습니다. '배워서 어디다 써?'라고 생각했던 철학이 아이디어의 원천이라니 믿을 수 없는 노릇이죠. 미국의 사상가이자 실용주의 철학의 대표로 불리는 존 듀이(John Dewey)라면 철학을 처음 접하는 J대리에게도 업무에 적용하는 방법을 쉽게 알려주지 않을까요?

일하면서 배우는 삶의 자세

식료품 상점의 셋째 아들로 태어난 듀이는 책을 좋아하고 모험을 즐기는 소년이었습니다. 그는 농장일과 신문배달, 목재를 세는 일 등을 하며 어린 시절을 보냈습니다. 당시 듀이가 살던 지역에서는 아이들이 일을 하는 것은 아이들의 독립심이나 책임감을 길러준다는 생각이 일반적인 풍조였다고 합니다. 후일 듀이도 어렸을 때의 노동경험이 책임감과 성실함을 배우는 데 큰 영향을 미쳤다고 말했습니다.

어려서부터 생활 속 노동이 몸에 밴 듀이는 80세가 넘어서도 과일나무를 재배하고 직접 닭을 길러 달걀을 거두었던 것으로 유명합니다. 고급 별장에 잠시 머물던 때도 듀이는 아침마다 허름한 옷차림으로 자전거를 타고 가이웃에 달걀을 나눠주었다고 합니다. 어느 날, 저녁모임에 초대된 듀이를 보고 별장촌 부인들은 달걀을 배달하던 노인이 세계적 철학자 존 듀이라는 사실을 알고 매우 놀랐다는 재미있는 일화도 전해집니다. 이처럼 일하면서 배우는 듀이의 생활자세는 그가 주장하는 사상과도 맞닿아 있습니다.

실용주의, 유용한 작용을 하도록 행동하는 것

실용주의는 프래그머티즘(pragmatism)이라고도 불리는데, 프래그머티즘은 '행위', '실천'을 뜻하는 그리스어 '프라그마'(pragma)에서 유래한 단어[1]로 19세기 후반 미국을 중심으로 발전한 철학사상입니다. 모든 가치를 유용성의 입장에서 판단하고 결정하는 실용주의는 찰스 샌더스 퍼스(Charles Sanders Peirce, 1839~1914)가 창시했고, 윌리엄 제임스(William James, 1842~1910)가 계승 발전시켰으며 듀이가 실천적인 사상으로 완성했습니다.

실천적 실용주의를 주장한 듀이는 인간을 풍요롭게 하는 일을 철학의 목적으로 삼았습니다. 그래서 그는 지식이나 사상도 생활에 변화를 가져오지 못하면 의미가 없다고 말했습니다. 지식이나 사상이 탐구의 목적이 아닌 일상생활에 도움이 되는 수단이어야 한다는 겁니다. 이것이 듀이의 '도구주

---

1. 『교육학용어사전』 참조

의' 사상입니다. 지식은 끊임없이 진화하기에 절대적인 진리를 추구하기보다 도구로서 생활에 유익한 지식을 추구해야 한다는 것입니다. 그는 ❶의심이 생기는 문제 상황 ❷문제의 설정 ❸문제를 해결하기 위한 가설의 제시 ❹추론에 의한 가설의 재구성 ❺실험과 관찰에 의한 가설의 검증 단계를 거쳐 지식을 도구로 활용할 수 있다고 역설합니다.[2]

문제해결학습과 창조적 지성

듀이의 실천적 실용주의 사상은 그의 교육철학에도 그대로 드러납니다. 그의 저서 『학교와 사회』, 『민주주의와 교육』에 따르면 교육이란 경험의 끊임없는 개조이며, 미숙한 경험을 지적인 기술과 습관을 갖춘 경험으로 발전시키는 것입니다.

그래서 듀이는 학생들에게 일방적으로 지식을 주입하거나 학생들의 자발성에만 의존할 것이 아니라 다양한 경험에 참여시킴으로써 창조력을 발휘시킬 수 있도록 계획해야 한다고 말합니다. 이러한 교육환경이 되어야 학생들이 스스로 문제를 발견하고 해결하는 문제해결학습을 배울 수 있다는 것이지요.

나아가 듀이는 『인간성과 행위』에서 관습, 충동, 지성 등의 작용에 대해 인간의 행위를 중심으로 고찰하는데, 여기서 '창조적 지성'의 작용에 대해 설명합니다. 지성은 회상하고, 관찰하고, 계획을 세우는 것으로, 개인의 창의는 이 지성의 작용에 의해 만들어진다는 겁니다. 관습 ➡ 충동 ➡ 지성이라는 의의의 움직임을 형식적으로 분석하면 불안정 상황 ➡ 문제설정 ➡

---

2. 『통합논술 개념어 사전』(청서출판) 참조

가설 ➡ 추론 ➡ 실험 ➡ 보증된 명제라는, 위에서 말한 탐구의 논리구조[3]와 일치합니다. 다시 말해, 창조적 지성은 우리가 어떤 새로운 상황에 직면했을 때 관찰하고, 인식하고, 미래를 예측하면서 새로운 행동양식을 계획할 수 있는 지성의 습관화라고 말할 수 있습니다. 이러한 창조적 지성이야말로 문제를 해결하는, 날마다 혁신을 해야 하는 직장인에게 꼭 필요한 요소가 아닐까요?

실행을 통해 이론을 내 것으로 만드는 지혜

매월 말이면 회의가 열리는 것을 알고 있는 J대리. 회의 주제를 앞에 놓고 먼저 기존에 실행된 마케팅 내용을 세심하게 관찰하고 분석하는 단계가 있어야겠지요. 다음에는, 그동안 자신의 경험을 바탕으로 다양한 가설을 세우는 겁니다. 가설을 하나씩 추론해 검증해 나가다 보면 새로운 아이디어를 떠올려 구체화할 수 있지 않을까요? 이 과정을 반복해 실행하다 보면 회의에 주도적으로 참여하게 되는 새로운 행동양식이 기능하게 되지요. J대리에게 회의(會議)는 더 이상 회의(懷疑)를 낳는 게 아닐 겁니다.

직장에서 수행하는 업무는 일정 기간 내에 실행을 통해 완수해야 하는 과정의 반복입니다. 그 속에는 일상적으로 해결할 수 있는 업무도 있지만, 돌발상황이나 특수상황이 발생해서 긴급하거나 독창적으로 해결해야 할 업무도 많습니다. 다양하고 창의적인 대안을 필요로 하는 업무와 마주했을 때가 바로 창조적 지성이 필요한 순간입니다. 호흡 한번 가다듬고 존 듀이를 데려와 자신이 알고 있는 모든 정보와 지식을 도구 삼아 창조적 지성을 발휘해

---

3. 『민주주의와 교육 / 철학의 개조』(동서문화사) 참조

보세요. 이 과정을 반복하다 보면 관찰하고 인식하고 예측하는 창조적 지성이 내 것으로 체화될 겁니다.

그러다 보면 업무에 대한 자신감이 향상되고 자존감도 쑥쑥 올라가는 것은 당연하겠지요? 창조적 지성이야말로 현대인의 직장생활에 중요하고도 필요한 요소이자 업무 효능감을 올리는 지름길이라 여겨집니다.

존 듀이 John Dewey: 1859~1952
미국의 철학자
대표 저서: 『논리학–탐구의 이론』, 『경험으로서의 예술』, 『인간성과 행위』,
『민주주의와 교육』, 『학교와 사회』

존 듀이는 프래그머티즘의 시카고학파 창시자이자 철학·사회학·교육학·미학 등에 커다란 영향을 미친 철학자로 실생활과 거리가 먼 학문으로 생각되는 철학을 사람들 가까이 데려왔다. 시카고, 콜롬비아 등 미국 각지의 대학교수를 지냈으며 중국·영국·일본 및 각 지역으로 강연여행을 했다. 중국 제이드 훈장(1939), 칠레 메리트 훈장 (1949)을 수상했다.

왜 나만 '열 일하는' 것처럼 느껴질까?
제러미 벤담 '최대 다수의 최대 행복' / 김상현

철학 처방전

쾌락의 정밀한 측정

대학 시절 경제학 교과서에서 '결혼의 경제학'이라는 생소한 용어를 접하고 과연 어떤 방식으로 결혼을 하고 결혼생활을 유지하는 것이 제 삶의 만족도를 극대화할 수 있을까에 대해 생각해본 적이 있습니다. 결혼과 관련해 결정해야 할 변수들이 매우 많겠죠? 모든 항목을 고려할 수 없으므로 몇 가지 중요한 변수를 골라 항목마다 10점 만점 기준으로 만족도를 써 놓은 후 적당한 함수식을 만들어 꼼꼼히 계산해보면 주관적 행복감을 계량화할 수 있겠다는 생각을 했던 기억이 납니다.

이렇게 개인의 쾌락과 고통을 정량화하고자 시도했던 최초의 철학자가 제러미 벤담입니다. 18세기 공리주의의 대표 철학자이면서 존 스튜어트 밀의 정신적 스승으로 유명한 벤담은 개인의 행복한 삶에 관심이 많았다고 합니다. 쾌락이야말로 인생의 목적이라고 생각했던 그에게 쾌락은 행복이고 고통은 불행이었습니다.

그 시대 많은 철학자가 무엇이 옳고 그른지, 무엇이 선이고 악인지라는 철학적 과제를 해결하기 위해 고민을 했는데, 벤담은 그런 논의는 불필요하다고 여겼습니다. 결과가 좋으면, 많은 사람이 행복하다면 그것이 바로 옳은 것이고 도덕적인 것이라고 생각했습니다. 벤담에게 있어 올바른 행동이란 쾌락의 양을 늘리고 고통의 양을 줄이는 것이었습니다. 그는 쾌락의 양을 객관적으로 계산할 수 있다며 쾌락 계산법도 내놓았는데, 쾌락을 평가하기 위해 '강도, 확실성, 근접성, 다산성, 지속성, 순수성, 범위'라는 일곱 가지 기준을 마련했습니다.

강도는 어떤 행동으로 인한 쾌락의 정도를 나타내고, 확실성은 어떤 행동이 얼마나 확실하게 쾌락을 주는지를 나타냅니다. 근접성은 쾌락을 얼마나 빨리 얻을 수 있는지를, 다산성은 쾌락이 일회적인지 반복적인지를 보여줍니다. 지속성은 쾌락이 얼마나 지속될 수 있는지를, 순수성은 쾌락 속에 고통이 숨겨져 있는 것은 아닌지를, 범위는 쾌락이 얼마나 많은 사람에게 영향을 미치는지를 나타냅니다. 그리고 각 기준마다 쾌락을 (＋)로, 고통을 (─)로 계산했습니다.

강력한 공리주의의 영향력

벤담의 아이디어는 여러 사람이 함께 행복을 누리는 '공중적 쾌락주의'로 확장되었습니다. 벤담은 가장 많은 사람에게 최대의 행복을 가져다주는 '최대 다수의 최대 행복'을 주장했고, 이런 그의 철학을 '공리주의'라 부릅니다.

벤담의 사상은 여러 비판에 직면하게 됩니다. 특히 절대 진리와 선을 믿는 철학자들에게는 받아들이기 어려운 철학입니다. 개인과 공공 선택의 문제에 있어 논란의 여지도 있습니다. 하지만 우리의 현실을 살펴보면 벤담의 아이디어대로 의사결정이 이뤄지는 경우가 대부분입니다. 흔히 말하는 다수결의 원칙을 예로 들 수 있을 것입니다. 벤담에 의하면 모든 사회구성원은 자신의 쾌락과 행복을 증가시키는 방향으로 의사결정을 하기 때문에, 가능한 한 많은 사람이 비교적 높은 수준의 쾌락을 누릴 수 있는 선택이야말로 최선이라고 생각했습니다.

우리의 삶을 돌아보면 벤담의 단순한 논리가 얼마나 큰 영향력이 있는지 알 수 있습니다. 정의나 절대 진리와 상관없이 과반수의 찬성을 얻지 못하면 어떠한 법안 하나도 국회를 통과하지 못하는 것이 현실입니다. 유치원에 실시간 CCTV를 설치해야 하는가, 원자력 발전의 의존도를 현 상태로 유지할 것인가 등 첨예하게 대립하는 사회적 문제들은 여론조사를 통해 다수의 국민이 원하는 방향으로 결정됩니다. 흡연자가 전체 인구의 절반 이하로 떨어짐에 따라 식당을 포함한 공공장소에 대한 전면적인 금연이 시행되었고, 애견인구의 증가로 개의 식용에 반대하는 목소리도 점차 커지고 있습니다.

왜 나만 힘들다고 느껴질까?

직장생활을 하다 보면 나만 힘들게 일하는 것처럼 느껴지는 경우가 종종 있습니다. 특히 혼자만 열 일 하면서도 제대로 된 평가를 받지 못한다는 생각이 들 때면 억울한 감정이 올라오기도 합니다. 이런 상황이 발생하는 진짜 이유는 과연 무엇일까요?

나보다 일도 안 하고 능력도 없어 보이고 실적도 미흡해 보이는 동료가 더 좋은 평가를 받는다면 화가 치밀어오를 것입니다. 하지만 우리가 동료에 대한 업무평가를 과연 객관적으로 할 수 있을까요? 실제로 우리는 타인이 처한 상황을 정확히 알기 어렵습니다. 더구나 충분한 관심을 쏟을 만큼 시간적 여유가 많은 것도 아닙니다. 동료가 겪는 고통과 어려움에 대한 이해가 부족하고 정보가 충분하지 않은 상태에서 성급히 판단을 내리는 경우가 대부분일 것입니다.

동료에 대한 평가는 밖으로 드러난 모습과 계량적인 실적, 수치로 쉽게 판단하는 반면 자신을 둘러싼 업무환경은 전후 사정 등을 포함해 여러 가지 다양한 정성적, 질적 판단을 함께하므로 자신의 고통이 더욱 크게 느껴질 수 있습니다. 이렇듯 생각과 현실 사이에 큰 간격이 발생하는 진짜 원인은, 타인의 고통은 과소평가하고 자신의 고통은 과대평가하는 불완전한 인식의 오류 때문은 아닐까요?

혹시, '오늘도 왜 나만 열 일하는 걸까' 생각이 드신다면 벤담의 정밀한 쾌락계산법에서 아이디어를 얻어 객관적인 평가지표를 한번 만들어보는 것은 어떨까요? 나는 과연 아무런 편견 없이 같은 잣대로 정확하고 객관적인 판단을 하고 있는지 확인해보는 데 도움이 될 것입니다.

제러미 벤담 Jeremy Bentham: 1748~1832
영국의 철학자, 법학자, 경제학자
대표 저서: 『정부소론』, 『도덕과 입법의 원리 서설』

런던 출생의 철학자이자 법학자로서 공리주의 이론의 제창자. '최대 다수의 최대 행복'이라는 말로 유명한 그의 이론은 입법자가 국민 전체의 이익을 목표로 해야 한다는 점을 강조했다. 공무원의 자질을 최대화하고 조세 부담을 최소로 하는 효율국가를 주장했고 국민주권, 보통선거, 교육, 언론의 자유 등 오늘날 자연스럽게 받아들이고 있는 여러 민주주의 이론들에 대한 논리를 전개했다.

당신에게 지금 필요한 건 변화?

헤라클레이토스 '**로고스**' / 이민서

철학 해방전

직장인에게 강요되는 변화

20년 차 직장인 K부장은 올해 들어 유난히 마음이 복잡합니다. 회사는 실적 부진을 타개하기 위해 "변화만이 살 길이다"라는 진부한 캐치프레이즈를 내걸고 매월, 매주, 매일 업무점검 시스템을 가동하고 있습니다. K부장은 20년 동안 직장생활을 하면서 이러한 변화경영 정책을 여러 차례 경험했습니다. 4~5년 주기로 회사가 어려움에 처할 때마다 변화경영은 주요 정책이 되어 왔고, 회사의 압박경영에 직원들은 힘들어했습니다. 회사가 어렵다는 말을 자주 들어온 직원들은 업무에 몰두하는 것이 아니라 이직을 생각하거나 버티기로 직장생활을 하는 것 같습니다. 실제로 많은 대리, 과장급 직원들이 회사를 떠났고, 남은 직원들은 혹시라도 자신이 구조조정 대상에 포함되지 않을까 하는 불안감으로 하루하루를 보내고 있습니다. 내년부터 임금 피크제에 돌입하는 K부장. 회사에 남아야 할지 다른 일을 찾아 회사를 떠나야 할지 고민이 많습니다.

K부장뿐만 아니라 다른 직원들도 고민이 많습니다. 물론 변화가 필요한 시점이라고 느끼면서 말이지요. 하지만 직원들은 '변화경영'이라는 구호에 혼란스러운 것도 사실입니다. 미래를 예측할 수 없는 불확실성 앞에서 하루하루가 불안하고 두려운 마음도 생깁니다. 변화의 필요성을 인식하면서도 우리는 왜 변화를 두려워할까요? "만물은 유전한다"라고 설파한 고대 철학자 헤라클레이토스를 통해 변화의 의미를 음미해보시지요.

홍수를 가뭄으로 바꿀 수 있느냐?

헤라클레이토스는 에페소스 명문가 출신 철학자입니다. 그는 심각한 얼굴로 깊은 사색에 잠겨있을 때가 많아 '어두운 자'라 불렸습니다. 또한 그는 "델피에서 신탁을 주시는 그분은 누설하지도 않고 감추지도 않고 그저 암시를 주실 뿐이다"라며 마치 신탁의 언어처럼 애매모호한 은유적 표현을 써서 '난해한 철학자, 모호한 자'로 불리기도 했습니다. 정치에 실망한 그는 말년에 세상을 혐오해 산속에서 풀과 나뭇잎을 먹으며 은둔생활을 하다가 온 몸이 부풀어 오르는 수종에 걸려 도시로 돌아왔습니다. 그는 의사에게 "홍수를 가뭄으로 바꿀 수 있느냐?"라고 질문해 의사가 대답하지 못하자 의사의 치료를 거부하고 쇠똥을 몸에 발라 햇볕에 말리는 자가치료를 하다가 죽었다고 전해집니다. 그의 죽음은 현대인의 시각으로 보면 황당하지만, 그는 수종을 햇볕에 말려 치료함으로써 '만물의 근원은 불'이라는 자신의 철학적 명제를 몸소 실천하려 한 것은 아니었을까요?

변화 이외에 영원한 것은 없다

헤라클레이토스의 사상은 그가 남긴 100여 편의 짧은 이야기, 즉 단편을 통해 전해지고 있는데, 그중 대표적인 사상이 '불을 통한 변화'입니다. 그는 "불의 죽음이 공기에게는 생겨남이고, 공기의 죽음이 물에게는 생겨남이다"라며 불을 만물의 척도로 보았습니다. 그래서 "이 세계는 모두에게 동일하다. 어떤 신이나 인간이 만든 것이 아니라 언제나 있어왔고, 있고, 있을 것이며, 영원히 살아있는 불로서 적절한 만큼 타고 적절한 만큼 꺼진다"라며 타오르다 사그라지는 불이 만물을 생성하고 변화시키는 원리라고 주장했지요.

만물의 생성 변화라는 불의 원리는 '만물 유전' 사상으로 펼쳐집니다. 그는 "변화 이외에 영원한 것은 없다. 변화 이외에 남는 것은 하나도 없다. 만물은 유전하고 머무르지 않는다"라고 말합니다. 이때 우리에게 격언처럼 알려진 "우리는 같은 강물에 두 번 들어갈 수 없다"라는 표현이 나옵니다. 강물은 계속해서 흐르기에 이전에 발을 담갔던 그 물이 아니라는 말이지요. 또한, 오늘의 나도 어제의 내가 아니고 모든 것은 변화 속에 있다는 겁니다. 그러니 변화 이외에 남는 것은 하나도 없게 되는 것입니다.

생성과 변화를 규정하는 법칙, 로고스

이처럼 모든 것이 변화합니다. 그런데 그 변화는 어떤 법칙에 따라 일어 난다고 헤라클레이토스는 주장합니다. 그 법칙이 바로 '로고스'(logos)입니다. 헤라클레이토스의 로고스는 서로 대립하는 것들의 상호작용을 통해 생성 과 변화를 일으키도록 규정하는 질서입니다. "삶과 죽음, 깨어남과 잠듦, 젊 음과 늙음은 …… 같은 것이다" "건강을 좋게 만드는 것은 병이며, 배부름을 달콤하고 좋게 만드는 것은 배고픔이고, 휴식을 달콤하고 좋게 만드는 것은 피곤함이다" 등 서로 대립하는 것처럼 보이는 것들이 실은 하나라는 거지 요. "그것은 마치 활과 리라의 경우처럼, 정반대로 당기는 조화"로 대립하는 것들의 투쟁을 통해 조화를 이룬다는 겁니다. 그래서 그는 "나에게 귀를 기 울이지 말고 로고스에 귀를 기울여 '만물은 하나다'(hen panta einai)라는 데 동 의하는 것이 지혜롭다"라고 말합니다.

헤라클레이토스가 최초로 사용한 '로고스'는 그리스어 '말하다'를 뜻하 는 동사 'legein'의 명사형으로 '말한 것' 혹은 '말'을 뜻했지만 점차 진리, 이 성, 말, 실재, 신 등으로 의미가 다양하게 파생되었습니다. 현대적 의미의 로 고스는 "사물의 존재를 한정하는 보편적인 법칙, 행위가 따라야 할 준칙, 이 법칙과 준칙을 인식하고 이를 따르는 분별과 이성(理性)"[4]으로 정의됩니다. 우리는 로고스를 통해 진리는 상대적인 것이 아니라 시간과 장소를 가리지 않고 누구에게나 동일하게 적용되는 보편적 규칙임을 깨닫게 됩니다.

---

4. 『두산백과』 참조

만물은 로고스를 통해 변화한다

헤라클레이토스의 '로고스'를 통해 우리는 일상이 서로 대립하는 것들의 투쟁 속에서 조화를 이루며 변화함을 알게 됩니다. 우리 삶에 존재하는 것들은 갈등 가운데 있지만 상호작용을 통해 조화를 이뤄 나간다는 것을요. 또한, 조화를 이뤄 나가는 상호작용 과정에는 보편적 이성과 같은 규칙, 즉 로고스에 따라 우리의 선택이 바른 방향으로 이끌어진다는 것을 알 수 있습니다. 변화의 상태가 육안으로 뚜렷하게 확인되지는 않지만 분명히 오늘의 나는 어제의 나가 아닙니다. 가족과의 관계를 통해, 업무 수행을 통해, 사회적 환경에 의해 우리는 매일매일 변화하고 있습니다. 만물이 유전하는 가운데 우리도 변화하고 있는 것입니다.

회사에 남느냐 퇴사하느냐의 갈등 속에서 밤잠을 설치는 K부장. 이것이냐, 저것이냐 선택의 기로에 서 있지만 이러한 갈등 속에서도 K부장은 대립과 투쟁의 조화인 로고스를 통해 자신에게 적합한 선택을 하게 되겠지요. 그리고 어제와는 다른 K부장이 될 겁니다. 회사 또한 존속하기 위해 구호만 앞세울 것이 아니라 기업의 비전과 사명이라는 기준에 걸맞게 어제와 다른 오늘을 이끌어갈 방향성을 마련할 겁니다. 기왕이면 회사의 경영이익과 직원들의 복지까지 생각하는 방법이면 더욱 좋겠지요.

로고스를 통해 스스로의 변화를 추동하라

변화가 필요한가요? 그렇다면 "만물은 유전하고 머무르지 않는다"라는 헤라클레이토스의 말을 떠올려보세요. 변화는 두려움이 아니라 지극히 자연스러운 현상임을 이해하게 될 겁니다. 더불어 대립하는 것들이 서로 조화를 이루도록 해주는 로고스가 있기에 우리에게는 변화를 추동하는 힘이 내재해 있다는 것도 알 수 있습니다. 변화는 강요에 의해 어쩔 수 없이 하는 것이 아니라 성장을 위해 우리와 함께 걷는 친구라고 생각하면 좋겠습니다. 그럴 때 자신에게 꼭 맞는 진정한 변화를 이룰 수 있을 겁니다.

헤라클레이토스 Heraclitus of Ephesus: BC 540~480(?)
고대 그리스의 철학자

불을 만물의 근원으로 파악하고, 불은 만물로 만물은 불로 전환한다는 근본사상 아래 만물은 그 대립물과의 상호작용을 통해 진화·생성하고, 유전한다고 보았다. 그의 사상은 고대와 중세, 근대는 물론 현재까지도 많은 영향력을 미치고 있다. 플라톤과 아리스토텔레스는 변화하는 만물에 주목했고, 중세 신학자들은 로고스를 기독교 사상에 결합시켰다. 투쟁으로 인한 만물의 탄생, 대립과 통일은 헤겔, 니체, 다윈의 사상에서도 드러난다.

조직에서 성공하려면 말을 잘 해야 할까?

루드비히 비트겐슈타인 '언어게임' / 차경숙

철학 체방전

아바라 다섯

결혼 후 직장을 그만두었던 K는 최근 작은 회사에 취직을 했습니다. 경력을 인정받지 못해 사무실 막내가 하던 복사기 관리, 우편물 정리와 회의 준비 업무를 맡았지만 다시 일할 수 있다는 사실에 의욕이 불타올랐습니다. 하지만 첫 간부회의를 준비하면서 좌절을 맛보았습니다. 회의자료 복사와 함께 '아바라 다섯'이라는 오더를 받았는데, '아바라'가 무슨 뜻인지 도무지 알 수 없었습니다. 어쩔 줄 몰라 하는 그녀에게 지나가던 대리가 슬쩍 알려준 말은 '아이스 바닐라 라테'였습니다. 참새 방앗간처럼 카페를 자주 다니는 직장인들에게는 일상적인 단어지만 7년 만에 직장생활을 하는 그녀에게는 암호나 다를 바 없었습니다. 이처럼 말은 그 말을 사용하는 사람들의 세계를 재현합니다.

말이 어떻게 세상을 재현할까?

언어를 철학의 중심에 놓고 연구한 천재 철학자가 있습니다. 비트겐슈타인. 그는 세계를 이해하기 위해서는 세계를 표현하는 언어를 연구해야 한다고 믿었습니다. 그러기 위해서 말이 어떻게 세계를 재현할 수 있는지 논리적으로 증명하는 일부터 시작했습니다.

예를 들어, '대통령이 버스를 타고 있다'라는 문장을 읽으면 누구나 버스를 타고 있는 대통령을 떠올릴 수 있습니다. 그런데 과연 어떻게 이런 일이 가능한 걸까요? 대통령이 버스를 타고 가는 장면을 직접 보지도 않고 어떻게 말로 그 장면의 재현이 가능할까요?

비트겐슈타인은 너무나도 당연하게 생각했던 언어와 실재의 대응 관계를 철학적 문제로 보고 연구해 그림이 실재에 대응하는 것과 같은 재현 형식으로 언어가 실재에 대응한다고 주장했습니다. 더 쪼갤 수 없는 의미 단위인 단순한 요소명제를 연결해 복합명제를 만들고(예를 들어 '대통령이 버스를 타고 있는데, 사람들이 둘러 서서 구경을 하고 있다'처럼 접속사를 이용해 복합명제를 만들 수 있다), 이런 명제들의 전체 합이 결국 세계에 대응한다고 믿었습니다.

말할 수 없는 것에 대해서는 침묵해야 한다!

그럼 사실과 대응할 수 없는, 예를 들어 '선이란 무엇인가'와 같은 물음은 어떻게 받아들여야 할까요? 비트겐슈타인은 추상적인 철학적 물음은 사실과 대응할 수 없는, 즉 검증할 수 없는 명제이므로 무의미하다고 했습니다. 하지만 여기서 '무의미하다'는 것은 아무런 가치가 없다는 뜻은 아닙니다. 『논리철학 논고』의 서문에 나오는 "말할 수 없는 것에 대해서는 침묵해야 한다"라는 유명한 문구는 추상적인 명제에 대해 단정적으로 말할 때 발생할 수 있는 오류나 그 해석에서 파생되는 진실에 대한 곡해를 경계해야 한다는 경고입니다.

어쨌든 사실과 논리적 대응이 불가한 영역은 침해하지 않은 채, 그의 연구는 『논리철학 논고』를 끝으로 일단락됩니다. 그 후 철학을 떠나 시골학교 교사, 정원사, 건축가 등 다른 직업을 전전하다가 다시 철학으로 돌아왔습니다. 자신의 논리에서 오류를 발견했기 때문입니다.

일상 언어

다음의 토끼-오리 그림은 심리테스트를 하면서 한 번쯤 보셨을 겁니다.

이 그림은 어떤 사람에겐 토끼로, 어떤 사람에겐 오리로 보입니다. 즉 그림이 실재와 항상 1:1 대응할 수 없는 경우입니다. 그럼 왜 나는 오리로 보이는데 다른 사람에겐 토끼로 보일까요? 각자의 개인적인 또는 사회문화적인 경험이 다르기 때문입니다.

여기서 중요한 점은 토끼나 오리, 둘 중 하나만 볼 수 있을 뿐 토끼와 오리를 동시에 볼 수 없다는 겁니다. 우리의 언어는 이처럼 우리가 속한 사회와 관습에서 자유로울 수 없습니다.

언어가 사용되는 규칙을 비트겐슈타인은 언어게임의 문법이라고 불렀습니다. 언어는 자신이 속한 문법에 따라 제대로 쓰일 때 그 의미도 바르게 전달됩니다. 그림이 실재에 대응하는 것과 같은 논리 형식이 언어와 실재 사이에 적용된다고 주장하는 '그림이론'에서는 '논리'가 강조되었지만, '언어게임'의 '문법'은 다양하고 무엇보다 시간과 환경에 따라 변하는 동적인 규칙입니다.

환상특급 / 단어놀이

어릴 적에 즐겨봤던 미국 드라마 「환상특급」(The Twilight Zone) 가운데 아직도 생생하게 기억나는 에피소드가 있는데, 제목은 '단어놀이'(Wordplay)입니다.

주인공은 평범한 판매원으로 복잡한 의료기기를 팔기 위해 두꺼운 설명서를 열심히 읽습니다. 어느덧 퇴근 시간, 엘리베이터에서 마주친 동료는 새로 온 여직원과 점심 데이트를 하기로 했다고 자랑합니다. 그런데 그는 여직원과 'dinosaur'(공룡)을 하기로 했다고 말합니다. 다시 되묻는 그를 오히려 의아하다는 듯 쳐다보는 동료를 뒤로하고 집에 온 그는 아내에게 'lunch'가 무슨 뜻이냐고 물어보죠. 아내는 'light red'(옅은 빨강)라고 대답합니다. 마침 아이가 아파서 걱정에 사로잡힌 아내는 남편의 시답지 않은 질문이 성가시기만 합니다. 하지만 남편은 놀라 자빠질 지경입니다. 'lunch'의 뜻이 언제부터 바뀌었는지, 어떻게 이런 일이 일어날 수 있는지 혼란스럽기만 합니다.

설상가상으로, 다음 날이 되자 그는 사람들이 하는 말을 하나도 알아들을 수 없게 됩니다. 사람들은 분명 영어 낱말을 쓰고 있지만, 뜻과 사용법이 달라 그에겐 외계의 언어와 다름없습니다. 고열과 호흡곤란으로 위독한 아이를 서둘러 병원에 데리고 갔을 때는 '도와달라'는 말조차 못하는 바보가 되고, 위급한 상황을 넘긴 후 아내에게 따뜻한 말 한마디 못 건네는 무정한 남편이 됩니다. 아이를 입원시키고 집으로 돌아온 그는 아이의 방에 가서 그림책을 펼칩니다. 개 사진 아래에는 'Wednesday'(수요일)라고 큼직하게 쓰여 있습니다. 마침내 결심한 듯 그가 큰 소리로 'Wednesday'를 반복해 읽으면서 드라마는 끝납니다.

드라마를 보고 나서 '내가 잠든 뒤, 내게도 이런 일이 일어나면 어쩌지?' 하는 무서움에 밤잠을 설쳤습니다.

급여체와 삶의 형식

처음 직장생활을 할 때나 다른 부서로 이동했을 때, 「환상특급」의 에피소드처럼 극단적이지는 않지만 누구나 '경단녀'(경력단절여성) K처럼 당황스러운 일을 겪을 수 있습니다. 어느 직장에서나 자주 쓰는 단어나 줄임말이 있기 마련인데 그런 말을 알아듣고 자연스럽게 사용할 수 있다면 그 조직과 업무에 어느 정도 적응했다고 할 수 있겠죠. 중고등학생들이 주로 쓰는 단어나 표현을 '급식체'라고 부르듯, 직장에서 사용하는 독특한 어휘나 신조어를 '급여체'라고 부릅니다. 자신의 회사에서 통용되는 '급여체'를 신입사원에게 가르치는 회사도 있는데, 자주 사용하는 '급여체'만 봐도 조직의 문화와 업의 특성을 파악할 수 있습니다.

비트겐슈타인에 의하면 언어의 의미는 그것의 쓰임입니다. 즉 어떤 말이 의미가 있다는 건 그 말이 언어게임에서 쓰이고 있기 때문이죠. 언어의 쓰임은 또한 행위를 동반합니다. 예를 들어 '아바라 다섯'은 "아이스 바닐라 라테 다섯 개를 준비하세요"라는 행위가 내포되어 있습니다. 그래서 비트겐슈타인은 언어게임에 참여하면 자연스럽게 이와 관련된 '삶의 형식'도 공유하게 된다고 말합니다. 사자가 말을 하더라도 삶의 형식과 언어게임의 규칙이 다르기 때문에 우리는 사자의 말을 이해할 수 없을 거라는 유명한 말이 여기에서 나옵니다.

언어게임에서 승자 되기

비트겐슈타인은 '삶의 형식'을 투영해 세상을 재현하는 일상 언어를 어떻게 하면 오류 없이 사용할 수 있을까 평생 동안 사유했습니다. 언어는 개인의 주관적인 사유의 결과가 아니라 사회의 공적인 산물입니다. 따라서 게임 규칙을 모르거나 무시하면 일상 언어에 오류가 생기고 결국 「환상특급」의 남자 주인공처럼 의사소통이 되지 않아 무능하고 무정한 사람으로 치부됩니다.

혹시 지금 직장의 정서 환경이 쾌적하지 않다고 생각되거나 새로운 조직에서 적응이 힘들다고 생각되면 매일 만나는 동료들과 나누는 말을 한번 기록해보길 권합니다. 의사소통을 방해하고 오해를 일으키는 요소는 없는지, 또는 최근에 빈도 높게 사용한 말은 무엇인지 점검해보세요.

비트겐슈타인에 따르면 언어는 사유의 수단이 아니라 사유의 견인차입니다. 그래서 "내 언어의 한계는 내 세계의 한계를 의미한다"라고 했습니다. 그럼 거꾸로 나의 일상 언어를 확장시키면 나의 사유체계도 함께 넓혀질 수 있지 않을까요?

자신이 속한 조직의 언어게임에서 우위에 서고 싶다면 그 게임의 문법에 벗어나지 않게 언어를 사용해야 함은 물론이고 상투적으로 쓰는 일상 언어를 넘어서야 합니다. 이질적인 세상을 재현하는 언어를 익히고 사용하면 내가 속한 세상의 담을 넘어 사유할 수 있고, 그때 창의적인 사고와 통합적인 인식이 가능해집니다. 아무리 바빠도 좋은 책 읽기를 게을리해서는 안 되는 이유이기도 합니다.

루드비히 비트겐슈타인 Ludwig Wittgenstein: 1889~1951
오스트리아의 철학자
대표 저서: 『논리철학논고』, 『철학적 탐구』

빈의 철강재벌의 막내아들로 태어났지만 세속적인 부와 명예를 버리고 평생을
철학적 문제를 해결하는 데 바쳤다. 일기장에 자신의 사유 과정을 매일 적어가면서
우리가 하는 말이 우리의 주관적인 인지작용의 결과가 아니라 그 말이 사용되는
세계의 문법에 따른다는 것을 철학적으로 밝혔다.

나는 모른다는 것을 알라!

소크라테스 '무지(無知)의 지(知)' / 조윤주

철학 해방전

꿈과 현실 사이에서 어떤 선택을 할까

저는 자신의 꿈을 이루기 위해 포기하지 않고 계속 도전하는 사람들을 좋아합니다. 낮에는 회사원으로 일하면서 밤에는 소설을 쓰는 사람, 카페에서 아르바이트하며 일러스트의 꿈을 키우는 사람, 택배를 하면서 오디션에 도전하는 사람 등 막막함과 불안감에 포기할까 싶다가도 노력을 통해 언젠가 반드시 이룰 수 있을 거라는 꿈을 품고, 오늘도 고군분투하는 사람들.

후배 P도 그런 사람이었습니다. 그의 꿈은 시나리오 작가였습니다. 생계를 위해 작은 홍보회사에 들어가 일했지만, 머릿속에는 언젠가 반드시 멋진 영화의 '엔딩 크레디트'에 자신의 이름을 올려놓겠다는 생각이 가득했습니다. 하지만 몇 년간 공들여 쓴 작품은 매번 공모에서 떨어졌고, 여러모로 시나리오 작가가 되는 길은 멀었습니다. 엎친 데 덮친 격으로 나이 어린 후배들이 P를 앞질러 데뷔해서 왕성한 활동을 하는 모습을 보게 되었습니다. 이제 P는 고민 중입니다. 된다는 보장이 없을 때, 언제까지 꿈을 향해 노력해야 할까? 그리고 노력해도 결과가 따라주지 않을 때 어떻게 받아들여야 할까? 언제까지 꿈을 꾸고, 언제부터 현실을 받아들이는 것이 옳을까?

비단 P만이 아닐 것입니다. '내가 붙들고 있는 것을 언제 놓을 것인가'의 문제는 사회인으로 살아가면서 부딪히는 매우 어려운 문제 중 하나입니다. 직장에서도 마찬가지입니다. 내가 꿈꾸던 직장의 모습과 너무나 다를 때, 내가 원했던 업무와 전혀 다른 업무가 주어질 때, 버텨야 할지 다른 결정을 내려야 할지 고민하게 됩니다. 그리고 때론 이 문제가 자기 자신에 대해 알아가는 깊은 성찰, 인생의 지혜로 이어지곤 합니다.

너 자신을 알라!

"너 자신을 알라"는 고대 철학자 소크라테스가 한 말로 유명합니다. 하지만 사실은 당시 그리스 델피 신전 기둥 밑 비명에 새겨진 글이었다고 합니다. 소크라테스가 한 말로 와전된 이유는 그가 평소 이 말을 즐겨 외치고 다

넀기 때문입니다. 소크라테스는 일찍이 '자기 자신을 아는 일'이 진리의 시작임을 인식했고, 덕분에 당시 '가장 현명한 자'라는 칭송을 들었습니다. 이 깨달음을 시작으로 후대에 이르러서는 예수·석가·공자와 함께 세계 4대 성인으로 꼽히는 철학자로 남게 되었습니다. 소크라테스가 말한 '너 자신을 아는 일'은 어떤 의미였을까요?

가장 현명한 철학자

기원전 470년경, 소크라테스가 살던 당시의 아테네는 정치, 경제, 문화가 고루 번영을 누렸던 민주주의의 본고장이었습니다. 자신의 지혜를 자랑하는 수많은 사람이 아테네로 모여들었고, 아침부터 저녁까지 토론을 즐기며 국가의 정책과 재판에 적극 참여했습니다. 아테네 시민들에게 무엇보다 중요했던 능력은 조리 있고 설득력 있게 말하는 기술이었습니다. 그래서 주목받던 사람들이 이른바 소피스트(Sophist)들이었습니다. 소피스트는 지금으로 본다면 변호사와 논술강사, 철학자를 합쳐놓은 역할을 했습니다. 재판이나 논쟁, 연설에 필요한 기술을 가르쳤고, 가끔은 법정에 서서 돈을 벌었습니다.

소크라테스는 현명하다고 알려진 소피스트들을 찾아가 절대적인 진리가 무엇인지, 어떻게 하면 얻을 수 있는지 끊임없이 묻고 다녔습니다. 그러나 결과는 실망스러웠습니다. 그 누구도 소크라테스가 던진 질문에 해답을 주지 못했기 때문입니다. 이런 와중에 소크라테스가 큰 깨달음을 얻는 사건이 발생합니다. 당시 델피에는 아폴론을 모시는 신전이 있었고, 사람들은 큰일이 있을 때마다 이 신전에 가서 신탁을 받았는데, 소크라테스의 친구인 카이레폰이 "소크라테스가 모든 사람 중에 가장 현명하다"라는 대답을 듣게 됩니다. 소크라테스는 처음에 그 말을 믿지 않았습니다. 오히려 예전보다 더 열심히 자신보다 더 현명한 사람을 찾기 위해 끊임없이 묻고 다녔습니다. 그러면서 그들이 참된 지혜를 알지 못하면서도 아는 것처럼 군다는 것을 알게 되었고, 신이 왜 자기를 가장 현명한 사람으로 지목했는지 깨닫게 되었습니다.

'무지의 지'를 깨닫다

당시 소크라테스는 자기 스스로 '진리에 대해서 아무것도 모른다'라고 생각하고 있었습니다. 그런데 이름난 현자들은 자신들이 무지하다는 사실조차 모르고 있었으니, 소크라테스는 이 현자들보다는 적어도 한 가지는 더 알고 있었던 셈입니다. 바로 이 점 때문에 그는 가장 현명한 사람이었고, 이렇게 깨닫게 된 지혜가 바로 '아무것도 모른다는 것을 안다'는 '무지의 지'입니다. 스스로 많이 안다고 생각하는 사람이 인생에 대해 겸손할 리 없습니다. 자신이 모른다는 것을 자각한 사람만이 삶에 대해 겸허한 자세로, 탐구하는 과정을 통해 지혜에 도달할 수 있습니다.

이는 자기 자신에 대한 앎에서도 마찬가지입니다. 우리는 내가 아는 나와 다른 사람이 아는 내가 다르다는 경험을 종종 합니다. 스스로에 대해 많이 안다고 생각하는 사람일수록 다른 사람의 의견을 듣지 않는 외곬일 가능성이 높습니다. 사실 후배 P의 경우 글솜씨도 좋지만, 잠깐의 대화만으로도 사람을 끌어당기는 친화력이 큰 장점입니다. 영화 홍보 업무의 특성상 많은 사람을 만나서 이해와 갈등을 조율해야 하는데, 사람의 마음을 잘 헤아리고 친절한 P가 자기 영화를 홍보했으면 좋겠다고 말하는 배우들이 있을 정도입니다. 누구나 부러워하는 매력을 가진 그녀가 장점은 발휘하지 못하고 시들어버린 꿈 때문에 고민하고 있으니, 지켜보는 사람은 안타까울 수밖에 없었습니다.

무지를 탐구하도록 돕다 – 산파술의 탄생

소크라테스의 '무지에 대한 자각'은 고대 철학의 관점이 자연에서 인간으로 옮겨오는 중요한 역할을 하게 됩니다. 이후 소크라테스는 사람들의 무지를 깨우치는 일, 다시 말해 자기 자신을 알게 하는 일에 일생을 걸기로 합니다. 그러나 소피스트처럼 대중 강연을 하거나 책을 쓰지 않았습니다. 그는 만나는 사람마다 붙잡고 질문을 하고, 대답하고, 또 질문하면서 대화를 이어 나갔습니다. 정의가 무엇인지, 경건하고 불경한 것이 어떤 의미인지, 신중함과 무모함이 어떻게 다른지, 어떤 모습으로 살 것인지 등에 관해 질문을 던지고 그 과정을 통해 답을 찾도록 유도했습니다. 자기의 무지를 인정하고, 더 깊은 진리를 탐구하도록 돕는 방법으로, 이를 두고 '소크라테스의 반어법' 또는 '산파술'이라고 부릅니다. 산파는 아이를 낳도록 도울 뿐, 직접 아이를 낳지는 않습니다. 소크라테스 역시 지혜를 직접 가르쳐주는 것이 아니라 대화를 통해 상대방이 깨닫도록 도와준 것입니다.

서로에게 산파가 되다

얼마 전 저를 비롯한 친구들은 고이 품어온 꿈을 놓아버린 P가 삶의 방향을 잃고 기운마저 잃어버리지 않을까 걱정되어 술자리를 가졌습니다. 소크라테스의 산파술을 배우지는 않았지만, 우리는 P에게 시나리오 작가가 되고 싶은 이유가 무엇인지, 진지하고 애정 어린 시선으로 질문했습니다. 그 자리에서는 머뭇거리며 답하지 못했던 P가 얼마 후 장문의 문자를 보내왔습니다.

"작가를 꿈꾸는 동안에는 내가 특별한 사람이라는 느낌이 들었어. 고이 품었던 꿈을
놓아주니 현재의 삶에 대한 소중함을 느낄 수 있네. 강박으로부터의 자유는 덤으로 얻

었고. 고맙다. 내 삶의 질문자들."

진리의 첫걸음

P의 문자를 보고 소크라테스가 말하는 진리와 그것을 알아가는 과정이 생각보다 단순하다는 생각이 들었습니다. 자기 자신이 모른다는 것을 깨닫고, 그에 대해 탐구하기 위해 다시금 에너지를 모으는 일. 굳이 철학자가 아니라도 좋습니다. 그 과정에 대해 관심과 애정을 가지고 질문을 해주는 산파들, 함께 고민하고 탐구해주는 누군가가 있다면 우리의 무지도 조금씩 깨우쳐 나아갈 수 있는 것 아닐까요?

수많은 선입견과 편견 속에서 자신이 누구인지, 무엇을 아는지 모르는지, 무얼 하고 싶은지, 내가 붙들고 있는 것이 어떤 의미인지 고민될 때, 소크라테스에게 대화를 청해보세요. 나는 아무것도 모른다는 것을 인정하고, 다시금 나 자신부터 알아가려는 성찰, 겸허하게 질문하고 깨달은 것을 행동으로 옮기는 용기. 이쯤 되면 이제껏 놓치고 있던 새로운 지혜를 만날 수 있지 않을까요?

소크라테스 Socrates: BC 470~399
고대 그리스의 철학자

기원전 5세기경 활동한 고대 그리스의 대표적인 철학자다. 문답법을 통한 깨달음, 무지에 대한 자각, 덕과 앎의 일치를 중시했다. '이데아'와 '영혼'을 주제로 한 그의 학설은 제자인 플라톤에게 계승되었고, 그의 사상은 플라톤이나 아리스토텔레스의 저작을 통해 전해진다. 말년에 아테네의 정치문제에 연루되어 사형 판결을 받았다.

일에서 의미를 찾으라니!

카를 마르크스 '인간소외' / 류충열

철학 해방전

기계 속 나사 하나

여러 사람이 모여 조직을 갖추고 일을 진행하는 곳이라면 어디나 업무 프로세스가 있습니다. 기획부서에서 올린 신제품 기획안이 임원과 회사 대표의 결재를 받아 생산부서에 전달되고, 기획안에 맞춰 마케팅 부서에서는 홍보를 하고, 영업부는 발로 뛰며 매출을 만드는 식이죠. 물론 부서 내부에서도 누군가 기획안을 만들어 올리면 결재 라인을 따라 서류가 흘러가고 업무가 진행됩니다. 그리고 부서들 사이에도 서로 업무 협조 요청을 공식·비공식으로 자주 주고받게 됩니다. 이런 모든 게 프로세스로 이루어지며, 이것이 시스템입니다.

어느 날, 직원 한 명이 결근하거나 이직을 한다 해도 시스템은 흔들림 없이 잘만 돌아갑니다. 그 안에서 일을 하다 보면 마치 기계에 속한 부품 같다는 생각도 때로는 하게 됩니다. 그래서 우리는 고장 나거나 노후화된 부품은 언제든 새 부품으로 교체될 수 있다는 생각에 위기의식을 느끼며 낙오하지 않기 위해 애를 씁니다.

자본주의의 발전은 분업, 분업의 결과는 인간소외

일이나 노동에 대해 말하자면 가장 먼저 떠오르는 사람이 아마도 카를 마르크스가 아닐까 합니다. 그가 살던 시대는 산업혁명을 거쳐 자본주의가 성장해 가던 때로, 노동환경이 너무나 열악했다고 합니다. 10세 이하 어린이들이 학교에 다니기는커녕 적은 임금을 받으며 하루 16시간씩 일했으며, 노동자는 산업재해를 당해도 아무런 보상 없이 쫓겨나는 게 다반사였고, 노동조합을 결성하려고 하면 자본가 계급과 결탁한 경찰들이 진압했다고 합니다. 공장 주변의 지저분한 숙소에 사는 노동자들의 평균수명이 30세였다고 하니, 그 심각성은 이루 말로 할 수 없는 지경이었던 것 같습니다. 이에 비분강개한 지식인이 마르크스만은 아니었겠지만, 그가 위대한 점은 철학이란 무대에 노동을 불러들였다는 것입니다. 노동으로부터 노동자가 소외되었다는 것이 마르크스 철학의 출발점이었으니까요.

마르크스에 앞서 애덤 스미스는 『국부론』에서 자본주의가 효과적인 것은 생산력이 발전했기 때문인데, 이는 기계와 기술의 발달에 더해 노동 분업의 효율성에 기인한 것이라며 분업을 높이 평가했습니다. 숙련된 장인 한 명이 온종일 일해도 핀 10개밖에 만들지 못하지만, 숙련되지 않은 노동자 열 명이 분업을 하면 하루 4,700개의 핀을 만들 수 있다는 점에 주목한 것입니다. 그런데 마르크스는 이 분업 때문에 '소외'가 생긴다고 보았습니다.

소외는 착취를 낳고 착취는 계급투쟁을 낳다

노동의 결과인 생산물은 상품이 되지만 그 소유권은 기업(자본가)에 속하게 됩니다. 이렇게 노동자는 노동의 결과로부터 소외됩니다. 또한 분업체계 속에서는 비숙련자 A가 비숙련자 B로 바뀌는 게 생산과정이나 결과에 아무런 문제가 되지 않습니다. 따라서 노동력은 상품화되어 개성을 잃고 추상적이 되며 인간관계도 희박해지고 맙니다. 그렇게 노동자는 노동으로부터 소외되고 또한 타인으로부터 소외됩니다.

나아가 노동자는 소외되는 것에 그치지 않고, 착취를 당합니다. 생산수단을 소유한 자본가(부르주아)와 그렇지 못한 노동자(프롤레타리아) 사이에 착취의 구조가 생기기 때문입니다. 고전경제학에서 '생산의 3요소'는 토지, 자본, 노동입니다. 이 가운데 토지와 자본은 스스로 가치를 만들어내지 못하고 오로지 노동만이 가치를 생산할 수 있습니다. 이것이 바로 '노동가치론'이며, 이는 마르크스 자본론의 이론적 토대입니다. 그러니 자본가가 이윤을 얻으려면 노동자에게서 뽑아낼 수밖에 없다는 논리가 전개됩니다. 이런 착취에 견디다 못한 노동자들은 계급투쟁을 하게 되고, 결국 자본주의는 그 자체의 모순에 따라 프롤레타리아 혁명을 통해 필연적으로 공산주의로 이행될 수밖에 없다는 것이 그의 주장입니다.

중요한 것은 세계를 변화시키는 것이다

마르크스가 찾아낸 진리는, 우리가 누리는 모든 부는 노동에 의해서 만들어진 것이므로 열심히 일하는 사람이 그만큼의 부를 누릴 수 있어야 한다는 것이었습니다. 하지만 너무나 당연한 이 진리가 세상에서는 통하지 않습니다. 가난을 벗어나기 위해 열심히 일하는 것은 필요하지만, 가난이 대물림되고 부의 양극화가 심해지는 것을 보고 있으면 세상의 불합리함을 알 수 있습니다. 마르크스는 철학이 이 세상과 인간을 연구하고 진실을 밝혀내는 것만으로는 충분하지 않다고 했습니다. 중요한 것은 이 세상을 행복하게, 더 잘 살 수 있도록 변화시키는 것이라고 했습니다. 그래서 그의 철학은 실천철학입니다.

마르크스주의는 유럽의 공동체 의식에도 많은 영향을 끼쳤습니다. 그중 하나가 '요람에서 무덤까지'라는 복지국가론의 사상적 바탕이 된 것입니다. 지배층의 입장에서 봐도 빈부격차가 너무 심해지면 계급투쟁으로 인한 폭동이나 혁명을 피할 수 없을 것 같기 때문에 사회체제 유지를 위한 방편의 하나로 빈곤층을 구제하고 일반 국민의 보편적인 행복추구권을 보장하는 복지정책을 활용한 측면도 있습니다.

소외를 극복하고 소속감으로 행복해지기

마르크스 당시, 일반 노동자들이 열악한 환경과 분업화된 업무 속에서 자신의 노동에 대한 의미를 찾고 행복하기는 쉽지 않았을 것입니다. 그런데 그로부터 200여 년이 흘러 이제는 경제학에서도 행복을 연구하는 단계입니다. 최근까지의 돈(경제력)과 행복에 관한 연구 내용을 보면, 돈이 증가함에 따라 행복도 증가하는 것은 당연하지만 어느 수준 이상이 되면 더 이상 돈과 함께 행복이 증가하지는 않는다고 합니다. 또한 자신이 가진 부의 크기와 상관없이 다른 사람과 비교를 하면 행복지수가 떨어진다고 합니다. 돈이 아무리 많아도 자신보다 더 부유한 사람을 얼마든지 찾을 수 있기 때문에 돈이 많아도 비교를 하다 보면 불행해지는 것입니다. 비록 돈은 적어도 남과 비교하지 않고 안분지족(安分知足)하는 삶이 훨씬 행복하다는 의미입니다.

개인이 소외된 근대 이후의 노동환경 속에서 인간성을 회복하고, 노동을 통해 자유를 얻고, 나아가 자아를 실현하기 위해서는 어떻게 하면 좋을까요? 인간소외를 극복하는 방법은 바로 소속감에서 찾을 수 있습니다. 매슬로(Abraham Maslow, 1908~1970)의 '욕구 5단계설'을 보면, 하위단계의 욕구로 1·2단계인 생리적 욕구와 안전에 대한 욕구가 있고, 상위 4·5단계로 가면 존중받고 싶다는 욕구와 자기실현의 욕구가 있습니다. 그 중간에는 3단계인 소속 및 애정에 대한 욕구가 있죠.

인간(人間)이란 말 자체가 인간은 혼자 살 수 없고, 공동체를 이루고 살면서 관계가 중요하다는 뜻을 내포하고 있습니다. (人은 두 사람이 서로 기댄 모양이고, 間은 다수의 무리와 그 사이의 관계를 뜻합니다.) 소속감이 행복의 중요한 요소이고 우리의 행동에 지대한 영향을 끼친다는 사실을 곳곳에서 발견할 수 있습니다.

현재 우리가 속해 있는 '자본주의'라는 큰 틀을 개인의 힘으로 바꾸기는 어렵습니다. 하지만 세상을 더 나은 방향으로 변화시키고자 노력하는 사람들의 연대는 힘이 있습니다. 내가 속한 공동체나 조직은 소속된 사람들 각자의 가치관과 행동 그리고 관계에 따라 달라집니다. 즉, 내가 변하면 집단도 변할 수 있다는 뜻입니다. 조동화(1948~) 시인은 "나 하나 꽃 피어 / 풀밭이 달라지겠느냐고 / 말하지 말아라 / 네가 꽃 피고 나도 꽃 피면 / 결국 풀밭이 온통 / 꽃밭이 되는 것 아니겠느냐"라고 노래했습니다. 나부터 먼저 한 송이 꽃이 되어 풀밭에 향기를 전파할 수 있기를 소망해봅니다.

카를 마르크스 Karl Heinrich Marx: 1818~1883
독일의 철학자, 경제학자, 역사학자, 정치학자, 언론인, 사회주의 혁명가
대표 저서: 『공산당 선언』, 『자본론』

대학에서 법학과 철학을 전공했고, 1843년 예니 폰 베스트팔렌과 결혼했다. 정치적 탄압으로 인해 수십 년 동안 런던에서 망명생활을 했다. 그의 저술은 오늘날 노동과 자본의 관계에 대한 학문의 기초가 되었다. 수많은 학자, 정치가, 노동운동가 등이 마르크스의 사상을 변용해 사용했다.

4차 산업혁명 시대 직장인 생활백서

에드문트 후설 '생활 세계' / 정비아

철학 처방전

겨우 입사했는데 이 직업이 없어진다고?

신입 회계사 K는 최근 4차 산업혁명에 관한 포럼에 다녀온 후, 위기감을 느껴 퇴근하고 나서 코딩학원에 다니기 시작했습니다. 회계사가 되기 위해 오랫동안 공부해서 겨우 회계법인에 입사했는데 이미 소프트웨어가 회계사의 영역을 대신하고 있으며 리스크 관리까지 해주고 있다는 말을 들어서입니다.

사실, K와 같은 회계사 영역뿐 아니라 4차 산업혁명은 사회의 각 분야에 종사하는 사람들에게 적지 않은 위기감을 주고 있습니다. 회계사는 회사나 개인이 작성한 장부를 기반으로 회계감사를 하여 세금을 절약하고 튼튼한 재무를 설계하도록 해줍니다. 고객의 자산 가치를 높여주는 역할을 하는 거지요. 반면, 인공지능 회계 프로그램은 고객의 자산 가치를 높이는 절세와 재무 설계뿐 아니라, 사업 운영상 발생하는 문제들을 실시간으로 보고하고 방향성을 제시하는 리스크 관리까지 가능하다고 합니다. 상황이 이렇다 보니 '회계사'라는 직업이 충분히 위협을 받을 만합니다.

인공지능, 로봇, 빅데이터 등으로 대변되는 4차 산업혁명은 '초연결'과 '초지능'으로 미래사회를 융합시킨다는 특징을 가집니다. 이로써 인간의 능력을 넘어서는 전혀 다른 차원의 기술이 등장할 것이라고 예견됩니다.

인간 능력을 넘어서는 인공지능의 등장

인공지능의 존재와 능력을 전 세계 사람들이 가장 극명하게 느꼈던 사건은 아마도 2016년 3월에 열렸던 이세돌과 알파고의 대결이 아닐까 싶습니다. 이 대국에서 알파고는 4대 1로 이세돌 9단을 이겼습니다. 알파고는 상대가 둔 수를 보고 대국을 진행하는 중에도 수백만 번씩 시뮬레이션을 할 수 있는 능력이 있는데, 이 연산 속도는 인간의 지능이 도저히 따라갈 수 없는 수준입니다.

결국, 현재 우리가 몸 담고 있는 많은 직업이 사라지리라는 예측은 어느 정도 타당합니다. 그렇다면 이런 위기의 시대에 K는 그리고 우리는 도대체 무엇을 버리고 무엇을 취해야 할까요?

인간의 본질은 무엇인가?

위기의 시대를 진단하고 이를 극복하기 위해 평생을 바친 철학자가 있습니다. 바로 현상학의 창시자 에드문트 후설입니다. 그의 현상학은 '유럽 학문의 위기'라는 문제의식에서 출발합니다. 후설이 살아있을 때 낸 마지막 저서 『유럽 학문의 위기와 선험적 현상학』은 1937년 출간된 책으로 "전쟁의 검은 구름이 짙어지던 유럽의 상황을 진단하고 인간성의 회복을 고민한 문제작"[5]으로 꼽힙니다. 후설은 제국주의의 심화, 나치의 등장 등 당시 유럽이 겪던 위기가 과학주의적 세계관에서 비롯된다고 보았습니다. 즉, 사회와 인간을 물리적 자연의 법칙에 따라 설명하려고 한 근대 철학의 자연과학적 사고방식이 문제라는 것입니다. 과학혁명을 시작으로 눈부시게 발전한 자연과학은 인간의 이성이 가장 객관적이라는 데카르트적 믿음을 기반으로 무섭게 인간세계를 전복해 나갑니다. 과학주의적 세계관은 인간의 정신을 물리적 법칙이 적용되는 객관적인 것으로 다루려 했고, 이런 시대의 흐름을 타고 사람들은 대상과 나를 분리하고 '나'를 철저하게 객관화된 실체로 파악하는 과학주의에 전도되었지요.

후설은 이렇게 인간을 자연의 일부로 보고 대상으로서 과학적으로 파악하려는 태도를 '자연적 태도'라 지칭하고 '자연적 태도'가 인간성을 상실시킨다고 주장했습니다. 그에게 인간의 본질은 객관과 주관을 모두 고려해

---

5. 『유럽 학문의 위기와 선험적 현상학』(한길그레이트북스 26권) 소개글 참조

야만 비로소 드러나는 규명할 수 없는 무엇이었기 때문입니다. 즉, 그가 추구하는 현상학은 어떤 대상(존재)의 상관자인 의식의 영역을 중요하게 여깁니다. 그 의식 속에서 사실들을 새롭게 파악할 때, 본질로 다가갈 수 있다는 게 후설 철학의 핵심입니다.

의식의 본질에 관한 탐구

그리하여 후설이 내세운 것이 바로 본질주의입니다. 현상학은 간단히 말해 현상의 본질을 탐구하는 학문으로, 인간의 의식구조를 분석함으로써 현상에 대한 지식이 어떻게 형성되는지를 밝히는 학문입니다. 요컨대, 인간의 주관적인 의식을 객관적으로 살핌으로써 궁극의 '본질'을 밝혀내려는 일련의 과정이 현상학이며, 이런 과정에 관한 학문이기에 현상학은 하나의 이론이라기보다는 방법론에 속합니다.

이런 '과정'을 거쳐서 현상학이 도달하고 하는 것은 다양한 구체적인 지각 밑에 깔려 있는 진짜 존재의 '알맹이'(본질)에 관한 앎입니다. 이를 알기 위해 후설이 연구대상으로 삼은 것은 어떤 사고나 판단보다 앞서 직관으로 포착되는 '현상'입니다.

가령, 어떤 건물로 들어가는 입구(현상)를 바라볼 때 누군가는 문을 보지만 다른 누군가는 문패를 볼 것이며, 또 다른 사람은 문고리를 볼 것입니다. 즉, 같은 현상을 보더라도 직관적으로 포착되는 현상은 모두 다릅니다. 이는 우리의 경험과 지식이 모두 다르기 때문이지요. 이렇게 후설은 우리의 경험과 지식이 어떻게 의식 속에서 구성되는가에 집중합니다. 이로써 현상의 본질은 바로 그 현상을 바라보는 주체의 본질을 탐구하는 것과 같은 선상에 있게 됩니다.

저마다 다른 의미를 낳는 의식의 지향성

후설은 "인간의 정신은 단순히 대상에 반응하는 것이 아니라 사물(대상)이 정신의 작용에 영향을 미친다"라는 칸트의 주장을 이어받아, 객체란 주체로 되던져지며, 인식의 문제는 본질적으로 '지향성'을 지닌다고 주장합니다. 후설이 주장한 '의식의 지향성'이란 한마디로 객관적 대상이 존재하지만 그것을 바라보는 의식에 따라 의미는 달라진다는 뜻입니다. 그는 이를 "모든 의식은 '무엇에 관한 의식'이기에 의식의 본질에 관한 연구는 의식의 의미와 대상 자체에 대한 연구일 수밖에 없다"[6]라고 표현합니다.

그러므로 후설은 '미리 주어진 어떠한 것도 받아들이지 않고, 전해져 내려오는 어떠한 것도 출발점으로 삼지 않으며, 아무리 위대한 대가라도 그 명성에 현혹되지 않는' 근본적 태도를 유지할 때 현상 그 자체의 본질을 들여다볼 수 있다고 주장합니다. 이것이 우리가 가져가야 할 생활세계가 아닐는지요. 후설은 이를 위해 '현상학적 판단중지', '현상학적 환원'이라고 하는 '에포케'를 강조합니다.

일상적 생활 세계의 의미

후설이 살던 시대에 과학주의적 세계관이 던졌던 위기감이 오늘날 K가 느낀 4차 산업혁명 시대의 위기감과 흡사하다고 여겨지는 것은 저만은 아닐 겁니다.

인공지능 등으로 우리의 정체성, 나아가 존재 의미와 가치까지 뿌리째 흔들리고 있는 지금, 후설은 인간 본질의 핵심은 '의식'의 주관성임을 강조

---

6. 『후설 '엄밀한 학으로서의 철학' 해제』(서울대학교 철학사상연구소) 참조

하며 어디에도 얽매이지 않는 진정 자유로운 인식주체로 거듭날 수 있어야 함을 역설합니다. 즉, 과학주의 세계관에 물들어 있는 '자연적 태도'에서 벗어나 지금 우리가 살고 있는 일상적 삶의 세계인 '생활 세계'로 돌아올 것을 주장합니다.

후설은 인간이 시대의 위기를 겪는 이유는 그 시대의 세계관이 일상적 '생활 세계'의 의미를 상실했기 때문이라고 말합니다. 즉, K가 현재 자신의 삶에 위기감을 느끼는 이유는 시대가 중요하게 여기는 그러나 아직 도래하지도 않은 '4차 산업혁명'에 집착해 매일의 일상이 선사하는 의미를 상실했기 때문이라는 겁니다. K는 어렵게 공부해서 얻은 회계사라는 직업이 조만간 사라질까 봐 전전긍긍하여 별 상관없는 코딩학원까지 다니며 하루도 편할 날이 없는 삶을 살아가고 있습니다. 자신이 원하던 회계사만 되면 삶을 즐기며 살 수 있을 것이라 여겼는데, 급변하는 사회는 그에게 또 다른 불안을 선사했고, 미래를 대비하느라 그는 여전히 삶을 즐길 수 없는 상황에 처해 있습니다.

생활 세계의 회복이 곧 인간 본질로의 회귀

이에 후설은 K에게 '생활 세계'를 회복하라는 답을 줍니다. 시대의 위기감과 상실감에서 벗어날 수 있는 길은 '생활 세계'에 존재하는 '자연적 태도'에서 해방되는 것이라고 말합니다. '4차 산업혁명 시대'라는 과학주의에 물든 '자연적 태도'에서 벗어나 모든 판단을 중지하고(에포케) 우리의 일상인 '생활 세계'를 회복하는 순간, 우리는 모든 현상의 본질에 다가갈 수 있으며 비로소 일상은 '의미'로 채워진다는 게 후설의 사유입니다.

그리하여 지금 우리가 종사하고 있는 직업이 없어진다 해도 우리는 우리의 일상인 '생활 세계'를 살면서 또 다른 '의미'를 만들어나갈 수 있게 되는 것이지요. 왜냐하면 '의미'를 건져 올리며 살아온 매일 매일의 '생활 세계'로 인해 우리는 우려했던 미래를 넘어서서 이미 준비된 다른 미래를 향하고 있을 것이기 때문입니다. 인간이 지닌 '순수의식'을 잃어버리지 않는 한 우리는 그 무엇으로부터도 결코 전복당하지 않을 것입니다.

에드문트 후설 Edmund Husserl: 1859~1938
오스트리아의 철학자.
대표 저서: 『논리연구』, 『엄밀한 학으로서의 철학』, 『이념들』, 『유럽 학문의 위기와 선험적 현상학』

1887년 할레 대학에서 「수 개념에 관해-심리학적 분석」이라는 논문으로 교수 자격을 취득했다. 1901년 현상학의 초석이 된 『논리연구』가 출간되어 괴팅겐 대학에 교수로 초빙되었으며, 타계할 때까지 프라이부르크에서 생활했다. 그는 존재로부터도, 개인으로서의 구체적인 주관으로부터도 분리된 '순수의식'의 탐구로 현상학을 제창했고, 이것은 하이데거, 사르트르의 실존주의의 기초가 되었다.

나보고 여우 같다고?

니콜로 마키아벨리 '비르투' / 임명희

철학 처방전

나보고 여우 같다고?

신입 후배인 N이 씩씩거리며 하소연을 합니다. 선배 K가 회식 자리에서 자신을 가리키며 "N은 여우 같은 면이 있어요"라고 말하는데, 그 순간 너무나 당황스러웠다고 합니다. 며칠 동안 속앓이를 하다가 N은 그 선배에게 따지듯 물었습니다.

"회식 날, 저에게 여우 같다고 말씀하셨는데, 그게 무슨 뜻이에요?"

선배는 별 의도가 없었고, 단지 한발 빠르게 움직이면서 똑똑하게 일을 알아서 잘한다는 뜻이었다고 답했지만 후배의 마음은 풀리지 않았습니다.

사람들이 흔히 교활하고 얄미운 사람을 이를 때 '여우 같다'는 말을 사용하기에 더 신경이 쓰였던 것이지요. 물론 여우에겐 지혜가 있습니다. 하지만 솟아오른 콧등과 날렵한 생김새는 얄미움이 먼저 떠오릅니다. 이탈리아 피렌체에 이런 여우와 원숭이를 합친 듯한 초상화를 남긴 철학자가 있습니다. 그는 바로 마키아벨리입니다.

　여우 같다는 말에도 마음이 상하는데, 누군가 돌아서는 내 뒤통수에 대고 "쯧쯧, 이런 마키아벨리 같은 인간아!" 하고 소리친다면 어떨까요?

　마키아벨리, 그는 오랫동안 권모술수의 대명사이자 사악함의 상징이었습니다. 영어사전에도 'Machiavellian: 마키아벨리 같은, 권모술수에 능한'이라는 형용사로 등재되었을 정도입니다. 냉혹함과 자국의 이익만을 추구하는 정치가들을 마키아벨리로 부르기도 하죠. 권모술수의 통치기술, 교활함의 대명사가 된 마키아벨리, 그의 실제 삶은 어땠을까요?

이탈리아의 시대 상황

　마키아벨리는 1469년 피렌체에서 태어났습니다. 귀족 출신은 아니었지만 인문학적 소양이 높았던 마키아벨리는 1498년 29세에 피렌체공화국의 외교와 군사업무를 담당하는 제2서기관이 되었고, 이 기간은 그의 정치적 경험을 쌓는 중요한 바탕이 되었습니다.

당시 이탈리아는 밀라노, 베네치아, 나폴리 등의 자치 소도시 국가와 로마 교황령으로 분열되어 있었습니다. 반면 통일된 왕정국가였던 프랑스, 스페인은 강력한 군대로 수시로 이탈리아를 위협했습니다. 이탈리아는 공격을 받을 때마다 반대편 세력의 용병을 이용해 방어했습니다. 이탈리아는 그야말로 외세의 각축장이었습니다.

1512년, 피렌체 공화정이 실각하고 스페인이 지지하는 메디치 가문의 군주정이 집권합니다. 마키아벨리는 새로운 정권을 전복시키려는 음모에 가담했다는 혐의로 고문을 당하고 감옥에 투옥됩니다. 밧줄로 팔이 뒤로 묶인 채 천장으로 끌어 올려졌다가 바닥으로 내동댕이쳐지는 날개꺾기 고문을 받았지만 끝까지 무죄를 주장했습니다. 결국 마키아벨리는 시골 산탄드레아에 유배되었고, 좌절과 고독, 가난의 시간을 보내며 『군주론』을 썼습니다. 그는 혼란과 분열, 타락한 이탈리아를 지켜보며 강력한 군주가 등장해 이탈리아가 하나의 통일된 강국이 되길, 그중에서도 피렌체공화국이 그 역할을 할 수 있길 원했습니다.

나의 욕망을 돌아보게 하는 군주론과 통찰력

마지막 구절, "전하의 깃발 아래서 우리 조국 이탈리아는 숭고해질 것"이라는 그의 마음과는 달리 『군주론』은 오랜 시간 그의 초상화처럼 사악함의 교본으로 인식되었습니다. 원본은 유실되었지만 19권의 필사본이 남아 현재에 이르고 있습니다. 1559년 로마교황청에 의해 '악마의 사상'이라며 금서로 지정되었고, 목적 달성을 위해서는 수단과 방법을 가리지 않는 '마키아벨리즘'으로 이어져 왔습니다.

하지만 당시 도덕에 대한 비판, 독재, 권력의 본성을 적나라하게 직시한 그의 주장은 당대에도 충격이었지만 지금 읽어도 이런 글을 쓸 수 있었던 그의 대범함과 용기에 놀라게 됩니다.

지금 현실에 절대군주는 없습니다. 그러나 강자와 약자, 지배자와 피지배자는 여전히 존재합니다. 여러분은 지금 『군주론』의 어느 구절에 끌리고 있나요? 어디에 밑줄을 긋고 있는지요? 지배하는 자의 묘수를 찾고 있나요? 자신도 모르게 내가 처한 현재 상황에 맞추어 이 책을 읽고 있을 것입니다. 이처럼 『군주론』은 자신만이 알고 있는 비밀스러운 나를 만나게 하는 깊숙한 통찰을 지니고 있습니다.

그의 통찰력의 바탕은 고전과 역사였습니다. 마키아벨리가 유배생활 중에 친구 베토리에게 보낸 편지에서 우리는 인문학자로서의 그의 모습을 발견할 수 있습니다. 그는 저녁이면 온종일 입었던 먼지가 묻은 옷을 벗은 다음 의관을 정제하고 고전을 읽었습니다. 그 시간 동안은 모든 근심과 가난의 두려움을 잊고, 죽음도 더는 두렵지 않다고 말했습니다. 그는 위기에 처할 때마다 그 상황과 유사한 고전과 역사를 찾아 읽었고, 그의 책에는 이렇게 터득한 인문학적 지혜와 지략이 녹아 있습니다.

여우의 간계와 사자의 힘

마키아벨리의 현실주의적 정치사상은 근대 정치철학의 시작으로 여겨집니다. 마키아벨리는 교황과 신 중심의 종교적 규범에서 벗어나 이익정치와 합리적 국가의 기반을 마련한 정치가이기도 합니다. 교황의 아들이 국가를 통치하던 시대, 종교적 위선과 거짓이 지배하던 시대에 그는 이미 도덕은 의미가 없다고 여겼습니다. 그는 사적인 윤리에서 정치행위의 독립을 주장했습니다.

즉, 국가를 유지하고자 하는 군주는 상황에 따라 선하지 않을 수 있는 법을 배워야 하며, 함정을 알아차리기 위해 여우가 되어야 하고, 때로는 위협적인 사자가 되고, 국가를 지키기 위해 자신이 맺은 약속에 구속되어서는 안 된다고 주장합니다.

하지만 마키아벨리의 주장은 그 당시 부패한 이탈리아 체제에서 국가의 몰락을 막기 위해 '직업 군주'가 지녀야 할 조건과 태도였습니다. 따라서 요새를 지나치게 믿고 인민의 미움을 사는 것도 개의치 않는 군주는 비난받아 마땅하다는 마키아벨리의 주장도 함께 읽어야 합니다.

외교관으로 일했던 마키아벨리에게는 분명 여우의 지혜가 있었습니다. 그러나 그는 마키아벨리적인 삶을 살지 않았습니다. 그는 풍전등화에 놓인 피렌체의 외교관이었고, 『군주론』을 쓴 군주의 조언자였고, 로마사에 대한 해석인 『로마사 논고』를 썼으며, 말년에 피렌체의 역사를 저술한 역사가이기도 합니다. 놀라운 사실은 "나의 가난과 충성은 내 조국이 안다"라고 외쳤던, 충성심으로 똘똘 뭉친 공무원이었던 그가 『만드라골라』라는 당대의 코미디 작가였다는 사실입니다. 그는 인문학적 통찰력과 유머를 지닌 학자이기도 했습니다.

포르투나를 극복하면서 비르투는 강화된다

마키아벨리는 포르투나(fortuna)와 비르투(virtù)에 대해 언급합니다. 포르투나는 'fortune'(운명)보다 광범위한 의미를 지닙니다. 비인간적 힘, 운 또는 조건, 예측 불가능한 상황, 운명의 여신 등의 집합적 의미입니다. 비르투(virtù)

는 라틴어 'virtus'에서 유래한 말로 미덕(virtue), 역량, 능력, 기술, 결단력, 기백, 용기를 의미합니다. 불확실한 운명의 힘은 어느 순간 나를 확 덮치기도 할 것이고, 때로는 틈새로 스멀스멀 새어 나온 연기가 온몸을 휘감듯 다가올 수도 있습니다.

이때 예측 불가능한 상황을 극복하기 위해 필요한 건 비르투! 바로 탁월함, 지혜, 용기, 결단력이라고 마키아벨리는 주장합니다. 역량과 지혜는 불확실한 상황을 극복하면서 단련되고 완성됩니다. 위기의 이탈리아를 구원할 직업 군주에게 꼭 필요한 것도 바로 비르투, 역량이었습니다. 현명한 군주들은 상황에 메이지 않고, 불확실한 포르투나에 유연하게 대처했습니다. 때로는 어중간한 중립 말고 과감한 선택을 했습니다.

모든 게 마음 쓰이는 신입

일에 적응하기 위해 두 귀를 쫑긋 세우고, 한 발 더 부지런히 움직이려고 노력했던 N 같은 신입사원 시절이 누구에게나 있습니다. 신입 때가 지나면 많은 것들이 자연스러워집니다. N도 시간이 지나면 '여우 같다'는 말을 달리 받아들일지도 모릅니다. 일터는 긴장과 갈등이 공존하는 장소입니다. 그렇기에 직장에서는 여우의 날렵함이 당연히 필요합니다.

그러나 일터에서 내가 일을 하는 사람인지 명성을 쫓는 사람인지는 누구보다 스스로가 잘 알 것입니다. 인디라 간디는 그중 첫 번째 그룹에 속하는 게 덜 사악하다고 조언합니다. 결국 내 삶의 명예로운 군주가 되기 위해서는 지금 내가 구체적으로 어디에 끌리고 있으며, 어떻게 살고 있는지 돌아볼 필요가 있습니다. 자신에 대한 깊은 통찰과 역량의 확장, 운명의 반은 나의 자유의지인 '비르투'에 달려있다는 것. 이것이 여우의 얄미움을 넘어 인문학적 통찰과 지략, 역사에 대한 이해와 경험을 지녔던 마키아벨리의 조언입니다.

니콜로 마키아벨리 Niccolò Machiavelli: 1469~1527
이탈리아의 정치사상가
대표 저서: 『군주론』, 『로마사 논고』, 『만드라골라』, 『전술론』, 『피렌체사』

르네상스 말기 피렌체 출신의 문필가이자 정치사상가, 외교관, 역사가, 희곡작가.
경험과 고전, 역사를 기반으로 한 다양한 저서를 남겼다.

2장

직장에서 당신의 '관계'는
안녕한가?

관계의 비결, 공감이 해결책

데이비드 흄 '공감' / 조윤주

철학 처방전

꼬여버린 관계, 어떻게 풀까?

입사 2년 차이의 선후배인 A와 B는 사내에서 소문난 앙숙입니다. 입사 초기에는 사석에서 형, 동생이라 부르며 친하게 지냈던 두 사람이지만, 같은 부서에서 일하면서부터 관계가 어긋나기 시작했습니다. A는 자신의 후임으로 온 B가 반가워 업무에 관해 많은 도움을 주고자 했고, B 역시 A를 보며 일을 배워 나갔습니다. 하지만 얼마 지나지 않아 일에 익숙해진 B는 관련 업무에 관해 더 이상 A와 의논하지 않게 되었습니다. B 혼자 결정해서 바로 팀장에게 보고하고, 독자적으로 일을 추진하곤 했습니다. 이를 본 A는 심한 소외감과 배신감을 느꼈습니다. B가 선배를 무시한다고 여기는 A와, A가 자신의 일을 간섭한다고 여기는 B. 한번 감정이 상하자 두 사람은 작은 일에도 사사건건 부딪히고 갈등이 쌓여 불편한 사이가 되었습니다.

이렇게 꼬여버린 관계의 매듭은 어떻게 풀 수 있을까요? 영국의 경험주의 철학자 데이비드 흄에게 도움을 청해봅니다.

관계를 고민하는 철학

17세기 영국의 철학자 데이비드 흄에게 철학은 "사람들로 하여금 일상을 반성케 해서 생활태도를 교정하게 하는 것"이었습니다. 이를 위해 흄은 인간의 정신세계를 세세하게 탐구하고, 이성의 능력과 한계를 명확히 함으로써 철학이 삶에 기여할 요소를 제시했습니다. 그중에서도 자아에 대한 성찰과 공감의 사회적 역할에 대한 접근은 매 순간 '관계'를 맺고 살아가는 우리에게 생각할 거리를 제공합니다.

자아란 자각의 다발일 뿐

우리는 흔히 "누구는 어떤 스타일이니까 이렇게 행동할 거야"라며, 한 사람의 정체성을 머릿속에 그려놓고 그에 맞추어 평가합니다. 그러나 흄은 인간의 정체성이나 자아와 같은 정신적인 실체를 철저히 의심합니다. 그는 태어나면서부터 죽을 때까지 동일한 정체성이나 자아는 존재하지 않는다고 했습니다. 자아란 그저 다양한 자각이 나타났다가 사라지는 '자각의 다발'이라고 표현했습니다.

최근 화제가 된 베스트셀러로 『죽고 싶지만 떡볶이는 먹고 싶어』라는 책이 있습니다. 이 책의 제목처럼 특정한 자아가 따로 있는 것이 아니라 '죽고 싶은 나'와 '떡볶이를 먹고 싶은 나', '우울한 나'와 '즐거운 나' 등 지금 이 순간을 자각하고 살 뿐입니다.

내가 싫어하는 행동을 하는 사람들의 모습이 그 사람의 실체가 아니고 단지 어떤 상황에서 비롯한 한순간의 자각이라고 생각하면, 사람을 보는 시선이 너그러워집니다. 다른 상황에서는 다른 모습을 보일 것이고, 그 모습은 의외로 나와 잘 맞고 매력적일 수 있으니까요. A와 B 역시 마찬가지입니다. 편한 선후배일 때의 모습과 같은 부서에서 시시각각 마주치며 일해야 하는 모습이 다른 것은 서로에 대한 자각이 상황에 따라 변화하기 때문입니다.

이성은 정념의 노예

흄은 자신의 저서 『인성론』을 통해서 "이성은 정념의 노예"라는 주장을 했습니다. 정념이란 무엇일까요? 정념의 사전적인 정의는 '감정에 따라 일어나는 억누르기 어려운 생각', 즉 인간의 감정과 욕구입니다. 그는 인간의 정념을 이성보다 더 중요시했습니다. 굳이 정념의 종류를 나누자면 '쾌와 불쾌'에서 생겨나는 '직접 정념'과 여기에 다른 성질이 덧붙여 나타나는 '간접 정념'이 있습니다. 흄이 중요시한 정념은 자부심과 자괴감, 사랑과 증오라는 간접 정념입니다. 자부심과 자괴감은 자아(自我)를 대상으로 하고, 사랑과 증오는 타아(他我)를 대상으로 하는 정념입니다. 흄은, 인간의 행동은 정념이 이성보다 앞서고, 심지어 이성은 정념의 지배를 받는다고 주장했습니다. 특히 관계는 그 무엇보다 정념의 영향을 많이 받는 영역입니다.

우리는 누구나 누군가를 좋아하거나 싫어한 경험이 있습니다. 흔히 어떤 이의 특정한 행동과 특징 때문에 그를 싫어하거나 좋아한다고 생각하지만, 곰곰이 따져보면 인과관계가 바뀐 경우가 많습니다. 누군가를 좋아하고 싫어하는 감정이 먼저 생기고, 그런 다음 그 감정의 이유를 이성적으로 찾는 겁니다. 우리의 내면에는 아무에게도 보여주지 않은 감정과 상처들이 쌓여 있습니다. 그것들이 계속 감정의 밑바닥을 들쑤시며 정념 즉 감정이 되어 우리를 불편하게 하고, 타인과의 갈등을 부추깁니다.

A가 B를 싫어하게 된 것도, 배신감과 소외감이라는 감정이 먼저 생겼고, 그 감정을 합리화하기 위해 B가 이기적이고 조직에 맞지 않게 행동한 내용들을 찾아내서 감정을 증폭시켰던 것입니다. B를 싫어해야 하는 증거를 찾기 위해 B의 긍정적인 행동은 보려고 하지 않고 무시했으니 결코 객관적이고 이성적이라 할 수 없습니다.

정념을 넘어 공감으로, 공감을 넘어 도덕으로

정념의 이론을 확장시켜 흄은 공감의 중요성을 강조합니다. "모든 사람의 마음은 그 느낌이나 작용이 유사하며, 누구나 다른 사람도 느낄 수 있는 정서를 통해 행동한다. 현악기를 연주할 때 한 현의 진동이 나머지 현에 전달되는 것처럼 온갖 정서는 한 사람에게서 다른 사람에게로 쉽게 옮겨가며, 모든 사람에게 일정한 반향을 미치게 된다"라고 말합니다. 인간은 누구나 이성과 상관없이 공감의 능력을 가지고 있기 때문에 타인의 고통이나 쾌락을 느낄 수 있다는 이야기입니다. 다시 말해 어떤 상황을 이성보다 감정으로 먼저 받아들이기 때문에 이성만으로 윤리적 판단을 이끌어내기는 힘들다는 것입니다. 따라서 타자의 고통이 내 고통인 것 같은 정념에 사로잡힌 후에만 이성이 작동하며, 이성만으로는 윤리적 주체가 될 수 없습니다.

흄의 이론은 인간관계에도 적용됩니다. 갈등이 발생할 때, 이성을 동원해서 누가 잘했는지 시시비비를 따지는 게 큰 도움이 되지 않았던 경험이 누구에게나 있을 겁니다. 오히려 나와 상대방의 상황을 이해하고, 그 속에서 서로의 감정이 무엇인지 공감하는 일이 선행된 후에야 비로소 이성이 작동할 수 있습니다.

A와 B의 관계도 마찬가지입니다. A가 소외감과 배신감을 느꼈을 때, B가 업무의 효율성과 보고체계를 언급하면서 논쟁하기에 앞서 A의 감정을 헤아렸다면 어땠을까요? 누군가에게 공감을 받게 되면 자신의 감정을 수용하고 정화할 수 있게 되고 이성을 작동시키게 된다고 하니, 후배에게 공감받은 A 역시 B를 공감하게 되면서 이해의 틀이 마련되지 않았을까요? A 역시 새로운 부서에 와서 인정받고 싶은 B의 마음을 먼저 공감했다면, 조금 더 너그러운 시선으로 후배를 대했을 거라는 생각이 듭니다.

어긋난 관계의 열쇠, 공감

흄은 당시 사람들이 객관적인 진실이라고 생각하는 것을 철저하게 의심하고 또 회의하는 사람이었습니다. 흔히 회의론자라고 하면 깡마르고 신경질적인 외모에 냉소적인 표정을 떠올리기 쉽지만, 흄은 뚱뚱한 대식가였고, 농담을 즐겼으며, 친구들이 많은 파리 사교계의 인기남이었다고 합니다. 그는 여느 철학자보다 깊은 애정으로 인간 존재를 이해하려고 애썼으며, 건강한 관계, 즐거운 삶을 누렸던 철학자로 통합니다. 이렇게 흄이 좋은 관계를 솔선수범해서 보여줄 수 있었던 비결이 바로 '공감' 아닐까요?

효율과 성과가 중시되는 직장생활이지만, 이성적인 판단만이 전부는 아닙니다. 갈등이 생기고 관계가 어긋날 때, '자각의 다발'로서 나와 상대방의 상황을 이해하고, 서로의 '쾌와 불쾌'를 찬찬히 들여다보고 공감한다면 어긋났던 관계의 매듭도 풀릴 수 있을 것입니다.

데이비드 흄 David Hume: 1711~1776
영국의 철학자, 역사학자
대표 저서: 『인간이란 무엇인가』(인성론), 『영국사』

존 로크·버클리와 더불어 18세기 영국 경험론을 대표하는 철학자다. 벤담의
공리주의와 존 스튜어트 밀에게 영향을 끼쳤으며, 독일에서는 칸트의 비판철학이
흄에게서 큰 영향을 받아 성립했다. 계몽주의적 관점의 역사가로도 이름을 알렸다.

당신의 사랑은 안녕하신가?

아서 쇼펜하우어 '끌림의 이론' / 조윤주

철학 처방전

드라마 같은 사랑을 꿈꾸며

드라마에서는 유난히 사내 연애 장면이 많이 나옵니다. 같은 직장에 소속되어 희로애락을 공감하고, 아슬아슬 비밀스러운 연애감정을 키워나가는 드라마 속의 연인들을 보며 많은 직장인들이 로망을 갖습니다. 드라마 「아는 와이프」에는 여자 주인공(한지민 분)이 지각 위기에 처하자 사내 커플(장승조 분)이 그녀를 도와주는 장면이 나옵니다. 'ATM기 뒤쪽에 가방 숨기고 빈 종이컵 하나 챙겨서 들어와요. 세팅 끝내놨어요'라는 문자메시지와 함께 출근 전인 연인의 컴퓨터를 대신 켜주는 남자친구라니! 주위의 많은 솔로들이 부러워했던 기억이 납니다.

이렇듯 사내 연애는 팍팍한 직장생활에 달콤함을 주기도 하지만, 연애 사실이 알려지거나 이별했을 때는 그 후폭풍이 만만치 않은 것도 사실입니다.

Y의 경우 연인과 직급 차이에서 오는 갈등과 다른 이들의 시선을 이겨내지 못하고, 3년여에 걸친 사내 연애를 마무리했습니다. 오랜 시간 힘들어하던 그녀는 급기야 전 남자친구와 함께 근무할 수 없다는 이유로 지방근무를 자원했습니다.

"사랑이 뭐 이래? 다신 회사에서 연애하지 않을 테야"를 외치는 그녀. 과연 사내 연애의 문제였을까요? 염세주의 철학자 쇼펜하우어에게 그 답을 청해봅니다.

사랑에 관한 철학적 고찰

"사랑은 너무나 덧없고, 확실치 않고, 쉽게 사라지기 때문에 크게 노력할 가치가 없다."

20세, 꽃다운 청춘의 나이에 이제는 여자를 만나 사랑을 하라는 친구의 제안에 쇼펜하우어가 한 대답입니다. 이렇게 대답했음에도 곧잘 매력적인 여성에게 반해 고백을 하고, 이별을 겪었다고 하니 철학자에게도 사랑이란 마음대로 되는 게 아닌가 봅니다. 아픈 사랑을 경험한 덕분일까요? 쇼펜하우어는 사랑의 본질을 꿰뚫고, 사랑을 최초로 철학적으로 고찰했다는 평가를 받습니다.

의지와 표상으로서의 세계

쇼펜하우어는 대표 저서 『의지와 표상으로서의 세계』에서 "세계는 나의 표상이다"라고 주장했습니다. "인간은 사물이 나타내는 현상만 인식할 수 있을 뿐 사물 자체는 알 수 없으므로 우리를 에워싼 세계는 오직 표상으로서만 존재한다"라는 칸트의 이론을 이어가고 있습니다. 쇼펜하우어는 여기에다 '의지'라는 개념을 추가합니다. 인간은 표상 이외에 의지를 가지고 있으며, 이것으로 세계와 만난다는 것입니다. 그래서 우리는 세계를 '인식'만 하는 것이 아니라 '체험'하기도 한다고 주장합니다. 따지고 보면, 인간의 본질은 사유나 이성에 있는 것이 아니라 의지에 있다는 겁니다.

그에 따르면 우리가 품는 모든 소망, 욕구, 동경, 희망, 사랑, 미움, 분노, 질투 등 우리의 삶 전체는 체험이자 의지입니다. 우리의 판단은 논리적 사유행위에 의해서 진행되는 것이 아니라, 머리로 의식하지 못하는 심층부에서 순간적인 착상이나 결단의 형식으로 나타난다는 겁니다. 우리의 몸 역시 시공간 속에 드러난 의지일 뿐이지요.

쇼펜하우어는 '의지란 앞을 볼 수는 있으나 걷지 못하는 사람을 어깨에 짊어지고 가는 힘센 시각장애인'과 같다고 비유합니다. 시각장애인은 앞을 볼 수 없으니 어깨 위에 앉은 사람이 지시하는 방향대로 힘껏 달릴 수밖에 없습니다. 이와 마찬가지로 의지가 행동의 실질적인 추진력이 되고, 이성은 다만 방향을 제시할 뿐입니다.

인간은 앞에서 끄는 힘이 아니라 뒤에서 미는 힘에 떠밀려 앞으로 나아가며, 무의식적인 삶의 의지에 끊임없이 추동을 받는다는 설명입니다. 그리고 그 대표적인 의지가 바로 '사랑'입니다.

사랑, 그저 하나의 속임수

많은 사람이 영원히 변하지 않는 운명적 사랑을 꿈꾸곤 합니다. 그러나 쇼펜하우어는 흔히들 운명이라 말하는 사랑, 한 남자와 한 여자가 불가항력적으로 서로 끌어당기는 것은 고상한 인격이 아니라 본능적으로 나타나는 충동이자 욕구, 생의 가장 강력한 의지라는 '끌림의 이론'(theory of attraction)으로 설명합니다.

우리의 마음속에 타오르는 사랑의 정체는 무엇일까요? 쇼펜하우어에 따르면 사랑의 감정은 '삶에 대한 의지'가 우리에게 부리는 속임수에 지나지 않습니다. 자식을 낳고 기르는 일은 무척 힘들고 버거운 일이고, 때문에 자연은 번식하는 일에 강력한 사랑의 감정과 쾌락을 입혀놓았다고 주장합니다. 고생이 눈에 보이는 사랑임에도, 주위 사람들이 아무리 말려도 눈에 콩깍지가 씌워져 정신을 못 차리게 되는 이유입니다.

키 큰 남자가 키 큰 여자와만 짝을 지으려 한다면 인류는 거인족이 되어버릴 것입니다. 다혈질 성격의 소유자가 똑같은 성격의 상대에게만 끌리면 어찌 될까요? 인간은 본능적으로 자기 자신에게 없는 것을 사랑함으로써 종의 유형을 보존하려고 애를 쓰게 됩니다. 물론 이러한 선택은 뚜렷한 합리적인 이유 없이 살아가기 위한 본능적인 의지에 따라 무조건적으로, 무의식적으로 이루어지는 경우가 대부분입니다.

운명적 사랑의 정체

우리가 꿈꿨던 운명적 사랑을 자세히 들여다보세요. 사랑이 자신의 부족함이나 결핍을 채우려는 무의식적인 욕구라는 의견에 동의하시나요? 저는 토크쇼 프로그램에서 방송작가로 일하며 한 시절을 풍미한 스타들과 인터뷰를 하곤 했습니다. 흥미를 위한 장치였지만, '이상형 월드컵'이라는 이름을 붙여서 좋아하는 이성 스타일에 순위를 매기며 구체적인 조건을 알려달라고 조르곤 했습니다. 시간이 흐른 후, 그때 그 스타들의 연인이나 배우자들을 살펴보면 머리로 원했던 그때의 이상형인 경우가 드뭅니다.

어디 스타들뿐일까요? Y 역시 이번엔 연애에 실패하지 않겠다며 학벌과 직업, 취미까지 배우자상을 구체적으로 정해놓고 결혼 정보 회사에 가입했지만, 자신의 도움이 필요한 연하의 후배에게 마음을 빼앗겨 또다시 사내 연애의 문턱에 있습니다. 이쯤 되니, 배우자의 선택이란 이성으로 되지 않는 '무의식의 어떤 것'임을 인정할 수밖에 없습니다.

사랑의 본질을 탐구하다

쇼펜하우어가 사랑에 대해 염세적이었던 이유는 상당 부분 여기에서 기인합니다. 나의 결핍을 채워주길 욕망하면서 선택하는 상대이기 때문에, 아무리 뜨거운 사랑이라 해도 인간의 행복을 담보할 수 없습니다. 기대가 높으니 실망도 크고, 오히려 고통으로 가는 지름길이 될 수도 있습니다. 상대방을 통해 나의 결핍을 채우고 욕구를 충족시키려는 무의식은 있는 그대로의 상대방을 보지 못하게 하고, 실망으로 이어지기 마련이니까요.

그 상실감에 맞닥뜨리면 서로 "어떻게 사랑이 변하니?"라고 말하며 절망하게 됩니다. 쇼펜하우어는 이런 비참함이 그런 사랑을 하는 우리의 잘못이 아니라, 있는 그대로 사랑의 본질이라고 주장합니다. "안락함과 열정이 함께하는 사랑은 극히 드문 행운"이라면서 사랑이 끝난 후의 상실이 가져오는 절망과 비참함에 놀라지 말고 그대로 인정하라고 충고합니다.

쇼펜하우어가 이런 주장을 하는 이유는 우리를 우울하게 만들기 위해서가 아닙니다. 오히려 비통함을 일으키는 헛된 기대들로부터 우리를 자유롭게 풀어주려는 것입니다. 사랑이 우리를 낙심하게 만들 때, 이 세상에 운명의 상대, 완벽한 사랑이 없다는 것을 아는 것이 큰 위로가 되니까요. 완벽한 사랑을 머릿속에 그려놓고 기대하는 한, 내 사랑은 부족함투성이이자 못난 것으로 보일 수밖에 없습니다. 하지만 원래 사랑의 본질이 쉽게 메꿀 수 없는 결핍으로부터 시작되었으며, 필연적으로 갈등과 고통이 수반된다는 것을 알게 된다면 나의 사랑과 상실에 조금은 관대해질 수 있지 않을까요? 오히려 사랑의 기억을 통해 자신을 되돌아보고, 성장하고 발전하는 계기로 삼을 수 있지 않을까요?

사랑을 통해 자신을 보다

쇼펜하우어는 이렇게 인간 내면의 깊은 곳, 밝은 곳뿐만 아니라 어두운 곳까지 꿰뚫고 그 본질을 탐구한 철학자였습니다. 그리고 밝음과 어둠이 공존하는 본질을 인정하고 보듬어서 통합하는 것이 곧 사랑이자 삶이라고 말합니다.

지난 사랑에서 넘어서지 못했던 장애물은 무엇인가요? 다음 사랑에서는 어떤 것을 이겨내야 행복을 이룰 수 있을까요? Y의 아픈 사랑의 원인이 단지 '사내 연애'였기 때문일까요? 불행이 빤히 보이는 사랑의 결말이 성장과 통합으로 마무리되려면 무엇을 해야 할까요? 쇼펜하우어는 말합니다. 그 답을 아는 이는 오직 자기 자신뿐이라고. 자신의 무의식적 '의지'를 살펴 이해하는 일이 성숙한 사랑을 만드는 첫 번째 지름길이라고.

아서 쇼펜하우어 Arthur Schopenhauer: 1788~1860
독일의 철학자
대표 저서: 『의지와 표상으로서의 세계』

인간과 세상에 대해 사랑과 비판정신을 가졌던 염세주의자로 통한다. 이성주의 철학에 반기를 들고, 세계의 본질은 지성보다 맹목적인 생의 의지에 있다고 주장했다. 인도 철학에도 조예가 깊었다. 그의 사조는 19세기 후반 전쟁 이후 크게 유행했다.

반짝이는 아이디어는 왜 떠오르지 않을까?

프로타고라스 '인간은 만물의 척도' / 김상현

철학 처방전

한 정치인의 죽음

지난 2018년, 한 정치인의 투신이 많은 사람의 마음을 무겁게 했습니다. 저 또한 그 당시 큰 충격을 받았습니다. 그는 언변이 뛰어나 '촌철살인'이라는 열광적인 호응을 얻으며 많은 팬을 확보했지만, 정치적 반대편에 서 있는 사람들로부터는 궤변이라는 비판을 받으며 공격받기도 했습니다.

주류사회의 질서와 충돌할 수 있는 '공격받을 용기'와 대중의 생각에 맞설 수 있는 '미움받을 용기'를 지니고 있었던 그의 삶을 되돌아보며 머릿속에 떠오른 철학자가 바로 프로타고라스입니다. 프로타고라스는 기원전 485년경 그리스 북동부 아브데라(Abdera)에서 태어났습니다. 일설에 의하면 절대적 진리에 대한 의심이 신에 대한 불경죄로 여겨져 말년에 아테네에서 추방

당하고 저서들이 불태워지는 모욕을 겪기도 했습니다.

최초의 소피스트, 프로타고라스

프로타고라스는 소피스트라는 이유로 철학사적으로 조금 저평가된 인물입니다. 물론 궤변을 일삼고 부와 명예만을 추구한 소피스트들이 많았던 것도 사실입니다. 하지만 소크라테스나 플라톤이 소피스트들을 비판하면서도 프로타고라스를 제외한 것을 보면 그에 대한 존중과 후대 철학자들에게 끼친 영향력은 적지 않았던 것 같습니다.

소피스트란 말은 '현인'(賢人) 또는 '지자'(知者)라는 뜻으로, 현실에 도움이 되는 변론술이나 백과사전적 지식을 사람들에게 전하며 먹고사는, 요즘 말로 하면 프리랜서 교사들이었습니다. 소피스트들은 합리적 이성에 바탕을 두고 기존 가치체계에 끝없는 의심을 품었으며 이에 필요한 비판과 대안을 마련하는 데 주력했습니다. 이는 결국 어떤 주장에 대해서도 이길 수 있는 토론 기술의 발전으로 이어졌습니다.

대표적인 소피스트였던 프로타고라스의 사상은 "인간은 만물의 척도다"라는 말로 함축할 수 있습니다. 그는 절대적인 진리나 해답은 존재하지 않으며, 세상의 진리 또는 사물에 대한 평가는 사람들 개개인에 따라 달라질 수 있다고 생각했습니다. 『신들에 대해서』란 책에서 그는 "신들에 관해, 나는 신들이 존재하는지 혹은 존재하지 않는지 모른다. 신들에 대한 지식을 얻는 것을 어렵게 하는 방해물은 수도 없이 많다. 이 문제는 너무나 불명확한 데 비해 인생은 짧다"라는 말로 진리를 얻고자 하는 과정의 어려움을 표현했습니다.

쇠락해가는 아테네의 상황 속에서 많은 시민들은 신과 같은 초월적 존재가 나타나 주기를 기대했습니다. 어렵고 힘들고 낙담에 빠져있던 사람들에게 "인간이 만물의 척도다", 즉 신과 같은 절대자는 존재하지 않는다, 진리는 어디에도 없고 스스로 자신의 문제를 해결해야 한다는 메시지는 불편할 수밖에 없었습니다. 절대 진리의 존재를 긍정하는 기존 그리스 철학의 입장에서 프로타고라스의 주장은 아마도 궤변처럼 들렸을 것입니다.

충격적인 조직 문화와 열악한 인권 상황

2016년 5월, 서울 남부지검 소속 33세의 젊은 검사가 스스로 목숨을 끊었습니다. 극단적인 선택을 한 이유는 업무 스트레스와 직무 압박감 그리고 상사인 부장검사의 폭언과 폭행이었다고 합니다. 한국 사회에서 '검찰'은 권력을 상징하는 대표집단입니다. 범죄를 수사하고 증거를 모아 기소하는 막강한 권력을 가진 사람이, 그 집단 내에서 왜소하고 초라한 존재로서 고통을 겪다 끝내는 극단적인 선택을 하게 됐다는 사실이 충격적으로 다가왔습니다.

헌법과 법률로 권한과 지위가 보장되는 검찰 내부 구성원에 대한 인권 보호 수준이 이 정도라면, 일반 직장인의 현실은 과연 어떠할까요? 정리해

고를 당한 후 우울증으로 고통받다 스스로 목숨을 끊은 사람들, 상사의 지속적인 폭언과 괴롭힘으로 결국 극단적인 선택까지 하게 되는 사람들의 소식이 뉴스에 종종 등장합니다. 직장인의 80%가 직장 내 여러 관계에서 발생하는 어려움 때문에 '오피스 우울증'을 겪고 있다는 통계도 있습니다.

좋은 아이디어는 어디에서 오는가?

기업의 경영진은 구성원들에게 항상 혁신을 강조합니다. 경쟁사를 이기기 위해, 시장에서 살아남기 위해, 계속 성장하기 위해 끊임없이 좋은 아이디어를 요구합니다. 하지만 대부분의 직장인은 새로운 아이디어를 내놓기보다는 기존 관행을 답습하거나 상사의 지시를 그대로 따르는 경우가 많습니다. 이렇게 창의적인 생각을 하지 못하게 된 가장 큰 원인은 무엇일까요?

기업은 특수한 집단입니다. 최고 의사결정기구라 할 수 있는 주주총회의 의결권은 1인 1표의 일반적인 민주주의 방식이 아니라 1주 1표로 주어집니다. 즉 대주주의 뜻대로 회사의 주요 정책이 결정되고, 기업 내부의 의사결정 과정에서는 상사의 영향력이 매우 큽니다. 자신의 생사여탈권을 쥐고 있는 윗사람을 향해 적극적으로 자기주장을 펼치는 것은 쉬운 일이 아닙니다. 이런 의미에서 회사란 하고 싶은 일보다는 해야 할 의무가 훨씬 더 많은, 기쁜 마음으로 즐겁게 다니기보다는 힘들게 참고 일하는 시간이 압도적으로 많은 곳이 틀림없습니다. 때때로 상사들로부터 "절이 싫으면 중이 떠나라" 같은 못된 말을 듣는 곤욕스러운 환경 속에서 창의적인 아이디어를 계속 내놓는 것은 거의 불가능할 것입니다.

다행히 최근 실리콘밸리 기업문화를 벤치마킹한 몇몇 국내 기업을 중심으로 조직 문화의 혁신이 이루어지고 있습니다. 이름을 영어식으로 바꾸고 모든 직급을 없앤 회사도 있고, 극비 개발사업을 제외한 모든 정보를 인트라넷으로 공개함으로써 수평적 조직문화를 만들기 위해 노력하는 기업도 있다고 합니다. 몇몇 대기업의 '오너갑질' 사건이 터지면서 과거에는 당연시하던 윗사람들의 잘못된 행태가 더는 받아들여지지 않는다는 사회적 분위기가 널리 퍼진 것도 긍정적인 신호로 보입니다.

좋은 아이디어는 한 사람의 탁월한 능력보다는 여러 사람이 함께 머리를 맞대는 자율적인 분위기에서 떠오를 가능성이 큽니다. 수평적 문화를 조성하고 소수의 목소리에도 귀를 기울이는 선한 마인드로 무장한 능력 있는 리더들의 등장을 기대해봅니다.

비교적 젊은 직원들의 경우, 작은 사례부터 직장 내에서 '미움받을 용기'를 실천해보는 것은 어떨까요? 예를 들어 불필요한 야근 하지 않기, 업무와 직접 관련 없는 모임에 참석하지 않기, 근무시간 이외 SNS 업무지시에 항의하기 등 찾아보면 여럿 있을 것입니다. 자신에게 투자할 수 있는 시간을 만들어 자기계발에 힘쓰고 업무역량을 키운다면 개인과 회사 모두에게 이로울 것이며 건강한 조직문화를 만들어가는 데도 도움이 되리라 생각됩니다.

프로타고라스 Protagoras: BC 485~414
그리스의 철학자

기원전 5세기경 활동한 고대 그리스 철학자. 최초의 소피스트라 불리는 인물로 "인간은 만물의 척도다"라는 말로 진리의 주관성과 상대성을 설파했다.

직장 내 무한경쟁은 불가피한가?

토마스 홉스 '만인의 만인에 대한 투쟁' / 김상현

철학 해방전

왜 축구에 열광하는가?

직장생활의 소소한 즐거움 중 빼놓을 수 없는 것의 하나로 퇴근 후 동료들과 함께하는 가벼운 술자리를 들 수 있을 겁니다. 특히 월드컵과 같은 빅 이벤트가 저녁에 방송되는 날이면 퇴근길 호프집은 여럿이 함께 몰려온 직장인들로 북적이게 됩니다. 함께 열광하고, 결과에 실망하기도 하고, 때로는 선수와 코칭스태프를 향해 비난을 하기도 합니다. 이렇게 함께 어울리는 시간에는 평소 관계가 좋지 못했던 사람들과도 쉽게 마음이 통하는 경험을 하게 됩니다.

무능하고 권위적인 상사, 얄밉도록 자기 실속만 챙기는 동료, 이해할 수 없는 정신세계를 보여주는 후배 등 직장 내에서 나를 골치 아프게 하던 사람들과도 쉽게 하나로 어우러지는 느낌을 받곤 합니다. 이렇게 축구를 함께 보면서 열광하고 동질감을 느낄 수 있는 바탕에는 '대한민국'이라는 정체성이 있을 것입니다. 우리가 태어나 살고 있는 국가와 관련한 이러한 감정들은 과연 어디에서 유래한 것일까요? 그리고 국가란 과연 무엇일까요?

새로운 국가 이론을 제시한 홉스

국가의 기원과 탄생을 이야기할 때 빼놓을 수 없는 철학자가 토마스 홉스입니다. 홉스는 근대 정치철학의 토대를 마련한 철학자로, 『리바이어던』이라는 책을 통해 사회계약설을 기반으로 하는 국가론을 주장했습니다. 홉스는 국가가 없는 자연 상태란 '만인의 만인에 대한 투쟁' 상태이고, 무질서한 자연 상태를 그대로 방치할 경우 인간의 자유와 권리를 보호할 수 없다고 생각했습니다. 따라서 천부적으로 갖고 태어난 인간의 존엄성을 보호하기 위해 리바이어던(성경에 등장하는 강력한 힘을 가진 동물)처럼 강력한 국가가 필요하다고 말합니다. 이에 따라 모든 개인은 자신의 생존과 이익을 보호하기 위해 국가에 자유를 넘겨주는 계약을 하게 되었고, 국가는 막강한 절대 권력을 통해 개인으로 하여금 무질서한 자연 상태를 벗어날 수 있게 도움을 주었다는 것이 바로 홉스의 생각입니다.

이러한 홉스의 철학은 신 중심의 중세시대를 벗어난 근대 초입에 등장합니다. 모든 원인을 신에게서 찾던 중세에는 '왕권신수설'에 따라 국왕의 통치와 국가의 존립 근거가 합리화되었습니다. 하지만 코페르니쿠스, 갈릴레이 등의 과학적 사고를 접한 근대 철학자들은 종교적 권위에서 자유롭고 새로운 시대에 잘 어울리는 논리를 개발하게 됩니다. 이런 시대적 변화에 맞춰 등장한 것이 홉스의 국가론이라고 할 수 있습니다.

사회계약설을 처음으로 제시한 홉스의 논리는 지금의 시각으로 보면 여러 허점을 드러내기도 합니다. 우선 인간의 본성이 악하다는 전제부터 마음에 들지 않는 분이 많을 겁니다. 또 사회계약과 관련해 어느 누구도 자신의 자유와 권리 일부를 포기하는 양도계약을 국가와 체결한 사람은 존재하지 않습니다.

사실 국가란 아주 먼 옛날 압도적인 힘을 가진 통치자가 주변 세력을 무력으로 제압하고 자신의 권력을 강화하는 방식으로 탄생했을 가능성이 큽니다. 설사 아주 오래전에 권리의 양도계약이 이뤄졌다 하더라도 현재 새롭게 태어나거나 유입되는 사회구성원들에게 그 권리와 의무가 자동으로 승계된다고 보는 건 다소 무리가 있을 것입니다.

아직도 계속되는 일상이라는 전쟁

우리는 일상에서 전쟁이 사라진 평화로운 시대를 살고 있습니다. 하지만 우리 선조들이 매일같이 치르던 전쟁의 잔혹한 경험은 우리의 핏속 어딘가에 고스란히 남아있는 것 같습니다. 월드컵이나 올림픽 같은 국제 스포츠 이벤트가 이러한 원초적이고 본능적인 감정을 대신 보여주고 있고, 태극

전사들은 우리를 대표해 전쟁터에 나가 피를 흘리는 병사들처럼 보입니다. 이것이 바로 우리가 축구에 열광하고 집착하는 진짜 이유와 큰 관련이 있지 않을까요?

이미 많은 국가가 자신들만의 고유한 리바이어던을 만들어 효과적으로 작동시키고 있기 때문에 오늘날 대부분의 시민은 커다란 공포감 없이 일상생활을 이어갈 수 있습니다. 하지만 이렇게 효율적인 리바이어던도 아직 제대로 작동하지 못하는 분야가 있는데, 대표적인 경우가 국가와 국가 사이의 국제관계입니다. 국가 단위로 형성된 하나의 '리바이어던'이 스스로 옳다고 판단하는 행위를 무절제하게 행사하는 경우 다른 '리바이어던'과 그 안에 속한 구성원들의 권리를 침해하는 경우가 발생할 수 있습니다. 이런 경우 대규모 전쟁으로 이어져 인류 전체가 심각한 위기상황을 겪게 될 가능성이 있습니다.

우리에게 매우 익숙하면서도 리바이어던이 작동하지 않는 또 하나의 대표적인 공간이 바로 비즈니스 세계입니다. 특히 보통의 직장인이라면 직장 내 경쟁에 따른 스트레스를 피하기 어렵습니다. 흔히 '만인의 만인에 대한 투쟁'이라는 구호로 표현되기도 하는 직장 내 무한경쟁은 과연 불가피한 것일까요?

직장 내 경쟁은 불가피할까?

업무평가 때마다 또 무엇을 적어야 할지 고민이 몰려옵니다. 인사철이 되면 행여나 밉보이지 않을까 더욱 조심스럽게 행동하며 초조한 마음으로 결과를 기다리게 됩니다. 인사 결과, 동료가 먼저 승진해서 연봉 차이가 발생하는 것만큼 직장인들을 기분 나쁘게 하는 경우도 드물 것입니다. 심지어 후배가 팀장이 되고 선배인 자신이 팀원으로 일하게 되는 경우가 발생한다면 자연스럽게 사표를 써야 한다는 신호로 받아들여집니다. 연공서열이 점차 무너지고 유연한 기업문화가 확산되면서 이렇게 기분 나쁜(?) 상황은 더욱 자주 발생할 것입니다. 따라서 이에 현명하게 대처하는 자신만의 노하우가 필요합니다.

다행히 회사 내 공간은 홉스가 말하는 자연 상태와 같지는 않습니다. 국가와 달리 회사는 구성원의 자발적인 선택으로 형성된 이익 단체입니다. 국적을 선택하는 것과는 비교조차 할 수 없을 정도로 입사와 퇴사가 자유롭습니다. 동료와의 관계 또한 만인의 만인에 대한 투쟁 상태와는 다릅니다. 피 말리는 경쟁이 불가피한 상황이 많긴 하지만, 서로 협력하면서 팀을 이뤄 시너지를 내고 결과를 만들어야 함께 생존이 가능한 경우가 훨씬 많습니다.

어느 곳이나 선의의 경쟁은 불가피하므로 경쟁을 자연스럽고 긍정적인 일상으로 받아들이는 자세가 무엇보다 중요합니다. 조직 내 평가란 결국 상대평가입니다. 노력과 결과가 항상 일치하는 것은 아니기 때문에 비록 최선을 다했지만 기대에 못 미치는 평가를 받는 경우가 비일비재하다는 사실을 잊지 말아야 합니다.

나보다 별로 나아 보이지 않는 동료가 더 좋은 평가를 받는 상황이 발생한다면 곰곰이 상황을 관찰해보는 것은 어떨까요? 그가 성공한 이유가 그만의 특별한 업무기술일 수도 있고, 눈에 띄는 성과일 수도 있으며, 성실한 소통과 노력의 결과일 수도 있습니다. 차분한 분석을 통해 자신을 돌아보며 자신의 기량을 업그레이드할 수 있는 기회로 삼았으면 합니다.

그럼에도 도저히 납득이 가지 않는다면 그 동료가 운이 조금 좋았다고 생각하는 것은 어떨까요? 개인의 성공에 있어 운이 차지하는 비중이 우리의 보통 상식보다 훨씬 크다고 합니다. 행운이 다음 차례에는 나에게 다가온다고 기대하며 미래를 준비하는 편이 속상한 마음에 술잔을 들이켜는 것보다 훨씬 건강하고 효과적인 내책일 것입니다.

토마스 홉스 Thomas Hobbes: 1588~1679
영국의 철학자, 정치학자
대표 저서: 『리바이어던』

스페인의 무적함대가 영국을 침공했던 시기에 일곱 달 만에 공포 속에서 쌍둥이로
태어났다고 알려져 있다. 계속되는 전쟁과 내전을 경험하며 인간의 기본권과
평화로운 공존의 방법을 모색했다. 르네상스와 종교개혁을 거쳐 새롭게 시작된
과학적 방법론을 받아들여 신 중심의 세계관을 벗어난 근대적 국가론을 주창했다.

갈등, 피하는 것만이 능사일까?

게오르크 헤겔 '지양의 정신' / 류충열

철학 체방전

인간은 갈등하는 존재

출근하자마자 아침 댓바람부터 회의가 열립니다. 영업·마케팅 부서에서
는 고객의 니즈(needs)를 충족시킬 수 있는 좋은 제품을 저렴한 가격에 출시
해야 한다고 주장하고, 연구개발팀과 생산부서에서는 그렇게 하자면 생산
단가가 높아져 수지타산을 맞출 수 없다며 대립합니다. 많은 사람이 함께 살
아가는 조직 안에서 다양한 의견을 가진 개인 간의 대립과 갈등은 필연적
으로 보이기까지 합니다.

갈등은 타인과의 관계에서만 생기는 것은 아닙니다. 한 개인 안에서도
갈등은 항상 일어납니다. 짜장면을 먹을까 짬뽕을 먹을까 하는 사소한 선택
의 순간부터, 결혼상대나 직장을 선택하는 등 인생의 중차대한 문제에 이

르기까지 우리 인생은 무수히 많은 선택의 순간과 그에 따른 갈등이 상존합니다.

변증법의 철학자 '지양'(止揚, aufheben)을 말하다

헤겔은 "우리가 역사로부터 배우는 것은 역사로부터 아무것도 배우고 있지 않다는 사실이다"라고 말했습니다. 반복되는 대립과 갈등의 역사 안에 살면서도 과거로부터 배우지 못하는 이들을 보며 안타까운 심정으로 위와 같은 말을 하긴 했지만, 헤겔은 세상에 수없이 많은 모순과 대립이 존재하며, 그로 인한 투쟁이 역사를 발전으로 이끄는 변화의 원동력이고, 그래서 역사는 변증법의 방식을 통해 발전한다고 생각했습니다.

변증법이란 흔히 '정-반-합'으로 부르는 '정립-반정립-총합'의 3단계 과정을 말합니다. '정립'은 변증법 전개의 제1단계로 원래부터 정리된 하나의 주장이고, '반정립'은 제2단계로 정립이 내적 모순으로 낳은 대립명제, '총합'은 제3단계로 정립과 반정립의 모순이 통일되는 과정입니다. 이때 '총합'은 또 다른 변화의 출발점이 되며, 이러한 변화는 최고의 지점에 도달할 때까지 계속됩니다.

그런데 중요한 점은 이 '총합'에서 제1단계였던 '정립'이 부정되어 없어지는 것이 아니라 새롭고 높은 단계로 유지 보관된다는 점입니다. 헤겔은 독일어로 aufheben^(아우프헤벤)이라는 용어를 사용했는데, 우리나라에서는 이를 '지양'^(止揚)이라고 번역했습니다. 독일어 아우프헤벤은 '부정하다, 폐지하다'의 의미와 함께 '보존하다, 지속하다'라는 두 가지 상반된 의미를 가지고 있습니다. 승자독식의 사고방식이 만연한 우리 사회의 한 사람으로, 그 의미를 새삼 생각해보게 만드는 개념입니다.

갈등을 해결하는 변증법

역설적이게도 헤겔의 변증법은 기존의 주장과 그에 반대하는 주장 간의 갈등이 빚어내는 하모니입니다. 이 지점에서 우리는 오늘도 겪고 있을 직장에서의 갈등을 해결할 수 있는 단서를 찾을 수 있습니다. 갈등을 괴롭고 짜증나는 상황이라고만 생각하지 않고, 문제를 해결하는 더 나은 방법을 찾을 수 있는 기회요 계기라 생각하면 '정-반'으로 부딪치는 갈등상황을 다른 시각으로 바라볼 수 있는 여지가 생깁니다. 그리하여 대립하던 상대방과 함께 '합'을 만들어가는 쾌거를 이룰 수 있게 됩니다. 그러니 헤겔이 주장한 대로 대립과 갈등이 발전으로 이끄는 원동력이라는 말에 충분히 공감하게 됩니다.

역사는 절대정신의 자기실현 과정

헤겔은 변증법에 의해 도달되는 최고의 지점, 즉 더 변화될 필요가 없는 최고의 위치를 '절대정신'이라고 했습니다. "절대정신은 바로 이성이며 그 본질은 자유다. 역사란 자유가 전개되어가는 과정이다." 그러므로 "역사란 절대정신의 자기실현 과정이다"라고 표현했습니다. 독일 관념론 철학의 정점이며 근대철학을 완성시키고 현대 철학의 문을 열었다고 평가받는 헤겔 철학을 한 줄로 표현한 멋진 문장이 아닐 수 없습니다.

인간에게는 신이나 영혼 등과 같이 인식할 수 없는 영역이 있다고 한 칸트와 달리 헤겔은 인식할 수 없는 영역까지 전부 알 수 있다는 궁극의 철학 사상을 전개했습니다. 인간이 곧 '신'인 까닭입니다. 그렇게 절대정신을 신이라고 보면 헤겔의 관념론은 물아일체(物我一體)의 동양사상과도 비슷합니다. 차이점이라면 동양철학에서는 만물이 변화하고 순환한다는 것이지만 헤겔의 변증법에 의한 역사발전은 자유라는 뚜렷한 목적이 있다는 거죠. "만물은 목적이 있다"라고 한 아리스토텔레스 이후 이어지는 서양철학의 목적론적 세계관과 같은 맥락이라고 하겠습니다.

마음의 문을 여는 손잡이

헤겔 철학은 19세기 서구 열강들의 식민지 쟁탈전과, 두 번의 세계대전을 치른 20세기까지 서구의 사상을 지배했습니다. 거대하고 고상한 이념을 위해 개인은 희생될 수 있다는 내용으로 인해 독재정권을 추구하는 지배층의 이데올로기를 뒷받침하는 데 이용된 것은 어쩌면 당연한 수순이었을 것입니다.

히틀러의 나치즘이나 마르크스의 공산주의 그리고 일본이 제국주의를 추구하는 과정에서 헤겔 철학을 적극적으로 이용했고, 우리나라에서도 1960년대와 그 이후 개발독재를 합리화하기 위한 사상으로 헤겔의 관념론과 변증법을 활용했습니다.

이렇듯 지배층의 이념을 합리화하는 데 악의적으로 활용된 측면이 없지는 않지만, 그의 명언 중에 기억해두고 싶은 것이 하나 있습니다. "마음의 문을 여는 손잡이는 마음의 안쪽에만 달려있다." 상대방을 탓하거나 짓밟으려 하기보다는 자신이 먼저 마음의 문을 열고 소통을 위해 노력해야 한다는 의미입니다.

저는 작은 회사의 관리부서에서 일하고 있는데, 오전 회의에서 기술부 직원과 의견이 부딪치는 안건이 하나 있었습니다. 마침 날도 화창합니다. 점심시간을 이용해 그 직원과 사무실 근처 공원을 잠시 산책하며 '정-반'을 넘어 '합'으로 나아가는 길을 찾아봐야겠습니다. 갈등하는 사이지만 '지양'의 정신으로 대화를 나누다 보면 아마도 더 높은 수준의 해결방안이 나올 수 있겠죠. 그렇게 더 높은 곳으로 발전을 거듭하다 보면 우리도 자기실현을 완성한 절대정신, 곧 신이 될 수도 있지 않을까요?

게오르크 빌헬름 프리드리히 헤겔
Georg Wilhelm Friedrich Hegel : 1770~1831
독일의 관념론 철학자
대표 저서: 『정신현상학』, 『법철학』

칸트의 '이념'과 '현실'의 이원론을 극복해 일원화하고, 정신이 변증법적 과정을 통해 자연·역사·사회·국가 등의 현실로 자기 발전을 해나가는 체계를 종합, 정리했다.

직장 동료와 맛점이 가능하다고?

플라톤 '이데아론' / 정비아

철학 해방전

그건 내 아이디어였다고!

H는 더없이 친하게 지내던 직장 동기인 R과 관계가 껄끄러워져 며칠 동안 계속 마음이 불편했습니다. 같은 부서에서 단짝처럼 지냈는데, 관계가 틀어지고 보니 직장 동료와 친하게 지내지 말라던 선배의 충고도 뒤늦게 떠올랐습니다.

사건은 아이디어 회의 중에 일어났습니다. 부서 특성상 평소 아이디어 회의를 자주 하는데, 그날도 회사 상품서비스에 관한 아이디어 회의 중이었지요. 이런저런 의견이 오갔지만 뾰족한 아이디어가 나오지 않은 상황에서 소심하고 조심스러운 H가 수줍게 꺼낸 의견에 활발하고 적극적인 R이 강한 리액션을 했습니다. 나아가 R은 H의 아이디어를 발전시켜 추가 아이디어를 속사포처럼 쏟아냈습니다. 팀장은 R의 추가 아이디어에 솔깃했고, 결과적으로 R이 회의에서 귀결된 아이디어를 정리하고 업무를 진행하는 책임을 맡게 되었습니다. H는 친했던 R이 팀장에게 그 아이디어가 나올 수 있었던 건 H의 덕이라는 말을 해주리라 기대했지만, R은 별말 없이 그 일을 맡아 진행했습니다. H가 괴로운 건, R은 예전처럼 아무렇지도 않게 자신을 대하는데 자기는 R을 피하게 되고, 급기야 마음속으로 R을 미워하게 됐다는 겁니다.

이상적 존재가 현실에 있을까?

H는 평소 친했던 R이 H의 공로를 부서 사람들에게 알려줄 것이라 기대했는데, 그 기대가 빗나가 배신감을 느꼈습니다. 얼핏 보면 H의 소심한 성격 탓일 수도 있습니다. 그러나 잘 생각해보면 우리는 모두 직장에서 이런 일을 비일비재하게 겪으며 누군가를 원망하고 탓하며 살고 있습니다.

미처 인식하지 못하고 있지만 우리는 저마다 마음속에 어떤 상을 그려두고 있습니다. '상사라면', '후배라면', '동료라면' 등의 전제를 달고 그 역할에 대한 이상적 기준을 세워둡니다. 앞서 말한 H 역시 R에 대해 '친한 동료라면'

이라는 이상적 기준을 가지고 있었기에 그에 상응하는 기대를 했고, 그 기대가 깨지자 R과의 관계도 깨진 것이지요. 그러나 이런 잣대로 타인과의 관계를 재단하다 보면 현실은 왜곡되고 맙니다.

이상적이라는 건 무엇일까?

현실과 대립되는 관계에 놓인 '이상'의 개념을 철학적으로 제시한 사람은 플라톤입니다. 플라톤은 비물질적이고 영원한 '이데아'야말로 '참실재'이며, 이와 반대로 물질적이고 감각적인 사물의 세계는 이데아의 그림자, 모상에 불과하다는 이원론적 세계관을 주장한 철학자입니다. 그의 철학은 기하학을 바탕으로 하는데, 이데아론 역시 기하학적 개념을 확장시킨 학설입니다.

그는 모래 위에 삼각형을 그린다는 가정으로 설명을 시작합니다. 우리가 아무리 똑바로 정삼각형을 그리려 해도 완벽한 삼각형을 그리는 건 불가능합니다. 사람의 손으로 그린 정삼각형은 어쩔 수 없이 변의 길이나 각의 크기가 조금씩 다를 수밖에 없으니까요. 그럼에도 우리는 정삼각형이 무엇인지 알고 있습니다. 이게 바로 이데아라는 거죠. 불변하는 영원한 것이 이데아입니다. 이렇게 수학적 개념을 이 세상의 모든 것에 적용한 것이 이데아론입니다.

H는 '친한 동료라면' R이 어떤 상황에서도 자신의 공로를 말해줘야 한다고 여겼으며, 그게 친한 동료로서의 도리, 즉 이상적인 모습이라고 생각했습니다. '친한 동료'의 이데아는 H에게 그런 것이었죠. 그러나 H가 이상적으로 생각하는 R은 현실에 존재하지 않습니다.

플라톤의 이데아론은 단순히 이런 이상적 개념에서 멈추지 않습니다. 플라톤은 동굴의 비유로 설명을 확장합니다. 사람들은 태어날 때부터 손과 발에 쇠사슬을 차고 동굴 속에 갇힌 존재입니다. 동굴 속에 갇힌 인간은 동굴의 벽에 비친 그림자만 보면서 살게 되는데, 이것이 바로 현실세계라는 것이죠. 즉, 그림자를 실재라고 생각하며 산다는 겁니다. 그리고 사람들이 이 착각에서 벗어나 참실재인 이데아를 깨닫게 하는 것이 이성이라고 말합니다.

진정 이상적인 관계란?

이런 논리대로라면 H가 R을 향해 세운 '친한 동료라면'이라는 이상적 기준이 정말 이상적인가라는 물음이 생겨납니다. H가 R을 향해 만든 이상적인 잣대는 H의 입장에서 보고, 듣고, 느끼는 자기 감각을 기반으로 세운 것이므로 '이상적 상태'라고 볼 수 없습니다. 즉, '참실재'가 아니며 가짜입니다. 이상적인 것, 즉 이데아는 지성의 눈으로 볼 수 있는 세계입니다. 요컨대 '이성'의 눈으로 바라보고 판단해야 한다는 것이죠. H는 사사로운 감정과 감각적인 판단에 기대어 R과의 관계를 바라볼 것이 아니라, 이성적으로 그 상황과 관계를 판단해야 합니다. 그래서 직장 동료와 친하게 지내지 말라는 선배 직장인들의 조언은 그 관계의 기반이 무엇인가를 이성적으로 생각해보기를 권하는 말로도 들립니다.

이상과 현실은 영원히 포개질 수 없다

현실에서 이상을 갖는 것은 분명 필요합니다. 그러나 '이상'을 세울 때 명심해야 할 것은 이성과 지성의 힘으로 판단하고 사유하는 일입니다. 나아가, 그렇게 세운 이상에 아무리 노력해도 가 닿지 못함에 괴로워하거나 실망할 필요는 없습니다. 플라톤의 이데아론은 우리의 영혼이 이념, 즉 이성의 세계로 나아가야 한다는 것을 강조하는 것일 뿐, 감각 세계를 깎아내리거나 반드시 이상에 가 닿아야 함을 전제하지 않기 때문입니다. 그저 그곳을 향해 계속 나아가는 지향과 실행이 중요합니다.

플라톤은 사물마다 이데아가 있지만 최고의 이데아는 '선(善)의 이데아'라고 말합니다. 즉, 우리가 궁극적으로 추구해야 할 것 그리고 이 세계를 지배하는 최고의 이성은 곧 '선'(善)이 되어야 한다는 뜻입니다.

H처럼 우리는 '언제나 내 편'인 친구, '훌륭한' 부모, '자랑스러운' 자식, '유능한' 직장인, '정의로운' 사회 등 머릿속에 이상적인 역할이나 모습의 잣대를 가지고 있습니다. 다만, 그 잣대가 과연 지성의 눈, 즉, 이성을 통해 세운 객관적인 잣대인가를 살펴야 합니다. 그런 다음 이성을 통해 깨달은 이상을 향해 나아가려고 노력해야 합니다.

플라톤이 추구한 이데아는 정의로운 사회, 선한 존재로 나아가기 위한 좋은 나침반입니다. 이데아가 이 세상에 존재하는 이유도 이것입니다. 즉, 이데아는 우리가 나아갈 방향, 우리가 추구해야 할 가치를 알려주는 역할을 합니다. 그러나 현실은 이상을 좇을 뿐, 이상과 일치될 수는 없습니다. 그래서 플라톤의 이데아론은 명백한 이원론을 표방합니다. 이 둘은 분리되어 영원히 일치될 수 없으니까요.

직장 동료와 맛점이 가능하려면?

플라톤의 이데아론을 제대로 이해하게 되면 H는 자신을 붙들고 있는 실망감에서 벗어날 수 있습니다. 누구의 잘못도 아니니까요. R은 자기의 일을 한 것뿐이며, H 역시 자신의 일을 한 것뿐입니다. 이번 아이디어 회의에서는 H가 실마리가 되는 아이디어를 내고 R이 발전시켰다면, 다음 아이디어 회의에서는 누군가의 실마리가 되는 아이디어를 H가 발전시켜 일을 맡아 진행할 수도 있을 것입니다. 이성적으로 한 발 떨어져 일상을 바라보면, 궁극적으로 삶이 나아갈 방향이 보입니다. 우리는 '지금 여기'에서의 현실을 이성과 지성의 눈으로 바라보고, '선'에 반하는 요소를 지양하고 극복해 나가면 됩니다. 그리고 이런 과정이 곧 이상을 향해 가는 과정이며 사람다운 삶의 과정임을 알면 됩니다.

그렇다면 H는 이제 R과 예전처럼 맞점을 할 수 있게 될 것입니다. 그러나 H는 더는 예전의 H가 아니죠. R과의 관계를 바라보는 눈이 달라졌으니까요. 헛된 기대나 주관적인 감정의 찌꺼기가 빠져나갔으니 H와 R은 이제 이상적인 동료 사이로 한 걸음 더 나아갔습니다. 다만, 이상적인 관계로 다가갈 뿐입니다. 이상과 현실은 늘 괴리를 갖게 마련이니까요. 우리들이 그 괴리를 인정할 때 현실은 편안해집니다.

플라톤 Platon: BC 427~347
그리스의 철학자
대표 저서: 『변론』(소크라테스의 변명), 『파이돈』, 『향연』, 『국가론』

소크라테스의 제자였던 플라톤은 소크라테스뿐 아니라 고대의 다양한 철학적 요소들이 조화를 이루며 기존 그리스 전통을 뛰어넘어 깊이 있는 인간탐구에 이르렀다는 평가를 받는다. 특히, 이데아론(형이상학)은 중세 기독교 철학 및 근현대 사상체계 형성에 중요한 역할을 했다. 40세에 아카데미아(아카데메이아)를 세워 80세에 생을 마감할 때까지 제자를 양성하고 학문을 연구했다.

이성이 먼저일까? 감성이 먼저일까?

장 자크 루소 '**인정투쟁**' / 임명희

철학 체방전

업무에 치이고, 관계는 꼬이고

K는 대학 졸업 후, 3년이 지나 취업이 되었습니다. 힘들게 들어간 만큼 열심히 잘하고 싶은 마음이 가득했지요. 그래서 주말이면 시간과 돈을 들여 업무와 관련된 학원에 다니기도 했습니다. 입사 3년 차가 되면서 성과, 평가, 효율성, 마감 등의 용어에 익숙해진 K는 업무를 수합해 보고하는 직책을 맡게 되었습니다.

그런데 K는 타 부서와 업무협의를 할 때마다 부딪쳤습니다. 문서에 어떻게 오타가 있을 수 있는지, 왜 기한을 넘기는지 K는 도저히 용납할 수 없었습니다. K는 그럴 때마다 단 한 번의 예외도 없이 목소리를 높여 상대에게 화를 냈습니다. 그 직원에게 혹시 무슨 사정이 있었던 건 아닌지 주변 상황에는 관심이 없었고, 그저 해야 할 일에만 온통 정신이 집중되어 있었던 거지요. 입사의 기쁨을 함께 나누었던 동기들과도 서먹해졌습니다. K에게는 이제 업무보다 꼬일 대로 꼬여버린 직장 내 관계가 더 해결하기 힘든 문제가 되었습니다.

연민의 철학자 루소

업무와 관계에서 모두 지쳐버린 K에게 말을 건네는 철학자는 장 자크 루소입니다. 루소는 1712년 스위스 제네바에서 시계 수리공의 아들로 태어났습니다. 어머니 수잔은 루소를 낳은 뒤 9일 만에 출산 후유증으로 세상을 떠났고, 이 때문에 루소는 자신은 태어난 것 자체가 불행의 시작이었다고 회고합니다. 아버지는 죽은 아내에 대한 슬픔으로 가득 차 있었고, 루소는 이 시절을 떠올리며 "나는 생각하기 전에 먼저 느꼈다"라고 말합니다.

16세 때 성 밖으로 나갔다가 통행금지 시간을 넘겨 집으로 돌아오지 못한 것을 시작으로 루소의 방랑이 시작됩니다. 루소의 삶은 고난과 모순의 연속이었습니다. 어머니처럼 자신을 돌봐주었던 바랑 부인과 연인관계가 되기도 했고, 사기와 절도 행각을 벌이기도 했지요. 그는 교육학의 고전인 『에

밀』을 썼지만 정규 교육은 거의 받지 못했습니다. 또한 그는 다섯 명의 자식을 모두 고아원에 맡긴 비정한 아버지이기도 합니다. 그 시대에는 궁핍한 생활 때문에 아이들을 고아원에 맡기는 게 관행이긴 했지만, 방대한 교육학 도서의 저자인 루소의 이런 행동은 당연히 많은 이들의 입길에 오르내리게 되었습니다.

스스로를 '모순덩어리'라고 불렀던 루소. 그의 평생에 걸친 방황과 결핍, 회한은 인간에 대한 애정과 연민, 인간의 참된 자유를 향한 사상의 바탕이 되었습니다.

본연의 선함으로 자연을 향하라

루소는 『에밀』에 대해 "20년의 사색과 3년의 집필을 거친 최고의 작품"이라고 스스로 평가합니다. 『에밀』은 "만물을 창조하신 하느님의 손을 떠날 때 모든 것은 선했으나 사람의 손으로 옮겨지자 타락하고 말았다"라는 말로 시작합니다. 『사회계약론』 1장은 "사람은 자유롭게 태어났다. 하지만 여기저기 쇠사슬에 묶여있다. 자기가 남의 주인이라고 생각하는 자도 사실은 그 사람들보다 더한 쇠사슬에 묶인 노예이다"라고 시작합니다.

인간과 사회의 부조리를 해결하기 위한 비판과 시대의 모순에 대한 저항이 루소가 추구한 사상의 큰 줄기입니다. "자연으로 돌아가라"라는 루소의 주장은 모든 걸 버리고 야만인으로 살라는 것이 아닙니다. 사회와 타인에게 인정받고 싶은 과열된 욕망과 집착에서 벗어나 본연의 선함과 자유를 찾으라는 얘기입니다. 그런 면에서 루소가 추구한 것은 올바른 사회질서 속의 참된 자유, 사회 속에서의 자연인입니다.

이성이 먼저일까? 감성이 먼저일까?

감성은 이성의 반대일까요? 감정(감성)을 드러내는 건 미성숙한 행동일까요? 루소는 명확하게 "감성이 먼저"라고 답합니다. 루소가 활동하던 시기는 이성을 중시하는 계몽주의가 꽃피우던 시대였습니다. 하지만 루소는 계몽주의를 비판하며 감성의 중요성을 강조했습니다. 이성이 인간을 만들어낸다면 감성은 인간을 이끌어간다고 주장합니다. 다시 말해 루소는 감성의 바탕에 올바른 판단을 내릴 수 있는 이성이 자리 잡는 상호보완의 자연주의 교육을 주장한 것입니다.

성과, 효율, 통계에 익숙해진 현대인에게 감성이 우선이라는 루소의 주장은 어린이 교육에만 해당되는 듯 보일 수도 있습니다. 그러나 이성과 감성의 조화는 사회가 복잡해질수록 더욱 필요한 요소입니다. 정확함과 결과만이 중요했던 K의 꼬여버린 직장생활도 이성과 감성의 불균형에서 시작한 것이라 할 수 있습니다.

농부처럼 일하고 철학자처럼 사유하라

루소는 기존의 교육방식을 비판하면서 그것을 아이들이 이해하지도 못하는 내용을 전달하는 '적극적 교육'이라고 규정합니다. 그리고 이에 대응하는 교육방식을 '소극적 교육'이라 정의합니다. 소극적 교육은 지식 전달이 아니라 잘못된 관념을 갖지 않도록 보호하는 것을 목적으로 합니다. 그래서 루소는 12세가 되기 전까지는 건강하게 신체를 단련시키고 악덕으로부터, 오류로부터 아동을 보호해야 한다고 말합니다.

물론 당시와 현실은 루소의 지향과는 많이 달랐습니다. 하지만 "농부처럼 일하고 철학자처럼 사유하는 인간으로 교육하라"라는 루소의 주장은 오늘의 우리에게도 유효합니다.

출근하면 상사가 시킨 일을 마무리하기에 급급합니다. 일의 결과를 뱉어내는 자동판매기가 되기 위해, 무표정한 일개미가 되기 위해, 누군가에게 쩔쩔매기 위해 출근한 것도 아닌데 말입니다. 삶의 소중한 시간을 보내는 일터에서 나는 지금 무엇을 하고 있는지 스스로 성찰할 필요가 있습니다. 일에 대한 성찰은 지친 나를 치유하고 일터에 기쁨을 가져올 수 있는 변화의 계기가 될 것입니다.

어린아이에서 청년으로

루소는 『에밀』에서 '제2의 탄생'을 다음과 같이 설명합니다.

"우리는 말하자면 이 세상에 두 번 태어난다. 한 번은 존재하기 위해, 두 번째는 살기 위해서이다. …(중략)… 이것이 내가 말하는 제2의 탄생이다."

인간은 어머니의 배를 빌어 생명으로 한 번 태어나고, 타인과 관계를 맺어가며 다른 자아로 다시 태어납니다. 이것이 '제2의 탄생'입니다. 이를 통해 참된 인생에 눈을 뜨고 인간적인 모든 것과 인연을 맺게 됩니다. 즉 타인에 대한 관심으로 제2의 탄생은 시작합니다. 누구나 태초의 감정은 자기 자신을 사랑하는 일이며, '자기애'는 자기보존과 생존에 관계된 것이기에 당연한 것입니다. 그리고 이 감정이 충족되었을 때 제2의 감정이 생겨나며, 이는 타인의 고통에 대한 공감과 연민으로 확장됩니다.

자신의 업무에 빈틈이 없길 바라는 K의 태도는 당연합니다. 항상 빈틈 없이 정확하게 처리되지 않으면 불안했던 K. 그 불안의 뿌리는 직장에서의 생존과 인정의 욕구였습니다. 하지만 '자기애'에 빠져서 주변 상황과 타인의 고통에 공감할 수 없다면 어린애처럼 구는 미성숙의 단계에 머무르게 되지 않을까요?

살아있는 모든 것을 "그대!"라고 불렀던 인디언처럼 살아있는 모든 것이 나와 연관되어 있음을 섬세하게 의식하는 태도는 K의 꼬이고 지친 일상을 새롭게 바꾸어줄 것입니다. 이것이 루소가 말하는 어린아이의 단계에서 청년의 단계로 성숙해가는 제2의 탄생입니다.

장 자크 루소 Jean Jacques Roussea: 1712~1778
프랑스의 철학자, 사상가, 교육학자, 음악가, 음악평론가
대표 저서: 『신 엘로이즈』, 『에밀』, 『참회록』, 『인간불평등 기원론』, 『사회계약론』, 『고독한 산책가의 몽상』

이성의 시대를 벗어난 낭만주의 문학의 선구적 역할을 했다. 루소의 낭만주의 사상은 음악, 교육, 예술, 정치 분야에 많은 변화를 일으켰다. 그의 자유·민권 사상은 프랑스 혁명 지도자들의 사상적 지주가 되었다.

조직에서 온기 있는 관계가 그립다면
마르틴 부버 '나-너, 그것' / 정예서

철학 처방전

일상의 '적' 타성

오랫동안 한 직장에서 근무하다 보면, 일상의 '적' 타성이 찾아옵니다. 무엇을 해도 둔감하게 느껴지는 타성의 병폐는 조직 구성원에게 역기능으로 작용합니다. 또, 오랜 시간 함께 지내며 속속들이 알게 된 단점이 장점보다 부각되며 갈등을 불러오기도 합니다. 이와 별반 다르지 않은 상황에서 상사와 불편한 관계를 호소하던 제자로부터 관계가 더 악화되기 전에 갈등을 해소했다는 반가운 이야기를 들었습니다. 불편한 관계로 인해 출근이 두려워진 그는 우리 연구원에서 '소통'을 연구주제로 선택할 만큼 힘겨워했습니다. 그러므로 그 소식을 전하는 그의 얼굴은 어느 때보다 편안해 보였습니다.

언제 그렇게 심각한 갈등이 있었느냐는 듯, 그를 존중하던 예전으로 돌아갔다는 상사. 그는 어떻게 골이 깊었던 관계의 실마리를 풀었을까요?

그는 2년여에 걸친 불편함의 원인에 직면해 보라는 제 조언을 받아들여 상사와 마주 앉는 용기를 냈습니다. 그런데 막상 마주해 이야기를 나누어 보니 상사는 부하직원인 그가 자신을 무시한다고 생각해 왔고, 부하직원인 그는 상사가 자신만 미워해 사사건건 브레이크를 건다고 생각했던 것이 불통의 원인이었습니다. 이렇듯 갈등의 원인은 서로의 기대욕구와 인정욕구가 채워지지 못할 때, 조직 안에서 무시로 발생합니다. 나와 다른 태도를 보이는 상대, 특히 직장에서 내 역할로 나를 보지 않고 자신의 눈높이에서 나를 볼 때 그 느낌이 가감 없이 전해져 감정이 촉발되곤 합니다. 그런 그에게 저는 대화의 철학자라 불리는 마르틴 부버의 『나와 너』를 읽어 보라 권했습니다.

관계의 철학자

오스트리아 출신의 유대계 철학자 마르틴 부버는 20세기의 위대한 사상가입니다. 대석학인 조부 솔로몬 부버 슬하에서 여러 언어를 배운 그는 빈, 라이프치히, 취리히, 베를린 대학에서 철학과 미학을 공부하고, 1904년 빈

대학에서 기독교 신비주의 연구로 박사학위를 받았습니다. 그는 정치를 넘어 정신에 의미를 둔 시오니즘을 주장하고, 형식적 유대교에 대항하는 공동체 신앙 실천 운동인 하시디즘을 연구했습니다.

그런 까닭이었을까요. 마르틴 부버는 사람과 사람 사이의 관계를 현미경처럼 들여다보며 '나'와 '너' 사이에는 무엇이 있는가를 연구하게 됩니다. 그리고 모든 관계의 원인을 정리해 '근원어'로 명명합니다.

> "근원어는 낱개의 말이 아니고 짝말이다. 근원어 중 하나는 '나-너'(Ich-Du)이고 또 다른 근원어는 '나-그것'(Ich-Es)이라는 짝말이다. 또 세계는 '나'가 세계에 대해 어떤 태도를 가지고 있느냐에 따라 세계가 '나'를 대하는 태도 역시 달라진다는 이중성을 가지고 있다. 즉 내가 세계를 '나-너'의 근원어로 대한다면 세계 역시 나를 그렇게 맞이하고, 내가 세계를 '나-그것'의 근원어로 대한다면 세계 역시 나를 그렇게 맞이한다."

또한 마르틴 부버는 이를 확장시켜 '나-너', '나-그것'의 관계를 구분하고, 전자는 '의미와 가치의 세계' 후자는 '사물의 세계'라고 정의합니다.

참된 삶은 만남이다

마르틴 부버는 "나 자체란 없으며 오직 근원어 '나-너'와 '나-그것'의 '나'가 있을 뿐이다. 또 '그것'의 세계가 '너'로 변화하고 융해되지 않는다면 그것은 허구에 불과하다"라고 말합니다. 또한 "그렇게 귀한 '너'의 만남은 은혜로서 이루어진다. 그러니 내가 '너'를 향해 저 근원어를 말하는 것은 나의 존재를 기울인 행위요, 나의 본질 행위이다. '나'는 '너'로 인해 '나'가 된다. 그러므로 모든 참된 삶은 만남이다"라고 전하고 있습니다.

이처럼 마르틴 부버는 인간과 인간 사이의 '관계'는 타자와의 '근원거리' 즉, '나와 달라 생기는 거리감'을 이해할 때 성립된다고 보았습니다. 대화 또한 타자와의 동일시를 전제로 이루어지는 것이 아니라 타자의 다름을 직면하고, 타자로서 존중할 때 비로소 할 수 있게 된다는 거지요.

직장에서 나를 불편하게 한다고 여겨지는 수많은 타자, 즉 '너'인 대상을 모두 사라지게 한다면 '나'는 직장의 구성원으로 과연 존재할 수 있을까요?

이 글을 읽는 그대, 거울을 보며 '나'라고 한번 불러보세요. 거울에 비친 오직 한 사람뿐인 나를 볼 수 있겠지요. 결국 나는 거울 안의 내가 아닌 수많은 타자들의 거울에 나를 비출 때 존재를 느낄 수 있습니다. 또한 수많은 타자들 속에 '나' 또한 '너'로서 존재하는 타자가 되겠지요. 그렇다면 이번에는 그, '너'를 '너'라고 불러보실까요. 그러면 나와 마주한 누군가가 곧 '너'로서 대답을 들려주겠지요. 이렇듯 '너'는 내 앞의 대상 없이는 부를 수 없는 지칭어입니다.

그러니 이처럼 나와 너는 불가분의 관계가 되는 것입니다. 즉 너의 존재를 인정하지 못하면 내 존재도 느낄 수 없는, 관계란 바로 그런 거지요. 또한 '나-너'의 관계란 상대를 나를 대하듯 진실한 마음으로 대하는 것인 반면, '나-그것'의 관계는 목적과 조건으로 대하게 된다는 뜻입니다.

마르틴 부버는 "모든 삶은 만남이고, 그 만남은 계획이나 노력이 아닌, 예측하기 어려운 숙명적인 일"이라고 말합니다. 또 "인간의 정신은 내 안에 있는 것이 아니라 나와 너 사이에 있는 것이다. 즉, 내가 있어서 우리가 있는 것이 아니라, '우리'여서 '나'의 존재와 가치에 의미가 생긴다"라고 말합니다. "참된 공동체는 모든 사람이 하나의 살아있는 상호관계에 들어설 때 이루어진다"라는 말은 우리가 직장에서 늘 기억해야 할 말입니다.

앞서 말씀드렸던 사례, 상사와의 갈등을 풀면서 제자는 그의 마음과 상사의 마음이 다르지 않은 것이 놀라웠다고 했습니다. 직장뿐 아니라 어디서나 소통이 화두인 이 시대. 마르틴 부버의 도움을 받아 '나와 너'를 마중해 보시면 우리 생애, 귀한 보석을 간직하는 시너지가 나지 않을까요. 우리의 아이들에게도 귀하게 물려줄 가치를 전한 철학자, 마르틴 부버였습니다.

마르틴 부버 Martin Mordechai Buber: 1878~1965
오스트리아 출신의 독일 유대사상가, 종교철학자
대표 저서: 『나와 너』, 『인간의 문제』, 『유토피아에의 길』, 『사회와 국가』

예루살렘의 헤브라이 대학에서 사회철학 교수를 지냈다. 그는 유대적 신비주의의
유산을 이어받아 유대적 인간관을 현대에 살리려고 했다. '나'와 '너'의 연관을
철학의 중심 문제로 수립하여 독자적인 실존주의적 사상을 전개했다. 잡지 『유대인』
(1916~1924), 『피조물』(1926~)을 편집, 발행했다.

3장

우리의 가치 있는 삶,
가능할까?

저녁이 있는 삶, 어떻게 보낼까?

미셸 푸코 '미시 권력' / 차경숙

철학 체방전

몸 만들기와 목공

최근 C과장은 비장한 각오로 피트니스센터에 등록했습니다. 회식과 야식으로 늘어난 허리둘레를 인격의 상징인 양 자랑스러워하던 그였지만 얼마 전 사우나에서 잘나가는 H차장을 마주친 후 생각이 바뀌었습니다. 자신과 동갑인 H차장의 미끈한 복근을 본 C과장은 그동안 자신이 승진을 못한 건 뚱뚱하고 미련한 몸 때문이라고 단정 지었습니다. 그날 이후 C과장은 좋아하는 술자리도 참석하지 않고 운동과 식이요법에 매달렸습니다. 하지만 팀원들은 유머 넘치는 농담으로 유쾌했던 C과장이 운동을 시작하면서 변해버려 예전처럼 친근하게 다가갈 수 없게 되었다며 아쉬워합니다.

P대리는 실력을 인정받는 엔지니어지만 계속되는 회의와 야근에 지쳐가

고 있었습니다. 그러다 우연히 소개받은 목공 동호회에서 나무를 다듬고 잘라 가구를 만들면서 자신이 정말 좋아하는 일을 찾았다는 걸 느꼈습니다. 목공의 재미에 푹 빠져 지내면서 그는 제2의 인생을 설계하기 시작했습니다. 목공을 전문적으로 배울 수 있는 학교를 찾아 입학을 준비했고 1년 만에 합격했습니다. 그리고 그는 미련 없이 사직서를 냈습니다.

C과장과 P대리 모두 자신이 원하는 일에 도전했지만 프랑스 철학자 푸코의 시각으로 보면 '과연 진정으로 자신의 욕망에 충실한 것일까?' 회의하게 됩니다. 욕망이 있는 곳에 권력이 있다고 믿은 푸코는 우리들의 욕망이 시대적 담론에서 자유로울 수 없음을 파헤친 철학자입니다. 타인과 비슷한 것을 욕망하면서도 그것이 자신이 원하는 것이라고 믿으며 살아가는 우리같이 평범한 직장인들에겐 그래서 그 미시 권력을 끊임없이 해체하려고 한 푸코의 사유가 조금은 불편할 수 있습니다.

권력과 지식의 담합

푸코의 아버지는 의사였습니다. 자신과 같이 외과 의사가 되길 원하는 아버지의 뜻을 따르지 않고 철학 교수가 된 푸코는 동성애자이기도 했습니다. 의사가 되기를 강요하는 아버지에 대한 반항과 자신의 성 정체성에 대한 혼란 등으로 그의 청년기는 자살 시도를 할 만큼 불안하고 위태로웠습니다.

그가 보편적 이성과 진리로 받아들이는 모든 지식을 의심하고, 그 기원을 거슬러 올라가(계보를 연구해) 미세하게 분석한 다음 그 심층 구조를 해체하는 철학 작업을 한 것은 이런 개인적인 이유가 컸을 겁니다.

집안의 전통을 이어받아 직업을 선택하고 이성의 배우자와 결혼해 자녀를 키우는 삶을 선택할 수 없었던 푸코는 많은 사람이 신봉하는 도덕과 진리가 정말 옳은 걸까, 회의했습니다. 언제 어디서나 옳은 보편적인 윤리가 존재할까요? 이를 반증하기 위해 푸코는 시간을 거슬러 올라가 방대한 자료를 읽고 분석했습니다.

그는 특히 '광기', '성'(性), '감옥'의 계보를 자세하게 추적했습니다. 『광기의 역사』에서는 중세 시대까지 '특별한 존재'로 여겨지던 광인이 근대를 지나면서 '이성을 상실해 치료를 받아야 하는 정신병자'로 격리되어 통제되는 과정을 밝혔습니다. 3부작으로 된 『성의 역사』에서는 성에 대한 금기와 억압을 가장해 오히려 성에 대한 담론을 조장하고 확산한 시대별 권력의 전략을 비판적으로 파헤칩니다. 성의 담론은 육체를 통제하는 생체-권력의 시대를 열었고, 의료, 위생학, 심리학, 법률 등의 지식이 복잡한 관계망을 구성해 자본주의 발전에 필요한 이성애 부부 중심의 인구 통제 기술을 확립합니다.

『감시와 처벌』에서는 범죄자에 대한 처벌과 인식이 인권의 신장으로 개선된 것이 아님을 분석합니다. 근대 이전의 잔인한 고문과 처형이 교화와 감시로 바뀐 것은 범죄자에게도 깃들어 있는 인간성에 대한 존중이 아니었습니다. 예전의 잔인한 처벌 방식에 대한 반감으로 권력이 위협당하자 어쩔 수 없이 선택한 전략적 결정이었던 겁니다. 이 과정에서 법률뿐만 아니라, 심리학, 정신의학, 감옥의 설계에 관련된 건축학 등 여러 지식이 관여하기 때문에 일반 사람들이 그 사이사이 권력이 깃들어 있음을 감지하기란 어려운 일입니다.

생활 속의 미시 권력

푸코는 욕망이 있는 곳에는 권력 관계가 있다고 말합니다. 그러나 앞서 언급했듯이 이런 미시 권력은 우리의 일상생활에 녹아들어 있어 좀처럼 구별하기 힘듭니다. 얼마 전 유명한 음원 사이트에서 실제로 있었던 일입니다. 한 신인가수의 노래가 차트 1위를 차지하고 호평을 받았는데 곧 그 가수의 소속사에서 순위를 조작했다는 사실이 밝혀졌습니다. 소속사는 특정한 프로그램으로 순위를 조작한 것을 인정했습니다.

소속사는 무명이지만 실력이 뛰어난 신인가수의 노래가 번번이 대중에게 인정받지 못하는 원인이 실력 부족이 아니라 차트의 상위권에 오르지 못하기 때문이 아닌가, 의심했다고 합니다. 그래서 차트의 순위를 조작해서 올린 후 어떤 평가를 받는지 확인해보기로 했습니다. 실제로 사람들은 차트의 1위를 차지한 곡에 환호했습니다. 그리고 '순위 조작' 사실을 알게 된 뒤, 자신들이 '차트 순위'라는 지배 담론에 얼마나 쉽게 굴복했는지 깨달았습니다.

서열의 지배 담론은 우리가 다니는 직장에서도 빈번하게 경험하는 일입니다. 회의시간 내내 열띤 토론을 해도 결국 채택되는 건 임원이나 팀장이 낸 아이디어일 가능성이 높습니다. 그런데 놀라운 건 그 자리에 있는 사람들이 대부분 별 불만 없이 그런 상황을 받아들인다는 겁니다. 해외에서 취득한 학위, 좋은 학교, 높은 지위, 대단한 집안처럼 사회가 정한 서열 담론에 자신도 모르는 사이에 길들여져서입니다.

푸코는 그 이유를 사람이라면 누구나 '에피스테메'(episteme), 즉 그 시대를 지배하는 인식의 무의식적 체계를 가지고 있기 때문이라고 합니다. 어느 누구도 자신이 살고 있는 시대의 에피스테메에서 자유로울 수 없습니다.

새로운 욕망, 저녁이 있는 삶을 어떻게 보낼까?

야근 시간을 근무평가에 반영하는 걸 당연하게 여기던 직장에 저녁이 있는 삶, 워라밸[7]이라는 새로운 바람이 불고 있습니다. 2018년에는 근로기준법 개정으로 주 52시간 근무제가 300인 이상의 기업과 공공기관에 시행되었습니다. OECD 국가 중 세 번째로 노동시간이 많은 우리나라 직장인이라면 모두 환영하리라 생각되지만, 주 52시간 근무제 도입에 대한 우려의 목소리도 큽니다.

실제 주 52시간을 도입한 직장에서 고용을 늘리지 않아 야근 수당마저 받지 못한 채 사무실이 아니라 집이나 카페에서 야근하는 직장인들도 많다고 합니다. 하지만 14년 전, 주 5일 근무제가 비슷한 진통을 겪었듯 주 52시간 근무제도 언제 그랬냐는 듯 이 시대의 에피스테메에 편입되어 일상으로 녹아들겠지요.

'저녁이 있는 삶' 말만 들어도 기분이 좋아집니다. 하지만 현재의 중장년층 세대가 젊었을 때는 저녁이 있는 삶을 주요한 행복의 가치로 여기지 않았

---

7. '일과 삶의 균형'이라는 의미인 'work-life balance'의 준말. 네이버 지식백과 참조

습니다. 밤늦게까지 일해서 성과를 내고 인정받는 것이 재충전과 자기계발보다 의미 있다고 믿었습니다. 이처럼 욕망은 시대의 흐름에 따라 변하기에 어쩌면 온전히 자신의 것이 아닐 수 있습니다.

그렇다면 '저녁 있는 삶'이라는 욕망에는 어떤 권력 관계가 있을까요? 가혹한 고문이 인도적인 목적에서 폐지된 것이 아니듯, 저녁이 있는 삶을 위한 담론이 어떻게 조성되었는지도 의심해볼 수 있겠지요?

권력은 기회만 있으면 개개인의 욕망을 모두 비슷비슷하게 만들어 통제하려 하기 때문에 '저녁이 있는 삶'이라는 욕망을 조성한 담론의 미시 권력이 우리의 일상에 스며들기 전에 자신만의 전략을 세워야 합니다. 지긋지긋한 야근에서 벗어나 귀한 자유시간이 생겨도 제대로 된 전략이 없으면 사회의 기준에 따른 욕망과 쾌락의 프레임 안에 머물다가 결국 무료함과 공허함만 남게 됩니다.

전략을 세우기 위해서는 먼저 나의 욕망이 진짜 내가 원하는 것인지 알아야 합니다. 푸코가 보편적인 도덕과 규범에 대한 계보학을 연구한 것처럼 자신의 욕망의 근원을 거슬러 올라가 보세요. 무언가를 배우고 소비하고 관계 맺는 행위가 관습이나 유행을 따르기 위해서 혹은 권위 있는 말을 따르기 위해서라면 그것은 자신의 진정한 욕망이 아닐 가능성이 큽니다. 그런 욕망을 좇으면 오히려 욕망에 지배받고 끌려다니게 됩니다.

좋은 몸매를 만들기 위해 좋아하는 음식과 사람들의 모임을 포기한 C과장의 욕망의 근원은 H차장의 몸에 대한 질투였습니다. 그는 H차장처럼 멋있는 복근이 있으면 자신의 삶도 성공적으로 바뀔 수 있을 거라고 생각하며 살을 뺐지만 그 과정에서 자신의 최대 강점인 유머 감각을 잃어버렸습니다.

반면, 제2의 인생을 위해 퇴사를 한 P대리는 목공학교 졸업 후 자신만의 공방을 차렸습니다. 작은 공방이지만 목공을 배우려는 사람들이 하나 둘 찾아오면서 입소문이 나기 시작해서 수입도 조금씩 늘고 있다고 합니다.

푸코가 말하는 미시 권력은 눈치 채기 무척 어렵습니다. 하지만 다른 사람의 시선과 인정에 기대지 않고 떠나는 모험에는 그런 권력이 동행할 자리가 없습니다. 이를 기억한다면 우리는 욕망 세우기를 더 이상 망설일 필요도, 두려워할 필요도 없습니다.

미셸 푸코 Michel Foucault: 1926~1984
프랑스의 철학자
대표 저서: 『감시와 처벌』, 『성의 역사』, 『말과 사물』, 『지식의 고고학』,
『임상의학의 탄생』

전통 있는 의사 집안에서 태어나 엘리트 교육을 받았지만 아버지의 뜻과 다르게 철학자가 되었다. 서구의 근대 이성주의에 부여된 보편성에 반기를 들고 지식(광기, 성, 감옥, 말 등)의 기원을 거슬러 올라가 지식이 시대적 요구에 편승해 권력화되는 과정을 밝혔다.

불안하고 절망스럽다면 가능성을 불러와!

쇠렌 키르케고르 '실존의 3단계' / 이민서

철학 처방전

승급 탈락과 불안 그리고 절망

얼마 전 40대 워킹맘인 후배 J를 만났습니다. J의 표정은 매우 어둡고, 경직되어 있었습니다. 그녀는 대화 중에 이야기의 흐름을 놓치기도 하고, 가끔 멍한 상태로 허공을 응시하기도 했습니다. 전에 없이 그 어떤 활력도 찾아볼 수 없었지요. 이유인즉, 연초에 있었던 승진 승급에서 탈락했고, 얼마 후에 있을 조직개편에서 팀 이동 대상자라는 소문도 들었기 때문이었습니다.

이 같은 소문은 그녀에게 큰 충격으로 다가왔고, 남편의 동의를 얻어 퇴사를 하고 싶어했습니다. 하지만 그녀의 남편은 몇 해 전 직장을 그만두고 개인사업을 시작해 아직 경제적으로 자리를 잡지 못하고 있었습니다. 또, 두 자녀가 올해 중고등학교에 입학해 교육비가 많이 지출되는 시기이고, 매달

주택대출금도 갚아야 하는 상황이라 남편에게 말도 못하고 혼자서 불면의 밤을 보내고 있다고 했습니다.

이처럼 그녀는 직장에서 더는 어떤 희망도 찾을 수 없고, 비전도 없어 절망상태였습니다. 자신이 처한 상황을 바꿀 수 없어 이러지도 저러지도 못하는 상황에서 절망하고 있는 그녀. 그녀처럼 절망한 사람에게는 더 이상 삶의 방법이 없는 것일까요?

절실하고 소중한 일에서 실패할 때 절망한다

'절망'을 철학적 주제로 논하며 최초로 인간의 실존을 다룬 철학자 쇠렌 키르케고르에게서 그 답을 찾아볼까요? 키르케고르는 '실존'이라는 말을 처음으로 사용해 실존주의의 창시자로 불립니다. 실존철학에서의 절망은 인간이 극한상황에 직면해 자기의 유한성과 허무성을 깨달았을 때의 정신상태를 말합니다. 그렇다면 인간은 언제 이런 정신상태가 되어 절망을 느끼게 될까요?

인간은 매우 절실하고 소중하게 생각한 일에서 실패를 경험할 때 절망을 느끼게 됩니다. 이것은 '어떤 일과 자신의 관계를 얼마나 중요하게 생각하느냐' 하는 관계의 성격 때문에 나타납니다. 특히 이러한 절망은 동물이 아닌 인간만이 느낀다는 겁니다. "인간은 육체만 가지고 있는 게 아니라 무한한 정신을 가지고 있기 때문에 절망이라는 것도 느낄 수 있다"라고 키르케고르는 설명합니다. 요컨대 인간은 육체라는 한계를 가지고 사는 존재이자 '영원성이라는 무한을 동경하는 영혼'을 가진 종합적 존재이기에 절망할 수밖에 없다는 겁니다. 아무런 희망 없이 자신의 한계와 무가치, 무의미함을 느끼는 상태가 절망입니다. 그래서 키르케고르는 "절망은 죽음에 이르는 병이다. 절망에 빠진 자는 죽더라도 죽지 못하는, 죽음의 죽음을 경험하게 된다"라고 말합니다.

주체적 인간으로 참다운 내가 되는 길

그렇다면 우리 인간은 절망의 상태에 빠져 한평생을 고통 속에서 살아가야만 하는 존재일까요? 후배 J는 절망의 상태에서 빠져나올 수 없는 걸까요? 키르케고르는 실존의 3단계를 통해 주체적인 인간으로서 참다운 나가 되는 길을 제시합니다. 실존의 3단계는 미적 실존, 윤리적 실존, 종교적 실존입니다.

'미적 실존' 단계는 인간의 행동이나 선택의 근거가 감각적 쾌락에 머무르는 단계를 말합니다. 인간은 감각적 쾌락을 좇을수록 피로와 권태에 빠져 자신이 바라는 것은 얻지 못하고 오히려 불안하고 절망에 이르게 됩니다. '윤리적 실존'은 자기 실존의 의의를 알고 윤리적으로 살아가고자 하는 단계입니다. 우리는 일상에서 사회·문화적 환경에 맞게 바람직하면서도 윤리적인 인간상에 맞추어 행동합니다. 하지만 종종 무력감이나 자아도취 상태에 빠져 한계에 부딪치면서 절망의 늪에 빠지게 됩니다. 이때 인간은 신의 존재를 생각하게 되고 '종교적 단계'로 나아간다고 키르케고르는 말합니다.

'종교적 실존'은 거듭되는 절망 속에서 자신의 존재를 신에게 맡기는 단계입니다. 종교적 인간으로서 불안과 절망을 극복하고 본래 자신의 참모습을 자각한다는 겁니다. 즉 '신 앞에 선 단독자'가 되어 주체적이고 실천적인 자기가 된다는 것이지요.

절망에 빠진 J 역시 이 단계들을 경험하고 있었습니다. 퇴근 후에는 먹을거리를 인스턴트로 대체하고 주말에는 종일 드라마를 보며 지낸 J. 그러다 보니 집안일까지 쌓여 스트레스가 더 가중되었죠. '미적 실존' 단계를 살았던 겁니다.

얼마 후 J로부터 전화가 왔습니다. 민감한 시기에 있는 아이들을 위해 힘을 내서 집안일을 하고, 당장 직장을 그만둘 수 없기에 출근을 하고 있지만 여전히 힘든 상태라고 말했습니다. J는 가족을 위해 '윤리적 실존' 단계를 살고 있는 중이었습니다. 그러면서 J는 그동안 냉담 중이던 성당에 다시 나가볼까 생각 중이라는 말도 했습니다. 저는 J가 종교적 단계로 나아가고 있는 중이라 보았습니다.

키르케고르는 '실존의 3단계'가 위계를 가지고 나아가는 것으로 설명하는데, 후배 J도 세 단계의 위계에 따라 나아가고 있습니다. 하지만 현실을 사는 우리는 미적 실존과 윤리적 실존의 단계를 오가며 살기도 합니다. 현대의 종교적 실존은 꼭 신이 아니라 자신이 믿고 추구하는 가치를 위해 주체적인 삶을 사는 것이라 할 수 있습니다.

주체적이며 실천적으로 자신의 문제를 해결하라!

직장생활을 하다 보면 J처럼 절망적이라고 느끼는 순간이 있습니다. 그럴 때 어떤 이는 며칠씩 휴가를 내고 잠적하기도 하고 어떤 이는 아무 일 없다는 듯 조용히 자기 자리를 지키기도 하지요. 현실에서 절망의 순간을 맞이했다면, "인간이기에 절망한다"라는 키르케고르의 말을 기억하며 참다운 나를 찾아가는 과정이 도래했다고 생각해보면 어떨까요? 주체적 인간으로 살아가겠다고 결심하면 힘을 낼 수 있지 않을까요? 어떤 모습이든 우리에게는 실존의 존재로서 각자 마주하고 있는 현실을 극복할 힘이 내재해 있습니다. 절망에 빠진 J도 자신만의 방법으로 한 걸음씩 나아가고 있는 중이며 결국, 자기의 참다운 길을 찾아 당당하게 걸어가게 될 겁니다.

때때로 이러지도 저러지도 못하는 절망 앞에 서 있을 때 키르케고르의 다음 말을 기억하면 좋겠습니다.

"기절한 사람이 있다면 물을, 향수를, 각성제를 가져오라고 소리친다. 그러나 절망에 빠진 사람이 있다면 가능성을 가져와라, 가능성만이 유일한 구원이라고 외칠 수 있다."

쇠렌 키르케고르 Søren Aabye Kierkegaard: 1813~1855
덴마크의 철학자이자 신학자, 시인, 사회비평가
대표 저서: 『불안의 개념』, 『두려움과 떨림』, 『인생길의 여러 단계』, 『반복』, 『죽음에 이르는 병』

실존주의 철학의 선구자로서 다양한 필명으로 작품 활동을 했다. 헤겔의 관념론과 당시 덴마크 루터 교회의 무의미한 형식주의에 반대했다. 그의 사상은 실존주의 철학과 변증법적 신학을 비롯한 현대 철학에 직·간접적으로 영향을 미쳤다.

내 일도 바쁜데 사회 이슈가 무슨 상관?

볼테르 '똘레랑스' / 차경숙

철학 해방전

난민 문제 토론회

모처럼 약속 없는 일요일, 회사 동료 L에게서 '난민 문제 토론회'에 같이 가자는 문자를 받고 N은 망설였습니다. 썩 내키지는 않았지만 얼마 전 L에게 신세를 진 일이 있어 거절하기도 어려웠습니다. N은 '난민이 나와 무슨 상관이야? L에게 눈도장이나 찍고 오자' 하는 마음으로 집을 나섰습니다.

그런데 토론장에서 이야기가 시작되자 자리를 뜰 수가 없었습니다. 난민을 돕고 있는 사람들은 대부분 해외에서 비슷한 차별과 설움을 겪은 경험이 있었습니다. 그들은 누구나 예기치 않게 난민처럼 외롭고 막막한 상황에 처할 수 있다는 것을 증명하고 있었습니다. 예멘, 이집트, 이라크 등지에서 온 난민들의 이야기는 더욱 가슴 아팠습니다. 나와는 상관없는 일로 치부했는데, 이야기를 듣고 나니 내 가족과 이웃의 아픔과 다르지 않았습니다.

파리의 지하철 파업

파리에 출장 갔을 때의 일입니다. 길이 주차장처럼 막혀 옆 사람에게 '사고가 난 거냐'라고 물었더니 '지하철 파업' 때문이라는 대답이 돌아왔습니다. 30분이면 도착할 거리를 교통 체증으로 1시간 넘게 도로 위에 갇혀 창밖을 심드렁하게 내다보고 있는데, 파업을 지지하는 현수막이 여기저기 걸려 있었습니다. 우리나라 같으면 시민을 볼모로 한 집단 이기주의적 행동이라고 지탄받을 법한데, 불평은커녕 파업을 응원하는 현수막이라니… '프랑스 사람들은 마음도 참 넓네'라고 생각했습니다. 그런 행동이 시민연대의식에서 비롯되었고 그런 의식은 프랑스 국민들의 '똘레랑스'(관용, tolerance) 전통에서 비롯되었다는 것은 한참 뒤에 알게 되었습니다.

볼테르와 똘레랑스

똘레랑스 정신을 시민의식에 심어놓은 주요 인물 중 한 명이 볼테르입니다. 볼테르는 그가 살았던 18세기에 이미 만인의 스타였습니다. 노년을 맞은 그가 조용히 집필을 하기 위해 스위스의 시골 마을 페르네에 정착하자, 그를 만나러 몰려든 사람들로 마을 인구가 수십 배로 늘어났다는 일화는 유명합니다. 볼테르는 지금도 프랑스의 대표 아이콘으로 프랑스 사람들의 자부심입니다. 그런데 잘 읽히는 대표 철학서 하나 없이 어떻게 지금까지 프랑스 국민의 사랑을 받는 철학자가 되었을까요?

그가 일면식도 없는 칼라스 가족의 명예를 회복시킨 일화를 보면 그 이유를 짐작할 수 있습니다. 1762년 칼라스 가족의 장남이 자살을 했습니다. 하지만 마을 사람들은 그 가족을 살인죄로 기소했고 결국 아버지 칼라스는 유죄를 선고받아 사지가 찢겨 죽임을 당하는 극형을 받았습니다. 칼라스가 증거도 없이 정황만으로 기소되고 끔찍한 형벌을 받은 이유는 장남을 제외한 나머지 가족들이 가톨릭 신자가 아닌 개신교도였기 때문입니다. 볼테르는 연로한 나이에도 불구하고 독자적으로 조사를 벌여 사건의 진실을 알아냈습니다. 이어서 재심 판결을 통해 칼라스의 무죄를 밝히고 명예회복을 이루어냈습니다. 그리고 다음 해에 『관용론』이라는 책을 써서 종교적 관용을 제도적으로 보장하는 개혁조치를 제안합니다.

볼테르가 왜 자신의 가족도 친척도 아닌 사람의 구명운동을 벌이고 재판 결과까지 뒤집으려 했는지는 그가 추구한 똘레랑스 정신을 이해하면 수긍이 됩니다. 내가 나의 믿음에 따라 행동할 수 있는 권리를 가진 것처럼 다른 사람도 나와 다른 신념에 따라 행동할 수 있는 똑같은 권리가 있다는 것을 인정하는 것이 똘레랑스입니다.

만약 그 권리를 제한하거나 억압하는 앵똘레랑스(불관용, intolerance)를 보고도 바로잡기 위한 행동을 하지 않는다면, 나의 권리도 언젠가 그런 차별과 핍박을 받을 수 있음을 암묵적으로 동의하는 셈이 됩니다. 그래서 '똘레랑스'와 사회참여라는 '앙가주망'은 바늘과 실처럼 함께 다닐 수밖에 없습니다.

똘레랑스와 자연권

프랑스의 똘레랑스를 한국에 소개한 홍세화 씨는 『나는 빠리의 택시 운전사』라는 책에서 오늘날 프랑스 사회에 흐르는 똘레랑스는 16세기에 신교-구교 간 종교분쟁이 불러온 앵똘레랑스에 대한 반성적 성찰에서 비롯되었다고 말합니다. '다름'을 '틀림'으로 믿고 폭력을 행사해 겪은 상처들은 회의론적 이성주의를 통해 서로의 권리를 인정하는 '똘레랑스' 정신을 형성했고, 볼테르와 같은 18세기 계몽주의 사상가들에 의해 사회적인 보편가치로 정착되었다는 것이지요.

볼테르가 활동할 당시 프랑스는 명예혁명(1688년)으로 의회정치를 확립한 영국과 달리 여전히 왕이 절대 권력을 휘두르고 있었고, 법과 관습은 교회의 영향력에서 벗어나지 못하고 있었습니다. 명석하고 말솜씨가 뛰어난 볼테르는 낡은 사고방식에 사로잡힌 귀족과 성직자들을 신랄하게 조롱하고 풍자해서 인기를 얻었습니다. 덕분에 바스티유 감옥을 두 번이나 다녀왔지만 출옥할 때마다 인기는 더 올라갔습니다. 그리고 쫓기듯 방문한 영국에서 그는 뉴턴의 근대 과학지식에 눈을 뜨고 로크와 흄의 사상에 영향을 받아 모든 인간은 자유와 권리를 누릴 수 있는 자격을 평등하게 가지고 태어났다는 자연권 사상을 프랑스에 전파합니다.

똘레랑스는 바로 이런 자연권 사상을 기반으로 태동할 수 있었습니다. 계급과 혈통, 종교에 의해 자유와 권리가 제한을 받지 않고 누구나 자신의 권리를 평등하게 요구할 수 있다는 사회적 합의가 바로 똘레랑스니까요.

작은 실천으로 시작하는 앙가주망

오늘날도 볼테르와 같은 유명 인사가 사회적인 이슈에 참여하면 여론에 큰 영향을 주곤 합니다. 배우 정우성이 난민에 대한 소신을 밝힌 후 찬반 논란이 크게 일어났죠. 뉴스를 접하고도 그저 남의 집 불구경하듯 금방 잊었지만 정우성이 자신의 소신을 밝히자 갑자기 많은 사람이 다투어 의견을 내기 시작하고 논쟁을 벌였습니다. 내가 좋아하는 정우성이 이렇게 생각한다면 그 이슈는 더는 나와 상관없는 어떤 것이 아니라 나의 개인적인 일로 여겨지기 때문입니다.

하지만 나는 볼테르처럼 유명한 저술가도 아니고 정우성처럼 인기 배우도 아닌데, 무슨 생각을 하든지 남들이 무슨 상관이랴 싶습니다. 게다가 현실적으로 사회적 이슈까지 신경을 쓰기에는 너무 바쁘다고 생각합니다. 그러면서도 버스, 택시, 지하철 파업처럼 내 생활에 불편을 주는 일이 생기면 그 원인은 생각해보지 않고 비판부터 합니다.

이렇게 모두 자신과 자신의 가족만 바라보고 보호하며 산다면 이 사회는 어떻게 될까요? 힘 있고 돈 많은 가족만 잘 먹고 잘 사는 불평등이 극에 달하는 사회가 되어 여기저기 분노가 쌓여가겠죠. 아무리 열심히, 정직하게 살아도 혼자서는 아무것도 변화시키지 못합니다. 학교와 사회에서 배운 지식과 교양을 나만 잘 살기 위해 사용한다면 너도 나도 살기 힘든 세상을 만들 뿐입니다. 아무리 바빠도 나와 함께 사는 사람들을 둘러보고 신경 써야 하는 이유는 내 가족과 내 자손들을 위한 어쩌면 가장 이기적인 목적을 달성하기 위함일지도 모릅니다.

마음은 있지만 어떻게 시작해야 할지 막막하다면 사회활동에 참여하는 주변 사람들을 따라가 보세요. 일단 현장에 가서 이야기를 직접 들어보면 공감을 통한 인식의 전환이 일어납니다. 이후 지속적으로 참여하고 싶지만 사정이 여의치 않으면 온라인 청원, 후원금 내기, 응원의 댓글, 바자회 참여 등 다른 방법들을 이용하면 됩니다. 마음만 먹으면 많은 길이 보입니다.

N은 토론회가 끝나자 난민지원 후원금을 내기로 신청했습니다. 그리고 몇 주 뒤에 있을 난민 음식 체험 행사에 퇴근 후 부서원들과 함께 참석하기로 했습니다. 토론회를 마치고 집으로 돌아오는 길, 알고 싶지 않았던 세상의 단면을 마주하게 되어 마음이 무거울 거라 생각했는데 오히려 기분이 좋습니다. 일요일 낮잠을 포기하고 참석하길 잘했다고, '함께 걸어가는 기분이 이런 거구나' 하고 어깨가 으쓱해집니다.

볼테르 Voltaire: 1694~1778
프랑스의 사상가, 작가
대표 저서: 『캉디드』, 『관념론』

볼테르(본명 프랑수아 마리 아루에, François-Marie Arouet)는 18세기 계몽주의를 대표하는 프랑스의 문화 아이콘으로, 당시 정치 선진국이었던 영국의 과학과 근대 사상을 공부하고 프랑스에 전파했다. 프랑스혁명의 기본 사상이 된 '모든 인간은 태어나면서 자유와 평등에 대한 기본권을 가진다'라는 믿음을 근간으로 정치, 종교 등 사회 문제에 있어 똘레랑스(관용)에 입각한 앙가주망(참여)의 전통을 구축했다.

내가 실천할 수 있는 정의가 있다고?

존 롤스 '무지의 장막' / 조윤주

철학 예방전

무엇이 정의일까?

영업팀에 근무하는 L과장은 얼마 전 인터넷에서 화제가 된 대자보 사진을 봤습니다. 누군가 장애인 주차구역에 불법주차를 했는데 어떤 이가 구청에 신고를 한 모양입니다. 신고를 당해 벌금을 물게 된 사람이 주차장에 대자보를 써 붙인 것입니다. 신고를 하기 전에 연락이라도 해주지 그랬냐며 "올 한 해 고약한 암이나 잡병에 걸리기를, 가정에 우환과 온 불행이 깃들기를 바란다!"라고 저주를 퍼부은 내용이었습니다.

불법을 행한 사람치곤 좀 과한 대응이라 여겼는데, 그 밑에 달린 댓글들이 다소 의외였습니다. 많은 사람이 급한 업무를 보러 갔는데 장애인 주차구역만 비워져 있어서 이러지도 저러지도 못했던 경험, 장애인 주차구역의 차를 비장애인이 태연히 운전하는 모습 등을 예로 들면서, 그 공간이 마치 장애인들에게 주어지는 불공평한 특권인 듯 불만을 쏟아냈습니다. 장애인 주차공간을 줄여야 한다는 의견도 있었습니다. 영업 업무 특성상 주차장을 많이 이용하는 L과장도 급한 상황에서 비어있는 장애인 주차장을 몰래 이용했던 경험이 있기에 그 의견들에 어느 정도 공감할 수 있었습니다.

다수결 숫자로는 나타낼 수 없는 것

벤담을 비롯해서 '최대 다수의 최대 행복'이 곧 정의라고 생각했던 공리주의 철학자들은 이런 상황을 어떻게 봤을까요? 다수의 행복을 위해서라면 소수의 장애인들이 희생을 해야 한다고 생각했을 것입니다. 그들의 이론에 의하면 소수의 희생이 따르더라도 더 많은 사람이 이익을 얻고 행복하다면 선이고 정의니까요.

하지만, 그것이 과연 정의고 참된 행복일까요? 20세기 미국의 대표적인 도덕철학자 존 롤스의 생각은 달랐습니다. 그는 정의는 다수결 숫자로 나타낼 수 없다고 강력하게 주장합니다.

정의의 철학자, 존 롤스

존 롤스는 '단일 주제의 철학자'라는 별명이 붙을 정도로 평생 '정의'라는 한 우물을 파며 연구했습니다. 마이클 샌델의 세계적인 베스트 셀러 『정의란 무엇인가』에도 막대한 영향을 끼쳤으며, "미국 정치철학이 내놓은, 좀더 평등한 사회를 이루기 위한 가장 설득력 있는 주장"이라는 평가를 받고 있습니다. 최근 우리나라에서는 수학능력평가 문제를 비롯해 유명 대학의 논술 및 면접시험에 롤스의 저서 『정의론』의 지문이 단골로 인용되면서 그에 대한 관심이 높아졌습니다.

정의의 원칙

"모든 사람은 전체 사회의 복지라는 명목으로도 유린될 수 없는 정의에 입각한 불가침성을 갖는다."

존 롤스의 저서 『정의론』의 유명한 첫 문장입니다. 존 롤스는 한쪽에는 큰 이익을 주더라도 다른 한쪽에 큰 고통을 준다면 아무리 사회 전체의 효용이 증가하더라도 정의가 아니라고 했습니다. 민주주의의 기본 자유는 보장하되 소수의 의견이나 이익을 배려해야 한다는 겁니다. 그가 제시한 정의의 기본 원칙은 다음과 같습니다.

제1원칙

평등한 자유의 원칙

각자는 모든 사람의 유사한 자유체계와 양립할 수 있는 평등한 기본적 자유의 가장 광범위한 전체 체계에 대해 평등한 권리를 가져야 한다.

제2원칙

차등의 원칙과 기회균등의 원칙

사회적·경제적 불평등은 다음 두 가지, 즉 (a: 차등의 원칙) 최소 수혜자에게 최대의 이익이 되고, (b: 기회균등의 원칙) 공정한 기회균등의 조건 아래 모든 사람에게 개방된 직책과 권위가 결부되게끔 편성되어야 한다.[8]

제1원칙은 한마디로 사상의 자유, 양심의 자유, 언론·집회의 자유, 선거의 자유, 공직 및 개인 재산을 소지할 자유 등 보통 헌법상의 기본권에 해당하는 가장 기본적인 자유를 보장할 것을 요구하는 원칙입니다. 제2원칙은 그 사회의 최소 수혜자, 즉 가장 약자인 자에게 가장 많은 분배의 이익이 돌아가도록 할 때에만 불평등을 허용한다는 뜻입니다. 즉 약자를 배려하는 한에서 성장과 발전이 용인될 수 있다는 것입니다.

존 롤스는 사회적 약자, 소수자들을 어떻게 대우하느냐에 따라 공평하거나 불공평한 제도가 생겨난다고 주장합니다. 소수자들을 배려하는 정의의 원칙을 세우는 일은 그들뿐만 아니라 사회 전체, 우리 모두를 위한 일이라는 것입니다. 굳이 롤스의 의견을 가져오지 않더라도 우리는 누구나, 언제 어디서든, 어떤 이유로든 소수자가 될 수 있습니다.

직장생활을 하는 사람이라면 누구나 한 번쯤은 여성이어서, 금수저가 아니어서, 특정 세대여서 또는 명문대 출신이 아니어서 차별받았던 경험

---

8. 『롤스의 '정의론' 해제』(장동익, 서울대학교 철학사상연구소) 참조

이 있을 것입니다. 게다가 건강하던 사람도 사고나 질병으로 장애를 갖게 될 수 있습니다. 그러니 지금 당장은 좀 불편하더라도 소수자를 위한 원칙을 세우고, 이를 지키는 사회를 만드는 것이 결국 자기 자신을 위한 일이라는 논리입니다.

무지의 장막을 쳐라!

그렇다면, 정의의 원칙을 어떻게 지킬 수 있을까요? 존 롤스는 그 방법으로 '무지의 장막'(the veil of ignorance)을 제안합니다. 『정의론』은 "공정성의 핵심은 운의 중립화이다. 즉, 어디서 태어났는지, 남자인지 여자인지, 부자인지 가난한지 등 우연하게 나타날 수 있는 사회적, 자연적 조건을 없애야 한다. 그래야만 공정한 사회를 만들 수 있다"라고 주장합니다.

회사에서 타 부서와 협업을 할 때, 우리는 자기 부서에 유리하게 실적을 올리려고 합니다. 공정하게 업무를 파악해 성과를 같이 누리려 해도 자기 팀에 유리한 쪽을 선택합니다.

정책을 만드는 사람도 마찬가지입니다. 각자의 입장에서 유리한 정책을 지지할 가능성이 높습니다. 그렇기 때문에 롤스는 사회가 완벽하게 공정해지기 위해서는 자유롭고 합리적인 사람들이 편견 없는 '무지'의 상태가 되어 정의의 원칙에 맞는 합리적인 토론을 해야 한다고 믿었습니다. 무지의 장막은 공정한 사회를 위한 필수 조건인 셈이지요.

무지의 장막은 최근 확산되고 있는 블라인드 채용과 맥락이 일치합니다. 입사지원서나 면접 등 취업 과정에서 지원자의 출신이나 신체조건, 가족관계, 학력 등 편견이 개입될 수 있는 정보를 요구하지 않고, 그 대신 직무 수행에 필요한 지식과 기술 등을 평가하는 데 초점을 맞춘 채용 방식입니다. 개인의 신상정보나 학력같이 '보지 않아야 할 것'에는 철저하게 무지의 장막을 치고, '봐야 할 것'은 제대로 반영해 인재를 확보하자는 취지입니다.

내가 누구인지 잊어버려라

여기에서 한 발 더 나아가 존 롤스는 정책을 결정하고 사회적 합의를 이끌어내는 토론에 참여하는 사람은 스스로에게 '무지의 장막'을 쳐야 한다고 말합니다. 공정함을 위해서는 내가 어떤 사람인지, 자신의 정체성마저 잊어버려야 한다는 것입니다. 계층과 성별, 인종과 민족, 정치적 견해나 종교적 신념을 잊은 상황에서, 우월한 위치에 놓이지 않은 상태에서 합의한 원칙은 공정하다는 겁니다. 무지의 장막 속에서 개인은 자신이 최악의 상황에 처할 것을 가정하고 그쪽을 개선하는 방향으로 합의할 것이기 때문입니다. '나는 재벌일 수도 있지만, 어쩌면 가난한 사람일 수도 있으니 그들이 도움받지 못하는 제도는 피해야겠지'라고 생각한다면, 이 사회 전체에 이롭고 평등하며 공정한 합의가 이루어진다는 뜻입니다.

특히 우리나라는 장애인 가운데 중도장애인(후천적 장애인)의 비율이 80%가 훌쩍 넘는 실정이니, 롤스의 방법은 현실적인 대안이 될 수 있습니다. 이런 관점에서라면 앞서 제시했던 장애인 주차구역 문제를 대하는 사람들의 시각도 변하지 않을까요?

정의를 실천한다는 것

이제 L과장은 아무리 급한 상황에서도 장애인 주차구역을 존중하고 비워둡니다. 자신의 사소한 배려가 작은 정의의 실천임을 알게 된 덕분에 자부심도 생겼습니다. 존 롤스의 주장처럼 정의란 그 누구도 아닌 바로 우리 자신을 위한 일, 우리 공동체를 위한 일이며 내가 실천할 때 비로소 실현되는 가치임을 기억하기 때문입니다. 이것이 바로 정의에 대한 회의에도 불구하고 정의의 원칙을 세우고 지켜나가는 사회를 만들 수 있는 방법 아닐까요?

.

존 롤스 John Rawls: 1921~2002
미국의 경제학자, 정치 철학자
대표 저서: 『정의론』, 『정치적 자유주의』, 『만민법』

'정의'라는 하나의 주제를 놓고 깊이 탐구한 학자로 정평이 나 있다. 공리주의를 비판하고, 민주주의 사회의 기본이 되는 윤리학을 구상했다. 분석철학이 대세였던 20세기 사상계에 사회철학과 윤리학을 되살린 거장으로 평가받는다.

달콤한 불공정 거래, 권력의 강렬한 유혹

임마누엘 칸트 '**정언명령**' / 류충열

철학 예방전

총무부 K대리의 어느 하루

K대리는 회사에 필요한 PC 30대를 한꺼번에 구매하기 위해 서너 군데 공급업체에 견적서 제출을 요청합니다. 그런데 그중 한 군데인 A회사 영업 담당자로부터 전화가 걸려옵니다. 과거에도 몇 차례 거래를 했던 곳인데 이번에 물량이 많아 특별히 신경을 쓰겠다며 사무실을 방문하겠다고 합니다. 그날 오후 회의실에 마주 앉은 A회사 직원이 K대리에게 은근한 태도로 봉투를 하나 건네줍니다. K대리는 뜻밖의 상황에 순간 당황했지만 짐짓 자연스럽게 봉투를 받아 결재용 검은색 서류철에 살짝 끼워 넣습니다.

이후 K대리는 찜찜한 마음이 들긴 했지만 다른 회사의 견적 내용을 A회사에 알려주었습니다. 당연히 A사는 경쟁사보다 낮은 가격으로 견적서를 제출했고 PC공급 계약을 따낼 수 있었습니다. K대리는 어쨌든 최저 가격으로 PC를 구매했으므로 회사에 손해를 끼친 것이 아니며, 오히려 회사 비용을 절감한 것이니 자신이 크게 잘못한 건 없다고 스스로를 다독입니다. 그런데 K대리는 왜 마음이 불편한 걸까요?

절대적인 도덕법칙

정언명령인 "네 의지의 준칙이 언제나 동시에 보편적 입법의 원리가 될수 있도록 행동하라"라고 말한 철학자가 있습니다. 임마누엘 칸트입니다. 그가 쓴 「인간애로 말미암아 거짓말할 사이비 권리에 관해」라는 논문에는 살인자를 피해 집에 온 친구를 숨겨주는 집주인의 사례가 나옵니다. 현실에서라면 친구가 집 안에 있다고 살인자에게 사실대로 말해줄 사람은 거의 없겠지만, 칸트는 이런 경우에도 '거짓말을 하지 말라'라는 정언명령에 따라야한다고 말합니다. 집주인이 진실을 말해 살인자가 집 안에 있는 친구를 찾아 죽였다면 이는 전적으로 살인자의 책임일 뿐, 집주인은 잘못된 행동을 하지 않았으니 책임이 없다는 것입니다.

그런데 만일 집주인이 친구는 집에 없다고 거짓말을 했다면 어떻게 될까요? 살인자는 집 밖을 살펴봅니다. 그런데 이때 집주인을 완전히 믿지 못한 친구가 몰래 뒷문으로 빠져나가다가 그만 살인자에게 들켜 죽임을 당할 수도 있겠죠. 칸트는 이 경우에 친구의 죽음은 살인자만의 책임은 아니게 되었다고 밀합니다. 집주인의 거짓말로 상황이 달라졌기 때문입니다. 비록 친구를 구하겠다는 선한 의도였지만, 상황과 우연 속에서 그 거짓말이 인과관계에 영향을 미치게 되었으니까요.

거짓말이 무조건 나쁜 것만은 아니라고 주장하고 싶은 사람도 있을 것입니다. '하얀 거짓말'이라는 표현도 있으니까요. 예를 들어, 죽을병에 걸린 사람에게 사실대로 얘기하는 게 너무 가혹하다고 생각해 의사와 가족들이 사실을 감추는 경우가 있습니다. 의사나 환자의 가족들은 '불치의 병'이라는 사실이 환자를 상심케 해 병을 더 악화시킬 수 있으므로 환자를 위해 하얀 거짓말을 할 수 있다는 논리입니다. 하지만 이런 경우의 하얀 거짓말이 과연 환자를 위한 것일까요? 만일 제가 환자 입장이라면 진실을 알고 싶을 것 같습니다. 삶을 마무리하기 위한 시간이라도 가질 수 있도록 말입니다.

"거짓말을 하지 말라"라는 것이 도덕적인 차원의 원칙이라면 모를까 이렇듯 현실 세계에서는 간혹 예외라는 것도 인정해줘야 하지 않을까 생각할 수도 있습니다. 하지만 정언명령에 따르라는 칸트의 입장에서는 상대적이 아닌 절대적인 도덕법칙이며, 어떠한 경우라도 진실을 말해야 합니다.

대상(객관)이 인식(주관)을 따른다

칸트는 독신으로 평생 태어난 곳을 떠나지 않고 단조롭고 규칙적인 생활을 했다고 알려져 있습니다. 그가 산책하는 시간에 마을 사람들이 시계를 맞췄다는 유명한 일화도 있죠. 그런 그가 서양철학의 온갖 흐름이 모여

드는 '호수' 혹은 '바다'에 비유되며, 근대철학의 완성자라 일컬어집니다. 칸트 이전의 모든 철학이 칸트에게 모였고, 칸트 이후의 모든 철학은 칸트에서 유래된다는 의미입니다.

칸트가 전개한 인식의 과정을 쉽게 설명하기 위해 안경의 비유를 많이 활용합니다. 우리가 만일 노란색 안경(인식, 주관)을 쓰고 있다면 모든 사물(대상, 객관)이 노란색으로 보일 것입니다. 이 안경이 곧 이성입니다. 우리는 태어나면서부터 시간, 공간의 형식이나 인과율 같은 '이성적인 틀'을 가지고 세계를 이해하게 됩니다. 즉, 우리는 세계(객관)를 그대로 수동적으로 받아들이는 것이 아니라 이성(주관)의 작용으로 받아들인 지각정보를 정리하고 질서를 세움으로써 세계를 만든다는 것입니다.

칸트의 이러한 주장은 '사물이 생긴 대로 우리가 보는 것'이라는 이전의 상식을 뒤집어 '우리가 어떻게 보느냐에 따라 사물이 달리 보이는 것'이라는 사고방식의 전환이었으며, 그래서 스스로 이를 '코페르니쿠스적 전환'이라고 불렀습니다. "직관(경험) 없는 개념(이론)은 공허하고, 개념(이론) 없는 직관(경험)은 맹목적이다"라는 문장은 합리론과 경험론을 종합한 칸트 철학을 시(詩)적으로 표현한 명문입니다.

K대리가 불편한 이유

결과적으로 모두 이익을 본 것 같지만 K대리의 마음이 불편한 이유는 스스로 불공정함을 느꼈기 때문입니다. A회사를 제외한 다른 경쟁회사들이 계약을 따내기 위해 한 노력은 물거품이 되었고, 입찰 과정에서 그들은 그저 들러리였을 뿐입니다. 더구나 이들 회사에서 제출한 견적서는 일종의 영업비밀인데, 경쟁사인 A회사에 고스란히 알려지게 되었습니다. 오늘날 공정거래법에 의하면 K대리는 불공정거래행위로 처벌 대상이 됩니다.

한편 A회사는 경쟁회사들의 입찰가를 몰랐다면 계약을 성사시키기 위해 더 낮은 가격으로 입찰에 참여할 수도 있었을 것입니다. 하지만 경쟁사들의 입찰가격을 모두 알게 되었기 때문에 손쉽게 경쟁에서 이길 수 있는 수준에서 최고가격으로 입찰에 참여할 수 있었습니다. 그렇다면 K대리의 회사는 최저가격에 PC를 구매하지 못한 셈이 됩니다.

시장경제는 공정한 규칙 안에서 경쟁을 통해 효율적인 시장균형에 도달한다는 가치를 추구합니다. 모두가 공정한 게임을 할 때 불공정한 한 명은 원하는 결과를 가져갈 수 있습니다. 하지만 내가 그 한 명이 될 수 있을 거라고 생각하기는 어렵습니다. 그러니 모두가 공정하기를 기대하는 것이고, 법과 관습을 통해 그렇게 약속합니다. 그렇다면 기울어진 운동장은 누가 만들까요? 위 사례에서는 K대리가 운동장을 기울인 주역입니다. 우리의 일상에는 생각보다 권한을 행사할 수 있는 순간들이 많습니다. 매우 유혹적인 순간들이죠. 혹시라도 그 권한을 어떻게 사용할지 고민이라면 정언명령을 따르시기 바랍니다. 정언명령은 곧 양심의 소리입니다.

임마누엘 칸트 Immanuel Kant: 1724~1804
독일(프로이센) 출신의 관념철학자
대표 저서: 『순수이성비판』, 『실천이성비판』, 『판단력비판』

세 권의 대표 저서가 모두 '비판'으로 끝나기 때문에 칸트의 철학을 비판철학이라고도 부른다. 추상적인 내용인 데다 문체가 건조해 읽기 힘든 것으로 유명하다. 『순수이성비판』에서는 이성과 인식의 문제를, 『실천이성비판』에서는 도덕법칙과 자유의지를, 『판단력비판』에서는 아름다움의 판단에 관한 사유를 펼쳤다.

현재, 직장은 내게 옳은 선택일까?

르네 데카르트 '**방법적 회의**' / 정비아

철학 체방전

인사고과를 양보하라고?

오랜만에 만난 Y는 팀에서 인사고과 최하점이라는 믿을 수 없는 평가를 받고 절망에 빠져 있었습니다. 13년째 몸담고 있는 직장인데, 그런 평가를 받고 보니 어마어마한 위기감에 휩싸인 것이죠. Y의 말을 들어보니 주변 상황이 Y를 몰고 간 것으로 보이기도 했습니다. 부서 내 다른 직원들이 모두 승진 대상자였고, Y는 양보(?)를 할 수밖에 없는 입장이었습니다.

문제는 그동안 꾹꾹 눌러왔던 Y의 마음이었습니다. 그는 본래 여행을 좋아하고 한곳에 머물러 있는 것을 힘들어하는 성격입니다. 그나마 이 회사에서 13년을 버틴 건 외국 출장이 많았던 덕분이었죠. 이곳저곳 외국을 다니며 일을 해왔던 터라 크게 지루한 줄 모르고 다녔던 모양입니다. 그런데 부서이동이 되면서 외국 출장이 부쩍 줄어든 데다 인사고과까지 최하로 받고 보니 자존심이 상해 회사에 마음이 떠버린 것 같았습니다.

천직이라는 게 정말 있을까?

직장인이라면 누구나 이직을 꿈꿉니다. 직장을 구하기 전까지만 해도 '이 회사에 입사만 할 수 있다면 그보다 더한 기쁨은 없으리라' 생각했으면서도 말입니다. 저 역시 첫 직장에서 면접을 보던 때는 그랬습니다. 이 회사만 입사할 수 있다면 정말 더 바랄 것이 없겠다는 마음이었으니까요. 그런데 입사한 지 한 달 남짓 되었을 때부터 이 일이 내게 맞는 건지, 내가 이 일을 계속할 수 있을지 매일 퇴근하면서 곱씹었던 기억이 납니다.

피곤이 풀리지 않은 몸을 이끌고 출근하면 상사는 겉옷을 벗을 틈도 주지 않고 그날 해야 할 업무를 쏟아내기 일쑤이고, 직장인들은 그런 아침이 매일 반복되어도 딱히 반박할 수가 없습니다. 회의를 하느라 정작 일할 시간이 부족해도 조직문화를 쉽게 바꿀 수 없습니다. 언제까지 이런 상태를 지속해야 하는지, 나중에는 자신이 무엇을 위해 이 직장을 선택했는지조차 모호해집니다. 그렇다면 도대체 내가 잘하고 즐겁게 할 수 있는 일은 어떻게 찾을 수 있을까요? 철학자 데카르트의 삶을 따라가 보면 그 답을 찾을 수 있습니다.

연구를 중단하고 군인이 된 학자

"나는 생각한다. 그러므로 나는 존재한다"라는 사유로 유명한 철학자 데카르트는 유복한 법률가의 집안에서 태어나 일찍부터 예수회 학교에서 교육을 받았습니다. 수학과 법학에 관심이 많았으며 고대 언어와 그 저술을 연구하기도 했죠. 그는 뛰어난 학자였음에도 오랜 저술과 연구활동에 깊은 회의를 느꼈고, 결국 책을 통한 연구를 중단하기로 결심합니다.

그리고 그는 "다양한 신분의 사람들과 사귀며 운명이 던져주는 여러 사건 속에서 자신을 시험해 보"[9]는 삶을 과감하게 선택합니다. 부유한 법률가 집안에서 태어나 대학에서 법률학 석사학위까지 받았음에도 엉뚱하게 군인의 길을 선택한 건 이런 생각을 실천하기 위함이었습니다.

1618년 네덜란드에서 군사훈련을 받고 군인이 된 그는 자발적으로 30년 전쟁에 참여했고, 나중에는 바이에른의 막시밀리언 군대에 소속되었습니다. 그러나 선천적으로 허약했던 데카르트는 아침 11시까지 침대에 누워 있는 습관을 바꿀 수 없었다고 합니다. 나아가 군인이 되어서도 사유하는 습관 역시 계속되었죠. "나는 생각한다. 그러므로 나는 존재한다"라는 명제 역시 그가 도나우 강변 노이부르크에서 야영을 하던 1619년의 어느 추운 겨울날 나온 사유라고 합니다. 발달하는 자연과학과 부패한 종교, 때마침 일어난 30년 전쟁이라는 역사의 흐름 속에서 그는 군인의 신분이었지

---

9. 『처음 읽는 서양철학사』(안광복, 어크로스) 참조

만 '모든 지식의 기초가 될 가장 확실한 지식'을 찾았습니다. 책을 통한 연구에 회의를 느껴 군인이 되기로 한 철학자는 군인이 되어서도 계속 회의하고 있었던 겁니다.

이 사유의 방식을 '방법적 회의'라고 합니다. 즉, 더 이상 의심할 수 없는 앎을 얻기 위해 생각할 수 있는 모든 것을 의심하는 방법입니다. 이 방법으로 그는 아무리 의심해도 도저히 의심할 수 없는 지식이 바로 '내가 생각한다는 사실'이라는 데 생각이 미치고, 그 유명한 철학의 제1원리인 "나는 생각한다. 그러므로 존재한다"라는 명제를 이끌어냅니다.

내가 되고 싶은 나는 누구인가?

데카르트는 허약한 체질을 타고났음에도 조용하고 평온한 학자의 길을 거부하고 군인으로, 순례자로 떠도는 생활을 택합니다. 그리고 마침내 1625년부터 삶의 모든 것을 걸고 학문에 투신합니다. 이렇게 그는 합리론의 창시자로서 철학사에 길이 남는 철학자가 됩니다.

직장생활 중에 수도 없이 우리들은 스스로에게 묻습니다. 내 적성과 재능은 무엇일까? 지금, 이 직장이 내게 맞는 선택일까? 맞는 줄 알고 선택했는데 왜 만족스럽지 않은 걸까? 내게 더 잘 맞는 곳을 찾아 이직을 해야 할까? 아니, 직장생활이란 게 내게 맞는 것일까? 창업을 해야 하나? … 질문은 또 다른 질문의 꼬리를 달고 되돌아옵니다.

합리론을 창시한 철학자마저도 자신이 하는 일에 회의를 느껴 군인이 되어보기도 하고 순례자가 되어보기도 했습니다. 그렇다면, 아무리 지혜로운 사람이라도 자기가 무엇이 되고자 하는지 모르는 게 자연스러운 것일까요?

"나는 내 자신 안에서 혹은 위대한 자연의 책 안에서 발견할 수 있는 것 이외에 다른 학문을 추구하지 않았다. 그래서 나는 내 젊음의 나머지 시간 동안 여행을 하면서 궁정과 군대를 알게 되었고, 다양한 기질과 삶의 태도를 가진 사람들과 교류했다. 다양한 경험을 축적했을 뿐 아니라 운명적인 상황에서 스스로를 시험해보았으며, 내게 제공된 모든 것으로부터 얻을 수 있는 이익이 무엇인지 고찰했다. 왜냐하면 나는 사변적인 학자의 연구실에서 나온 이론보다 사업가의 실제적인 판단에서 훨씬 많은 진리를 발견할 수 있다고 보기 때문이다. …(중략)… 나는 내 행위 속에서 참된 것을 명백히 보고 확신하면서 삶을 살고자 했다."[10]

그의 말에서 애초에 데카르트가 군인의 길을 선택한 이유는 더 많은 경험을 기반으로 실제적인 판단을 하여 진리에 더 가까이 가기 위함이었음을 알 수 있습니다. 그에게 직장과 직함은 별 문제가 되지 않았던 것이죠. 그는 그의 삶을 통해 추구하는 앎을 다각적인 차원에서 탐구하기 위한 선택을 거듭했을 뿐입니다.

이쯤에서 스스로에게 해야 할 중요한 질문이 떠오릅니다. '나는 내 삶에서 어떤 가치를 추구하는가?'입니다. 어떤 직장에 다니고자 하는가? 직장이냐, 창업이냐? 어떻게 하면 지금 팀장에게서 벗어날 수 있을까? 이런 표면적이고 수동적인 질문이 아닌 '어떤 가치를 추구하며 살 것인가?'라는 능동적이고 주체적인 물음 말입니다.

---

10. 『철학 옴니버스』(폴커 슈피어링 지음, 정대성 옮김. 자음과 모음) 참조

가치를 찾기 위해 의심하고 질문하는 나

앞서 말했듯이 데카르트는 '더 이상 의심할 수 없는 앎'을 얻기 위해 한 겨울 군대 야영지에서도 사유를 멈추지 않았습니다. 군인이 되어 30년 전쟁을 치르면서 오히려 그는 더욱 견고하게 세상을 향한 실제적인 판단과 진리를 쌓아 올렸습니다. 그리고서 더 이상 의심할 수 없는 '의심하는 자신'을 발견했습니다.

Y가 지금 직장에서 고민하는 문제도 여기서부터 시작하면 어떨까요? 오직 이성을 통해 의심하고 사유해 보는 겁니다. '내가 현재의 삶에서 추구해야 할 가치는 무엇인가?'라는 삶을 관통하는 문제에서부터 '지금 이 직장에서의 경험과 나를 힘들게 하는 사람들과의 관계에서 내가 얻을 수 있는 이익은 무엇인가? 나아가 그것은 내 삶에 어떤 의미인가?'까지 그 모든 경험과 관계를 이성적으로 바라보고 판단해 내 삶의 가치와의 연관성을 지속적으로 의심하고 사유하는 것이지요.

단순하게 '아, 이 일은 안 맞는 것 같아' 혹은 '더 이상 못 버티겠어'라고 단정 짓기 이전에 '뭐가 나를 이토록 힘들게 하는 걸까?' '왜 팀장은 나와 매번 의견이 다른 걸까?' '이런 경험과 관계는 내 전체의 삶에 어떤 영향을 끼칠 수 있을까?'를 사유하다 보면, 어떤 상황과 관계 속에서도 의심할 수 없는 '나'라는 주체가 단단히 세워질 터입니다. 우리의 사유가 그쯤 되면 날선 '이성'이 우리가 원하고 추구하는 가치가 있는 곳으로 우리를 이끌어 줄 것입니다.

의심의 끝에서 얻는 최선

데카르트는 인간의 참된 행복이란 정념을 완전하게 지배함으로써 도달되는 최고 선(善)의 경지라고 말했습니다. 그리고 이는 '이성'을 통해 도달할 수 있다고도 했습니다. 지금 우리의 내부에서 솟구쳐 올라오는 물음, '현재, 직장은 내게 옳은 선택일까?' 여기서 멈추지 마세요. 의심하세요. '이 직장에서 내가 얻을 수 있는 것은 무엇인가?' 그리하여 '내 삶의 가치를 높일 수 있는 길은 무엇인가?' 그렇게 내 삶을 관통하는 가치를 찾기 위해 '의심하는 나'만이 참된 행복에 도달할 수 있으니까요.

르네 데카르트 Rene Descartes: 1596~1650
프랑스의 철학자, 수학자, 물리학자
대표 저서: 『방법서설』, 『성찰』, 『철학의 원리』

투렌의 소도시 라에에서 귀족 집안의 아들로 태어난 데카르트는 '근대철학의 아버지'라 불린다. 합리주의 철학의 길을 열었으며 해석기하학의 창시자이기도 하다. 베이컨과 마찬가지로 지식 연구의 목적은 인간이 자연을 지배하고 기술을 개발하며, 인과관계를 취해 인간 본질을 개선하는 데 있다고 보았다.

내 안의 아이히만, 내 안의 폼젤

한나 아렌트 '악의 평범성' / 임명희

철학 해방전

관청 용어만이 나의 언어입니다

밤이 되면 막내딸에게 팔베개를 해주고 가끔 책을 읽어줍니다. 근래 들어 딸이 읽는 책이 부쩍 어려워졌습니다. 낯선 낱말이 나오면 저도 모르게 더듬더듬 읽게 됩니다. 그럴 때면 아이는 '엄마가 왜 이렇게 말을 더듬지' 하는 의아한 표정으로 저를 쳐다봅니다. 20년 넘게 한 직장에 다니는 제가 사용하는 낱말은 아주 제한적입니다.

방글라데시 미얀마 접경지역, 100만 명에 달하는 로힝야족 난민에 대한 기사가 계속 나왔음에도 저는 로잉아? 로잉냐?로 헷갈리기도 했습니다. 아마 제가 하루에 사용하는 낱말 중 유사 반복어를 걸러내면 30개를 넘지 못할 겁니다. 이런 상황은 한나 아렌트의 책 『예루살렘의 아이히만』에서 "관청 용어만이 나의 언어입니다"라고 말했던 아이히만을 떠올리게 합니다. 내가 쓰는 말은 내 삶이며, 곧 내 감정의 집이기도 합니다. 그런 면에서 저의 삶과 감정은 '관청'이라는 '직장'에 갇혀 있었습니다.

예루살렘의 아이히만

『예루살렘의 아이히만』은 제2차 세계대전 당시 유대인 학살을 주도했던 나치 친위대 장교 아돌프 아이히만에 관한 책입니다. 이 책에는 '악의 평범성에 대한 보고서'라는 부제가 붙어 있습니다. 아르헨티나에서 이름을 바꾸고 숨어 지내던 아이히만은 1960년 이스라엘 비밀경찰에 의해 예루살렘으로 납치되어 9개월에 걸친 재판을 받았고, 1962년 사형되었습니다. 한나 아렌트는 미국 「뉴요커」 특파원으로서 이 재판을 지켜보며 다섯 차례에 걸쳐 잡지에 글을 실었습니다. 그걸 묶어서 1965년에 책으로 낸 것이 『예루살렘의 아이히만』입니다.

아이히만은 "양심의 가책을 받은 적이 없었느냐"라는 질문에 자신은 명령받은 일을 수행하지 않았다면 양심의 가책을 받았을 것이며, 그러니 자신은 무죄라고 답합니다. 그 명령이라는 게 유대인 600만 명의 절멸이었음에도 말입니다.

아렌트는 아이히만의 이런 태도를 세 가지 무능성으로 표현합니다. '말하기의 무능성', '생각의 무능성' 그리고 '타인의 입장에서 생각하기의 무능성'입니다.

"그의 말은 언제나 동일했고, 똑같은 단어로 표현되었다. 그의 말을 오랫동안 들으면 들을수록, 그의 말하기의 무능력은 그의 생각하기의 무능력, 즉 타인의 입장에서 생각하기의 무능력과 매우 깊이 연관되어 있음이 점점 더 분명해진다. 그와는 어떤 소통도 가능하지 않았다."

그는 현실을 인식하는 말과 사고를 잃었고, 선전문구와 관청 용어만을 반복할 뿐이었습니다. 아렌트가 말하는 생각의 무능성은 바로 타인의 입장에서 생각하지 못함이었습니다. 아이히만은 악을 일상으로 저지르는 악마의 화신이 아니라 맡은 일을 잘 해내는 평범하고 성실한 가장이었습니다. 재판과정을 지켜보았던 한나 아렌트는 어리석음과 순전한 무사유는 동일한 것이 아님을 지적합니다.

아이히만은 자기가 현재 무슨 일을 하고 있는지 결코 깨닫지 못하는 무사유의 인물이었습니다. 이런 사유의 부재가 600만 명의 유대인을 학살한 아이히만을 만들었습니다. 자신의 행동이 타인에게 미칠 영향을 생각하지 못한 무사유의 결말이 무엇인지 『예루살렘의 아이히만』은 잘 보여줍니다.

말의 쓸모

아이히만의 재판에는 유일한 독일인 증인으로 목사 그뤼버가 참여했습니다. 그는 유대인을 구하기 위해 아이히만과 협상을 벌이기도 했던 인물입니다.

아이히만의 변호사인 세르바티우스는 그뤼버에게 물었습니다. "아이히만의 생각을 바꾸려고 노력해 봤는가? 그의 감정에 호소하고 도덕성에 모순된다고 말해 보았는가?" 그러자 그뤼버는 "행동이 말보다 더 효과적입니다. 말해봤자 쓸데없었을 것입니다"라고 답했습니다. 어디선가 많이 들어본 말입니다. 얼핏 맞는 말인 듯 보입니다.

하지만 그뤼버는 설교와 강론으로, 즉 말로 다른 이들이 올바른 행동을 하도록 이끄는 목사였습니다. 그런 그가 "말은 쓸모가 없다"라고 답합니다. 그러나 정작 말 자체가 엄청난 행위였음을 나치가 사용한 '언어규칙'에서 알 수 있습니다.

예컨대 나치는 유대인 학살을 '최종해결책, 특별취급'으로 불렀습니다. 유대인 이송은 '재정착'으로, 장애인 살인은 '안락사 제공'으로 표현했습니다. 업무 수행과정에서 사용한 이 언어들은 현실에서 일어나고 있는 일들에 대한 인식과 양심의 가책을 마비시킨 고도로 계산된 언어들이었습니다. 아우슈비츠 강제수용소의 전면에는 '노동이 너희를 자유롭게 하리라'라는 펼침막이 붙어 있었습니다. 어디에서도 인종 말살의 징조는 느낄 수 없었습니다.

영화 『굿바이 만델라』에서 만나는 말의 쓸모

넬슨 만델라의 실제 이야기를 영화로 만든 『굿바이 만델라』. 이 영화에서 우리는 다시 '말의 쓸모'와 '타인의 입장에서 생각하기'를 확인할 수 있습니다. 흑인의 차별이 당연하다고 생각하며 자란 백인 그레고리 상사는 남아프리카 로벤섬 교도소의 교도관으로 부임합니다. 그의 임무는 넬슨 만델라를 감시하는 일이었습니다. 흑인들의 언어인 코사(Xhosa)어를 알아듣는 유일한 사람이라는 이유 때문이었습니다.

그는 만델라가 면회 시간에 하는 대화를 엿듣고 낱낱이 상부에 보고합니다. 그러던 중 만델라의 아들이 자동차 사고로 숨지는 사건이 발생했습니다. 그는 이 사고가 자신이 넘겨준 정보에 의한 죽음이 아닌지 고민합니다. 결국 그는 상사와 체제의 명령에 무조건 복종하던 상황에서 벗어나, 자신의 행동이 가져올 결과와 주변의 타인을 살필 수 있는 사람으로 변화합니다.

나치 전범 괴벨스의 비서였던 폼젤의 사유

한편, 『어느 독일인의 삶』[11]은 반대의 경우를 보여줍니다. 이 책은 나치의 선전부 장관이었던 요제프 괴벨스의 개인비서 겸 속기사로 일했던 브룬힐데 폼젤의 다큐멘터리 영화 『어느 독일인의 삶』을 토대로 쓴 책입니다.

폼젤은 1945년 5월 나치의 항복선언 때까지 나치 수뇌부에서 일했고 히틀러의 항복을 알리는 공식 깃발을 만들기도 했습니다. 그럼에도 폼젤은 나치 시절 강제수용소가 있다는 건 알았지만, 유대인들을 독가스로 살해한 사실은 전혀 몰랐다고 합니다. 자신은 정치에 관심이 없었고, 안정된 직장과 출세와 소속감이 필요했을 뿐이었다며 나치의 만행에 대해서는 "아무

---

11. 박종대 옮김, 열린책들

것도 몰랐다"라고 반복합니다. "누구라도 그 시대에 살았다면 다르지 않았을 것이기에, 그래서 난 잘못한 게 없다"라고. 나치 권력기구 내부의 마지막 증인으로 추정되었던 그녀는 2017년 이 인터뷰를 남기고 102세로 세상을 떠났습니다.

굳이 알려고 하지 않으면, 멈추어 생각하지 않으면 폼젤처럼 외면할 수 있습니다. 여러 매체에서 기사를 보았음에도 난민에 대한 저의 무관심으로 로힝야 난민을 '로잉아? 로잉냐?'로 헷갈렸던 것과 같습니다.

이슬람교를 믿는 로힝야 난민은 대다수가 불교를 믿는 미얀마에서 살았습니다. 하지만 미얀마 정부에서 지정한 소수민족으로 인정받지 못해 정치적, 종교적 박해를 받았습니다. 방글라데시 '콕스 바자르'의 난민 캠프로 이주한 로힝야 난민은 2019년 기준, 100만 명에 이릅니다. 1930년대 나치 치하에서의 인종말살 정책이 지금도 재현되고 있습니다.

아이히만도, 폼젤도, 우리도 평범한 인간입니다. 조직 속에서 '사유하지 않는 익명의 개인'으로 살아갈 때 '악의 평범성'은 언제고 고개를 들 수 있습니다.

인간의 복수성(plurality)

아렌트는 인간이 서로 다름을 '인간의 복수성'이라고 합니다. 복수성은 다문화, 다양성과는 완전히 다른 의미입니다. 인간 존재의 고유성에 관한 것이며, 인간은 자신의 다름을, 개성을 드러내면서 사는 존재라는 뜻입니다. 인간은 이 복수성을 훼손당하지 않고 타인과 어울려 살아갈 권리가 있습니다. 그건 나도, 내 옆의 타인도 마찬가지입니다. 그렇기에 타인을 외면하지 않고 이해하고 들여다보려는 노력을 통해 우리는 외면과 무관심으로 나를 덮치는 악의 평범성에서 벗어나 올바른 판단을 내릴 수 있습니다.

더 많은 낯선 언어와 타인의 삶을 만나는 것이 내 삶을 이룹니다. 내 언어가 직장이라는 관청 용어에만 갇혀 있을 때 내 사유도, 삶도 거기서 멈춥니다. 오늘 우리는 어디쯤, 어떤 모습으로 존재하고 있는 걸까요?

한나 아렌트 Hannah Arendt: 1906~1975
독일의 유대인 정치평론가
대표 저서: 『전체주의의 기원』, 『인간의 조건』, 『예루살렘의 아이히만』, 『정신의 삶』

마르부르크, 프라이부르크, 하이델부르크 대학에서 철학과 신학을 공부했고, 하이데거(Martin Heidegger)와 야스퍼스(Karl Jaspers)의 영향을 받았다. 18년 동안 무국적자로 지내다가 1941년 미국으로 망명해 본격적인 정치사상가의 길을 걸었다.

급여날, 이미 마이너스 통장이라고?

에피쿠로스 '쾌락의 정원' / 정예서

철학 처방전

대기업에 근무하며 맞벌이 중인 K의 아내는 월급날, 여러 건의 이체로 인해 곧 마이너스 통장이 되는 것이 슬프다고 했습니다. 같은 소득 수준의 직장 동료들이 주택 등을 소유한 것도 K의 아내를 무기력하게 하는 이유라고 했습니다.

두 사람이 일은 열심히 하지만 막상 저축액은 적은 상황이었던 겁니다. 그 때문에 갈등이 빚어진 그들은 상담을 신청했고 그 과정 중에 지출항목을 작성했습니다. 그 결과 부부는 주거비가 높은 시내에 거주하며 외제차 두 대를 보유하고, 1년에 서너 번은 해외여행을 다녀오는 등 지출이 컸습니다. 그러니 저축이 쉽지 않았던 거지요. 그런데 이 같은 사정은 비단 이 부부뿐이 아닙니다. 우리는 왜 이렇듯 과소비와 충동구매를 자제하기 어려운 걸까요? 그것은 우리가 소비를 소유의 한 형태라고 착각하고 있기 때문입니다.

소비는 소유로 이어지는가

우리가 백화점이나 특급호텔, 고급 레스토랑 등을 방문해서 평소보다 큰 비용을 지출하는 것은 물질과 서비스를 교환해 대접받고자 하는 기대 심리 때문입니다. 즉, 소비를 통해 욕망을 충족할 뿐만 아니라 특정 서비스를 받으며 스스로 특별한 존재가 된 듯한 자기효능감을 느끼고 싶은 겁니다. 집에서는 서로에게 무감한 가족이 외부 장소에서 갑자기 서로 친절해지는 경우도 타자 앞에서 화목한 가족의 모습을 보여주고 싶은 욕구 때문입니다. 또, 특별한 기념일에 옷을 잘 차려입고 멋진 장소에서 음식을 먹고자 하는 행동에는 일종의 과시욕도 포함돼 있습니다. 이처럼 외제차나 고가의 명품을 구매해 소유 욕구를 충족하고 타인의 이목을 끌고자 하는 '현시 욕구'는 합리적인 소비에 반하는 행동입니다.

그러니 이미 성인임에도 소비의 경험으로 쾌감을 느끼는 일이 반복된다면 자신의 경제가치관을 바로 세워야 합니다. 물론, 우리가 살아가면서 느끼는 기본적인 무의식의 욕구는 충족시켜주어야 할 필요가 있습니다.

그러나 성인기에 들어서도 소비지수가 소득보다 현저히 높고, 그 때문에 경제적 파탄을 초래한다면 습관적 소비를 살피고 그 부분에 결핍이 있지 않나 질문을 해봐야 합니다. 앞서 소개한 부부는 상담을 통해 심리적 만족감에 기댄 의존소비였다는 것을 인지하고, 불균형적인 소비를 바로 잡는 저축 설계를 했습니다.

저는 그 부부에게 진정한 쾌락이 무엇인가를 연구했던 철학자 에피쿠로스를 추천했습니다. 인간의 최대 목적은 '쾌락'이라고 주장해 멸시를 받았던 에피쿠로스. 금욕을 주창하는 스토아학파와 전면 배치되는 주장을 했던 그는 인간이 추구해야 할 최고의 목표는 쾌락이라고 말합니다.

아타락시아(ataraxia)

욕구가 충족되는 상태를 뜻하지만 그 쾌락의 욕구가 충족된다는 건 불가능합니다. 에피쿠로스가 주장하는 선의 기준은 자신이 느끼는 쾌락입니다. 예컨대 소비나 소유, 정욕의 충족이나 안락한 생활, 사치스러운 방종, 그로 인한 물질의 결핍에서 오는 불안을 가중시키는 쾌락이 아닌 '육체의 고통'과 '정신적인 공포'에서 벗어난 '자유' 상태에 도달한 상태가 '쾌락'이라는 거지요. 성취 지향의 삶을 지양하고 욕망을 경계했던 에피쿠로스는 감각적·순간적 쾌락을 부정합니다.

무분별한 소유 욕구는 쾌락이 아닌 불안과 고통의 부메랑이 되어 돌아옵니다. 이처럼 에피쿠로스는 속된 욕망에서 벗어난 마음의 평안, 지나친 열정에서 벗어난 흔들림 없는 고요한 상태를 '아타락시아'라고 정의합니다.

욕망을 욕망하지 않을 권리

상담을 했던 부부는 이후, 불필요한 지출을 줄이는 목적소비를 해 저축을 하게 되었고, 부부 모두 생기 있게 지내고 있습니다. 이처럼 스스로의 소비패턴을 아는 것은 자신의 과한 욕망을 아는 것이고 경제관을 세우는 바로미터가 됩니다.

에피쿠로스는 『쾌락』에서 인간이 '욕망을 욕망하지 않을 권리'에 대해 이르고 있습니다. 예컨대 좋아하는 스테이크를 돈이 없어 먹을 수 없을 때, "나는 지금 스테이크를 먹고 싶지 않다"라고 가치를 변환해 순간의 욕망을 삭제하는 거지요. 그 과정에서 우리는 번번이 크고 작은 좌절을 겪지만, 그럼에도 삭제 버튼을 누를 수 있는 게 바로 인간이 '욕망을 욕망하지 않을 권리'입니다.

에피쿠로스적 우정과 지혜의 공동체

"물과 빵만 있으면 신도 부럽지 않다"라고 했던 에피쿠로스의 정원은 벗과 소박한 음식으로 깊은 우정을 나누며 '악'이라고까지 규정한 '고통'을 피하는 곳이었습니다. 또 에피쿠로스는 가치관을 나눌 수 있으면 그 당시 신분의 고하를 막론하고 여성과 노예까지 정원으로 초대해 공동체를 이루며 살았습니다. 그 결과 "우정 없이 완벽한 행복은 없으며 우정은 서로의 주고받음, 또 받는 것보다는 주어야 빛나는 가치가 된다"라고 말한 에피쿠로스. 또한 "과욕을 충족시키기 위한 쾌락이 아닌 자신의 내적 본성의 법칙에 의해 쾌락을 얻고 고통을 피하는 데 힘써야 한다"라고 말합니다.

한편, 정치에 나서지 않고 은자의 삶을 표방한 에피쿠로스학파의 폐쇄적이고도 평등한 집단생활은 일부 철학자들에게 '이상한 사람들의 집단'이라는 오해를 받기도 했습니다. 뿐만 아니라 모두가 신의 은총을 받고 싶어 했던 신의 시대에 에피쿠로스는 다음과 같은 삼단논법의 말을 남깁니다.

"신은 악을 막으려고 하지만, 할 수 없는가? 그렇다면 그는 무능하다. 신은 악을 막을 수 있지만, 막으려고 하지 않는가? 그렇다면 그는 악의적이다. 그는 악을 막으려고 하고, 악을 막을 수도 있는가? 그렇다면 악은 왜 있는가?"

에피쿠로스는 왜 그런 말을 한 것일까요? 예컨대 쾌락을 주창하던 그는 죽음에 대한 두려움뿐 아니라 삶에 대한 두려움에서 사람들을 벗어나게 하고 싶었던 겁니다. 이처럼 그 시대에 수용하기 힘든, 파격적인 주장을 해서 에피쿠로스는 심한 비난을 받습니다. 그 때문에 그는 철학의 역사에서 한동안 잊혀졌다 제자들에 의해 가까스로 다시 전해지게 됩니다.

그와 같은 맥락으로 그는 죽음에 관해서 아래와 같은 말을 남깁니다.

"우리는 한 번 태어날 뿐, 두 번 태어나지 못한다. 또한 우리가 죽은 다음에는 이미 존재하지 않는다. 그럼에도 우리는 현재의 시간에 몰입하지 않는다. 마치 미래를 우리가 마음대로 할 수 있는 것처럼, 생을 내일로 미루어 무(無)가 되는 이유를 깨닫지 못한다. 따라서 우리는 스스로가 현재를 살고 있다는 것을 인지하지 못한 채 무덤으로 들어가게 된다."

현재를 지극히 사랑했던 그는 그 바람대로 아테네 교외에 있는 동산, 에피쿠로스의 정원에서 평생 우정을 나누며 은자의 삶을 누리다 자연으로 돌아갔습니다. 우정의 공동체를 평생의 선으로 생각했던 에피쿠로스를 마르크스는 '그리스 최대의 계몽가'라고 불렀으며, 성 아우구스티누스는 "후에 그리스도가 나타나지 않았다면 나는 에피쿠로스에게 종려나무 가지를 바쳤을 것"이라며 찬사를 보냈습니다.

직장에서 우정의 공동체가 가능하다는 것을 인식하고 서로 선을 나누며 지금 현재를 산다면 우리를 괴롭히는 문제라고 생각했던 소소한 것들이 사라지고 더 멀리 전망하는 조직생활이 되지 않을까요?

소득보다 소비가 많은 직장인으로 살면서 욕망에 이끌려 충동구매 버튼을 눌러대는 우리에게 진정한 현재, 쾌락의 길을 알려줄 현자, 에피쿠로스입니다.

에피쿠로스 Epikuros: BC 341년경~270년경
헬레니즘 시대의 그리스 철학자
대표 저서: 『자연에 대해서는』 중 세 통의 서간, 『주요교설』(에피쿠로스가 남긴
저서는 300편이 넘으나 현재 전하는 것은 편지 몇 장과 다른 책에 인용된 단편적인
내용뿐이다.)

빵과 물만 있다면 신도 부럽지 않다고 말한 철학자. 필수 욕망만 추구한다면 고통
없는 상태인 '아타락시아'에 이를 수 있다고 했다. 인식이 목적하는 것은 행복을
얻는 것으로 평정부동과 조용한 쾌락이 기쁨을 가져다주는 길이라고 했다. 아테네에
학교를 세우고, '정원학교'라 불렀다.

4장

직장을 그만두면
자유로울까?

우리가 자유를 원한다면

존 스튜어트 밀 '자유의 조건' / 조윤주

철학 해방전

'90년대 생'을 아시나요?

10년 차 직장인 C는 요즘 젊은 사원들을 바라보며 격세지감을 많이 느낍니다. 한번은 까마득히 어린 신입사원의 근무태도가 마음에 들지 않아 조언을 건넸습니다. 거의 매일 9시 출근시간에 딱 맞춰 허겁지겁 사무실에 들어오는 게 업무에 방해가 된다고 여겼기 때문입니다. C는 그 후배를 따로 불러서 "9시는 출근을 하는 시간이 아니라 업무를 시작하는 시간이다. 그러니 최소 10분은 일찍 와서 업무를 준비하는 것이 직장생활의 바람직한 자세"라고 충고를 했습니다. 그런데 돌아온 후배의 대답에 그는 황당할 수밖에 없었습니다. "일찍 온다고 월급 더 주는 것도 아닌데 제가 왜 정해진 시간보다 일찍 와야 하나요?"

더 잔소리를 하다가는 언쟁으로 이어질까 봐 꾹 참았지만, C는 흔히 말하는 '90년대 생', 지금의 20대를 이해할 수가 없습니다. C가 보기에 그들은 '회사에 대한 충성심이 없고, 자기 것만 챙기고, 권리는 찾으면서 의무는 다하지 않으며, 끈기가 없어서 쉽게 포기하고, 힘든 일은 견디지 못하는' 이상한 존재입니다. C는 그들이 회사생활을 잘할 수 있도록 나서서 입바른 소리를 했지만, 그들은 고마워하기는커녕 오히려 자신을 꼰대 취급한다며 답답해합니다.

영국의 철학자 존 스튜어트 밀이 C를 만난다면 과연 어떤 도움을 줄 수 있을까요? 밀을 통해 '자유'를 이해하게 되면 C의 답답함이 조금은 해소되지 않을까요?

자유의 수호성인

존 스튜어트 밀은 '자유'라는 주제를 그 누구보다 깊이 있게 연구한 철학자로 '자유의 수호성인'으로 통합니다. 현대 자유민주주의 이론의 토대가 되었다고 평가받는 저서 『자유론』을 통해 자유의 아름다움을 예찬하는 한편, 자유를 지키기 위해 인간이 걸어가지 않으면 안 될 바람직한 삶의 모습에 대해서도 진지하게 고찰했습니다.

『자유론』은 다수의 횡포에 대한 심각한 경고로 첫 시작을 엽니다. 세계가 민주주의 사회로 진입하면서 다수의 대중이 최고 권력자의 위치에 오르게 되고, 그들과 다른 생각을 하고 다른 모습으로 살아가는 '비주류 소수'에 대해 무자비한 탄압이 가해지고 있다고 그는 주장합니다. 민주주의 사회는 그 옛날의 왕들처럼 정치적·물리적 폭력을 휘두르진 않지만, 여론과 관습을 내세워 '대세에 순종'할 것을 강요합니다. 밀의 표현을 빌리자면, "개인의 사사로운 삶 구석구석에 침투해, 마침내 그 영혼까지도 통제하면서 도저히 빠져나갈 틈을 주지 않는다"라는 겁니다.

이런 방법을 통해 사회는 구성원의 성격과 개성을 어떤 표준에 맞게 획일화하려 합니다. 다수에 해당하는 사람들의 삶의 방식과 일치하지 않는 것은 아예 그 싹이 트지도 못하게 막기도 합니다. 밀은 이런 문제의식을 바탕으로 현대 사회에서 새로운 강자로 떠오른 다수에 맞서 각 개인의 자유로운 삶을 보호해야 한다고 주장합니다. 어떤 경우에도 사회가 개인에 대해 강제나 통제를 가하지 못하게 함으로써 개인의 자유를 최대한 보장해야 한다는 겁니다.

자유란 자기 방식대로 사는 것

'자기의 방법대로 사는 것', 밀은 이것을 자유라고 규정했습니다. 그러면서 '자유의 절대적 중요성'을 되풀이해서 강조합니다. 자유가 온전히 주어져야 각자 자신의 이익을 최대한 달성할 수 있기 때문입니다. 세상 어느 누구도 당사자보다 더 자신의 이익을 염려할 수 없고, 또 자신보다 더 자기 자신에 대해 잘 아는 사람은 없으니까요.

하지만 오로지 '이익'을 위해서 자유가 소중한 것은 아닙니다. 그는 『자유론』에서 "인간은 본성상 모형대로 찍어내고 그것이 시키는 대로 따라 하는 기계가 아니다. 그보다는 생명을 불어 넣어주는 내면의 힘을 따라 온 사방으로 스스로 자라고 발전하려는 나무와 같은 존재이다"[12]라고 표현합니다. 인간은 스스로 성장, 발전해 나가는 존재이며, 자유는 사람이라면 누구나 가지고 있는 개별성의 발현입니다. 즉, 자유는 행복한 삶을 위한 근본요소이기 때문에 절대적으로 보호되어야 하는 것입니다.

품격 있는 자유의 조건

이렇게 자유를 중요시했던 밀도 단 한 가지 경우에는 예외를 두었습니다. 이 경우만큼은 개인의 자유를 유보할 수 있다고 했는데, 그토록 중요한 상황이란 무엇일까요? 그것은 바로 '다른 사람에게 해를 끼치게 될 때'입니다. 나의 자유만큼 다른 사람의 자유도 소중하기 때문입니다.

나아가 그는 『자유론』을 통해 "전체 인류 가운데 단 한 사람이라도 다른 생각을 한다고 해서 그 사람에게 침묵을 강요하는 일은 옳지 못하다. 그것은 마치 어떤 한 사람이 자기와 생각이 다르다고 해서 나머지 사람 모두에게 침묵을 강요하는 것만큼이나 용납될 수 없다"라고 강하게 말했습니다. 또한 사회적 다수가 여론과 관습을 앞세워서 소수의 비주류 사상과 자유를 억압하려 하는 것은 '강도질'과 마찬가지라고 했습니다.

요컨대, 개별적인 자유와 더불어 타인의 자유에 대한 배려를 바탕으로 개별성과 사회성이라는 두 날개가 균형을 이루어야 비로소 '품격 있는 자유'

---

12. 『자유론』(서병훈 옮김, 책세상) 참조

가 완성됩니다.

자유를 실천하는 삶

밀은 자신의 삶을 통해서도 개별성과 사회성이라는 자유의 두 가지 조건을 실현하기 위해 노력한 철학자입니다. 그는 공리주의 철학자인 아버지 제임스 밀의 엄격한 교육을 받으며 유년시절을 보냈습니다. 그가 받은 영재교육은 요즘 사람들도 받아들이기 어려울 만큼 엄청났다고 합니다. 3세 때 그리스어를 정복했고, 8세 때는 어려운 철학 고전들을 섭렵했으며, 13세에 이르러서는 저명한 경제학 교수들과 논쟁을 했다고 전해집니다. 하지만 지나치게 지적이며 논리적인 탐구에 몰입한 나머지 풍부한 정서적 체험을 하지 못한 탓일까요? 20세의 밀은 심각한 정신적 위기에 부딪히게 됩니다.

오랜 시간 방황하며 심각한 우울증에 시달렸던 밀은, 자신이 "결코 나무둥치나 돌덩이가 아니며, 여전히 내면의 감정이 살아있음을 깨닫고" 정신적 위기에서 서서히 벗어납니다. 삶은 결코 논리와 이성적인 분석만으로 채워지지 않는다는 사실을 알게 되었습니다. 그리하여 개개인의 감정과 정서의 소중함 그리고 그것을 지키기 위한 자유의 중요성과 사회적 배려를 연구하기 시작했습니다.

"인간이라면 누구나 절대적인 자유를 누릴 권리가 있다"라는 밀의 가치관은 여성관에서도 잘 드러납니다. 당시 밀은 아이가 있는 유부녀 핼리엇 테일러와 깊은 사랑을 나누었습니다. 어찌 보면 불륜이지만 둘은 철저하게 좋은 친구이자 훌륭한 학문적 파트너로 연을 이어갑니다.

두 사람의 관계는 20년 넘게 계속되다가 핼리엇의 남편이 죽은 후 결혼으로 맺어졌습니다. 그러나 행복은 잠시, 아내 핼리엇이 결핵으로 세상을 떠나는 바람에 이별을 맞게 됩니다. 그 후 밀은 아내 핼리엇의 삶과 사상으로부터 아이디어를 얻어 『여성의 종속』이라는 책을 집필했습니다. 당시에는 "여성의 뇌가 남성의 뇌보다 작기 때문에 여자가 남자에게 복종하는 것이 맞다"라는 말을 공공연하게 할 정도로 심한 남녀 불평등의 시대였습니다. 그러나 밀은 이 책을 통해 여성이 남성과 동등한 자유를 가졌다고 주장함으로써 페미니즘 운동의 이론적 토대를 마련했습니다.

우리가 자유를 원한다면

"자유는 모든 사람의 기본적인 삶의 조건이다" 또는 "여성과 남성은 평등한 권리를 가져야 한다" 등 당시에는 급진적이었던 밀의 주장이 현대 사회에서는 기본적인 상식으로 통하고 있습니다. 특히, 지금 우리는 밀이 주장했던 자유를 당연한 민주주의의 기본 원리로 삼고 추구하고 있습니다. 그러나 밀이 말하고자 했던 자유의 기본조건에 대한 인식은 어떠한가요?

C 역시 자유민주주의 사회의 시민으로서 '자유'의 소중함을 잘 알고 있으며, 무엇보다 중요한 가치로 생각하고 있습니다. 개인의 자유가 훼손되는 것은 정의롭지 못하다고 생각하고 자유를 지키기 위해 정치적 목소리를 내기도 했습니다. 하지만 일상생활에서는 어떠한지 생각해봅니다.

우리는 각자가 원하는 대로 자유로운 삶을 누리고 있을까요? 또 타인에게 진정한 자유를 보장해주고 있나요? 직장인이라는 이유로, 공동체라는 이유로, 권위가 있는 사람이라는 이유로 다른 사람의 자유를 제한하고 있지는 않나요? 표준화되고 획일화된 직장생활의 기준에 맞춰 나와 다른 사람을 평가하고 그들의 자유를 침해하고 있지 않은지 되돌아보게 됩니다.

C가 못마땅해하는 '젊은 그들'은 어쩌면 누구보다 자신이 하고 싶은 일

을 명확하게 알고, 자기 규율과 책임을 통해 이를 실현해가는 자유인일 수도 있습니다. '자기 방식대로 사는 것이 곧 자유'라고 일찍이 밀도 이야기했으니까요. 다만 그 방법의 차이일 뿐입니다. '젊은 그들'의 일하는 방법이나 태도가 나와 다르더라도, 일에 대한 그들의 가치관이나 마음가짐이 나와 다르더라도, 그 모두가 그의 자유입니다. 밀의 말대로 그가 특별히 '해를 끼치지 않는 한' 말입니다. 나의 자유가 소중한 만큼 타인의 자유도 소중하게 여기는 태도, 직장생활에서 잊지 말아야 할 '품격 있는 자유'의 자세가 아닐까요?

존 스튜어트 밀 John Stuart Mil: 1806~1873
영국의 철학자이자 경제학자
대표 저서: 『논리학 체계』, 『정치경제학 원리』, 『자유론』, 『공리주의』

벤담의 양적 공리주의를 비판적으로 계승해 질적 공리주의를 제창, 발전시켰다.
실증적인 사회과학 이론의 확립을 위해 노력했고, 철학, 경제, 정치, 여성문제, 종교,
사회주의에 대한 폭넓은 저작활동을 했다. 자유주의와 사회민주주의 정치사상의
발전에도 크게 기여한 인물로 평가받는다.

자유를 누리기 위한 조건

장 폴 사르트르 **'선택과 책임'** / 이민서

철학 처방전

내 마음대로 할 수 있는 일을 하고 싶어

30대 후반으로 접어든 후배 K. 그는 회사의 시스템 안에서 하는 반복적인 일을 매우 답답해했습니다. 그는 입버릇처럼 "아, 내 마음대로 할 수 있는 일을 하고 싶다. 자유롭게 내가 좋아하는 일을 하고 싶다"라고 말했습니다.

결국 그는 직장생활이 지루하고 의미를 찾을 수 없다며 퇴사를 결정했습니다. 물론 무작정 기분 내키는 대로 결정한 것은 아니었습니다. 오랜 시간, 자기 탐색을 통해 적극적으로 자신에게 적합한 일을 찾았습니다. 그렇게 자유로운 환경에서 자신의 꿈을 펼치려고 퇴사를 결정했기에 주변 사람들은 K를 기꺼이 응원해주었습니다.

그로부터 1년 뒤, 우연히 K를 만났습니다. 그런데 그의 얼굴을 보니 꿈을 찾아 열정적으로 살아가는 사람의 표정이 아니었습니다. 어딘지 모르게 어둡고 안절부절못하는 모습이 보는 사람마저 불안하게 만들었습니다. 건강도 좋아 보이지 않았습니다. 그는 1년 동안 자신이 좋아하는 일을 하며 시간적인 여유를 누릴 수 있었지만 생계의 어려움에 직면해 있다고 했습니다.

직장인으로 살다 보면 K처럼 통제된 생활에 부자유함을 느낄 때가 많습니다. 직장이라는 울타리 안에서 안정감을 느끼기도 하지만, 한편으로는 자기 마음대로 일할 수 있는 자유로운 환경을 꿈꾸곤 합니다. 그런데 자유와 꿈을 찾아 직장을 떠난 K는 왜 그토록 힘들어하는 것일까요? 인간에게 있어 자유란 무엇일까요? 흔히 하는 말처럼 내 마음대로 하는 것이 자유일까요?

자유의 개념은 역사적·사회적 환경에 따라 그 의미를 조금씩 달리하며 탐구되어 왔습니다. 그 가운데 장 폴 사르트르가 말한 자유의 의미를 따라가다 보면 어떤 방향성이 생길 거라 생각됩니다.

인식은 존재를 개시하고 존재는 무를 가져온다

장 폴 사르트르는 실존주의 철학을 대표하는 프랑스의 현대 철학자입니다. 우리에게는 작가, 계약결혼, 실천하는 지성으로 잘 알려진 사람입니다. 사르트르는 존재에 대한 논의를 전개하면서 인간 존재의 자유를 탐구했습니다. 그의 대표작 『존재와 무』는 자유에 대한 그의 사상을 잘 나타내줍니다.

그는 자유를 논하기에 앞서 "존재는 그것 자체로 있다. 무엇인가가 지각되기 위해서는 그것이 존재해야 하기 때문이다. 인식은 존재를 개시하는 것이다"라고 존재에 대한 개념을 설명합니다. 즉 어떤 존재가 그 자체로 있어야 비로소 인식이 시작된다는 겁니다. 나아가 인간은 다른 사물처럼 그저 있는 것이 아니라 '무'를 세상에 가져올 줄 아는 존재입니다.

> "우리는 대상 주변의 배경을 무(無)화함으로써 대상을 인식하고 있다. 대상에 주의를 돌릴 때 그 외의 사물은 배경으로 사라져간다. 무를 세계로 가져옴으로써 우리는 세계를 엮어가고 있다. 무는 인간에 의해 '존재된다'는 것이다."

즉, 인간은 인식하고자 하는 어떤 대상이 있을 때 무를 부여해 자신이 원하는 대상을 부각시킴으로써 존재를 가져온다는 겁니다. 예를 들어 제가 컴퓨터에 몰입해 글쓰기 작업을 할 때 컴퓨터는 부각되고 주변의 대상들은 무로 존재한다고 말할 수 있을 것입니다.

대자·대타 존재로서의 인간

사르트르는 이러한 인간의 존재를 대자존재(對自存在, pour-soi, for itself)와 대타존재(對他存在, être-pourautrui)로 설명합니다. 대자존재는 의식을 통해 자신을 객관적으로 바라볼 수 있는 존재를 뜻합니다. 자신을 바라본다는 것은 세계 속에 그 자체로 존재하는 '즉자(卽自, an sich, in itself)존재'인 사물과 인간이 구별되는 중요한 지점입니다. 사르트르는 인간이 대자존재로서 스스로를 객관적으로 바라볼 수 있기에 현재를 뛰어넘어 미래를 만들어가는 존재라고 주장합니다.

즉, 인간은 이유 없이 세상에 던져졌지만, 존재하는 인간은 '지금 존재하기' 때문에 '존재해야 할' 방향으로 끊임없이 '선택'을 하면서 자기를 새로 만들어가는 자유를 지닌 존재라는 겁니다.

한편 대타존재는 타인의 시선에 의해 규정되는 인간존재를 뜻합니다. 인간은 자기 자신으로서 존재할 뿐 아니라 타인에게 하나의 대상으로 존재합니다. 타인의 시선은 나의 반대편에서 나의 존재를 직접 나타내기에 인간은 타인의 시선을 부정할 수도 무화할 수도 없다는 겁니다.

자유는 원하는 것을 스스로 결정하는 것

자기의식으로 규정되는 대자존재, 관계로 규정되는 대타존재로서의 인간 존재에게 근본조건으로 작용하는 것이 자유입니다. 대자존재로서의 인간은 자신이 원하는 방향으로 '선택'을 하며 자신의 존재를 만들어가는데, 그 선택은 자유롭습니다. 선택은 인간에게 필요불가결한 요소로, 의식의 절대적 자유가 인간 존재의 조건이라는 뜻이지요.

반면에 대타존재로서의 인간은 타인의 시선 속에서 나의 자유를 제한받게 되고, 나의 행위 역시 타인에게 영향을 주는 존재로서 나의 존재를 선택함과 동시에 타인, 나아가 전 인류의 존재를 선택하는 것으로 확장되어 갑니다. 이렇듯 주어진 상황에서 가능성을 선택하면서 자신의 삶을 개척해가는 방식으로 인간은 존재하는데, 그 "삶의 방식 근원에 자유가 전제되어 있다"라는 것이 사르트르 주장의 핵심입니다.

여기서 중요한 것은 사르트르가 말하는 자유의 의미입니다. 사르트르는 자유란 자신이 바라는 것을 실제로 할 수 있다는 의미에서의 자유가 아니라 행위의 목적을 자유롭게 선택할 수 있다는 의미에서의 '선택의 사유'라고 설명합니다. '선택'은 반드시 행위의 수행과 결부된 것으로 그 '선택'이 대자의 자유로운 선택인 한 자유가 훼손되는 일은 결코 없습니다.[13] 그런 의미에서 사르트르는 "인간에게 자유형이 선고되었다"라고 말했습니다. 결국 자유란 자신의 선택으로 자신의 삶을 창조하는 책임, 나아가 인류와 사회적 행위를 위한 근본조건이자 선택에 대한 책임이라는 겁니다.

그리고 "'자유롭다'는 말은 '자기가 원하는 것을 획득한다'는 의미가 아니라 오히려 그 반대로 '원하는 것(넓은 의미에서 선택하는 것)을 스스로 결정한다'는 의미다"(『존재와 무』)라고 함으로써 인간 존재의 삶의 방식과 자유가 어떻게 연관되는지 한마디로 설명합니다.

책임에 근거한 자신의 선택으로 만들어가는 자유

사르트르의 사상에는 실존주의가 자리합니다. 실존주의는 자신의 인생을 개척해 나가는 주체적인 삶을 강조한 철학입니다. 사르트르는 인간이란 어떤 본질에 지배를 받는 고정된 존재가 아니라 스스로 삶을 개척해 나가는 실존적 존재라고 말합니다. "실존은 본질에 앞선다"라는 사르트르의 말은 이를 나타내는 유명한 명제입니다.

사르트르의 실존주의는 개인의 행동을 통해 사회변혁을 실현하는 앙

---

13. 『현상학 사전』(노에 게이치 외 3인 지음, 이신철 옮김, 도서출판 b) 참조

가주망(적극적인 사회참여)으로 발전해 가는데, 그는 주어진 상황 속에서 자유를 실현하는 길은 상황에 대한 적극적 참여라고 생각했습니다. 그래야 그 상황을 변화시킬 수 있다고 여긴 것이죠. 실제로 사르트르는 베트남 반전운동, 알제리 독립운동에 참여했습니다. 앙가주망을 실천하며 행동하는 지식으로 살았던 사르트르. 그의 삶을 통해 우리는 실존주의적 자유를 배우게 됩니다.

오늘도 한 걸음씩 나아가는 실존적 존재

대자존재로서 자신의 고유성을 탐색하고 자유 의지에 따라 프리랜서를 선택한 K. 미래를 위해 스스로 프리랜서를 선택한 그는 분명 자유로운 존재입니다. 다만 '행위의 수행에 있어 책임을 지고 있는가?'에 대해 다시 한번 생각해봐야 하는 시점입니다.

자신이 좋아하는 일을 선택했으니 더욱 적극적으로 행동하며 '타인을 염두에 둔 사회적 행위로의 확장된 책임'을 다하다 보면 밥벌이의 어려움은 얼마든지 해결될 수 있지 않을까요?

매일매일 같은 환경에서 반복적인 일을 하는 직장생활. 일상이 답답하게 느껴지기도 하지만 우리는 모두 '의식의 절대적 자유를 지닌 대자존재'로서 직장을 선택했고, 끊임없이 미래를 위해 나아가고 있는 중입니다. 또한 대타존재로서 타인의 시선 속에서 자신의 일을 업그레이드시키며 맡은 바 책임을 다하고 있습니다. 나아가, 조직 내에서 동료들과 서로 긍정적인 영향을 주고받으며 더 나은 업무환경을 만들기 위해 노력한다면 그것이 바로 앙가주망의 실천이 아니겠는지요.

실존적 존재로서 자신의 방향성에 따라 끊임없이 미래를 향해 나아가고 있는 당신, 자신의 선택에 의해 자신의 삶을 창조하는 책임으로 나아가고 있는 당신은 이미 자유로운 존재입니다.

장 폴 사르트르 Jean Paul Sartre: 1905~1980
프랑스의 철학자
대표 저서:『자아의 극복』,『상상력』,『구토』,『존재와 무』,『실존주의는 휴머니즘이다』,『자유의 길』

실존주의의 대표적 사상가이며 작가이다. 무신론적 실존주의의 입장에서 전개한 존재론『존재와 무』를 통해 제2차 세계대전 전후 시대사조를 대표한다. 1964년에 노벨 문학상 수상자로 결정되었으나 수상을 거부했다.

스트레스에서 자유로워지려면?

디오게네스 '**노모스 탈출**' / 차경숙

철학 체방전

뜯지 않은 택배 상자

오늘도 퇴근길 지하철은 만원이었습니다. 무거운 발걸음으로 집에 도착하니 현관문 앞에 택배 상자 하나가 놓여 있습니다. 뭐지? 금방 떠오르지 않습니다. 뜯어보는 것조차 귀찮아 거실 구석으로 밀어둡니다. 옷을 갈아입다 문득 며칠 전 일이 떠오릅니다.

팀장과 함께 회의에 다녀온 선배의 안색이 좋지 않았습니다. 아니나 다를까, 자리로 불려 갔더니 지난 며칠 동안 야근까지 하면서 만든 회의 자료를 펼쳐 보입니다. 그러고는 "실적 숫자 하나가 잘못된 걸 미처 발견하지 못해 회의 시간에 면박을 당했다"라며 "이런 거 하나 제대로 못하냐?"라고 야단을 쳤습니다.

순간 울컥했습니다. 물론 시간에 쫓겨 마무리하긴 했지만 전날 저녁에 선배에게 검토해달라고 요청했을 때는 별말 안 해놓고 이제 와서 다 내 탓이라니… 속은 끓지만 머리는 어느새 숙여졌고 입으로는 죄송하다는 말이 나오고 있었습니다. 이럴 땐 다시 책상 앞에 앉아도 집중할 수가 없습니다. 화장실로 가서 스마트폰을 꺼냈습니다. 그렇게 굳이 사지 않아도 될 핸드백을 사고 말았습니다.

그때의 속상했던 기분은 며칠 새 다 잊었지만 택배 상자 속의 핸드백을 살 때 느낀 쾌감은 후회의 감정으로 남았습니다. 이렇게 뜯지도 않은 택배 상자가 층층이 쌓여 가는 걸 보며 회사를 그만두든지, 카드를 잘라버리든지 무언가 특단의 조치를 취해야겠다는 생각을 하지만 당장 다음 달 카드 값이 걱정이라 회사를 그만둘 수는 없습니다. '어떻게 하면 스트레스와 지름신의 악순환 속에서 빠져나올 수 있을까?' 머리를 굴려도 딱히 좋은 대안이 떠오르지 않습니다.

개 같은 철학자

그리스의 괴짜 철학자, 디오게네스는 2,500년 전 이미 '소유'의 폐단을 간파하고 '소유욕'을 모든 악의 어머니라고 규정했습니다. 그리고 무소유를 몸소 실천하기 위해 평생을 통 속에 살면서 물 떠다 마실 컵 하나 없이 지냈다고 합니다. 그뿐 아니라 더 많이 가지고 더 높은 자리에 오르려고 열심히 사는 사람들의 어리석음을 조롱하기 위해 한낮에 등불을 들고 사람들이 붐비는 거리를 다니면서 '사람'을 찾고 있다고 소리치거나, 극장 관람이 끝나고 군중들이 쏟아져 나올 때, 혼자서 거꾸로 들어가기도 했습니다.

디오게네스의 롤 모델은 놀랍게도 '개'였습니다. 이 때문에 그는 스승인 안티스테네스(Antisthenes)와 함께 '견유학파'(Kynikos, 犬儒學派)를 창시했습니다. 견유학파는 말 그대로 '키니코스'(Kynikos) 즉 '개와 같은' 철학자를 추구했습니다.[14]

왜 하필 개였을까요? 디오게네스가 살았던 시절의 개들은 자유롭게 거리를 다녔습니다. 배가 고프면 음식을 찾아서 먹고, 잠이 오면 양지바른 곳에서 잠들었죠. 불려야 할 재산도, 지켜야 할 법률도, 얻거나 잃을 명예도 없는 개들은 그저 자연의 섭리에 따라 자유롭고 자연스럽게 사는 존재였습니다.

많이 가질수록 자유로워질까?

자본주의 사회의 고도성장에 따라 '더 많이 소비하지 않으면 공멸하는 신자유주의'가 지금 우리의 일상을 지배하고 있습니다. 이런 시대에 디오게

---

14. 'kynikos'를 영어로 읽으면 'cynic'인데, '시니컬'(cynical, 냉소적인)이라는 단어가 바로 여기에서 나왔다.

네스의 "자유롭게 살려면 소유에서 벗어나라"라는 메시지는 쉽게 이해가 되지 않습니다. 상식적으로 돈이 많고, 그 돈으로 살 수 있는 유무형의 것들이 많아야 더 자유롭게 살 수 있지 않을까요? 문명과 기술이 주는 편의성을 버린 불편하기 짝이 없는 생활이 도대체 어떻게 자유롭다는 걸까요?

디오게네스에게 있어 '자유'의 의미는 알렉산더 대왕과 만남을 통해 엿볼 수 있습니다. 디오게네스는 알렉산더 대왕의 정복 전쟁으로 그리스 도시국가들뿐만 아니라 중동 지역 대부분과 북부 아프리카까지 헬레니즘이라는 단일 문화가 형성되고 있던 시기를 살았습니다. 알렉산더 대왕이 이 늙은 철학자에게 지혜를 구하러 찾아왔을 때 디오게네스가 대왕에게 물었습니다.

"폐하께서는 지금 무엇을 가장 바라고 계십니까?"

"그리스를 정복하길 바라네."

"그 다음에는 또 무엇을 가장 바라시겠습니까?"

"아마도 소아시아를 정복하길 바라겠지."

"그 다음은 또 무엇을 가장 바라시겠습니까?"

"아마도 온 세상을 모두 정복하길 바라겠지."

"그러면 그 다음은 또 무엇을?"

"그렇게 하고 나면 좀 쉬면서 즐겨야 하겠지."

"참 이상하군요. 왜 지금 당장 좀 쉬면서 즐기지 않으십니까?"

대답할 말을 찾지 못해 머쓱해진 대왕이 디오게네스에게 물었습니다.

"내가 지금 당신을 위해 해줄 수 있는 일이 없을까?"

"그럼 몸을 비켜서 폐하의 그림자를 치워 주시겠습니까? 해와 저 사이를 가리는 폐하의 그림자를."

알렉산더 대왕은 디오게네스의 이 대답에 호탕하게 웃죠. 자, 이제 누가 더 자유롭다는 생각이 드나요? 세상 정복을 목전에 둔 알렉산더 대왕인가요? 무일푼에 직업도 없는 디오게네스인가요?

자유의 감옥, 노모스

디오게네스가 경계한 것들은 비단 물질만이 아닙니다. 사회적인 지위나 명예, 권력도 소유욕에서 비롯되는 악이라고 여기고 멀리했습니다. 그는 이런 것들을 인위적인 것이라는 의미로 노모스(nomos)라 부르며 극도로 싫어했습니다. 노모스는 법과 질서, 관습과 인습뿐만 아니라 부와 명예처럼 사회적 기준을 따르는 개인적인 성공까지 포함합니다.

자유는 무언가를 선택할 수 있는 권리입니다. 그런데 노모스는 우리의 선택을 제한합니다. 법을 지켜야 하고, 관습에 따라야 하고, 힘들게 모은 재산을 지키고 증식해야 합니다. 그렇게 노모스만 좇다 보면 정작 자기 자신은 삶에서 소외되어 버립니다. 내가 무엇을 위해 이렇게 열심히 돈을 벌고 휴식을 미루는지, 지금 하는 소비는 과연 나를 위한 것인지 주객이 전도되죠. 이런 생활이 지속되면 스트레스와 울화가 쌓이게 되고, 저도 모르게 감각적 쾌락에 의존하게 됩니다. 디오게네스는 이렇게 인간다움을 잃는 것을 경고했던 겁니다.

디오게네스는 그리스가 아닌 타 지역 출신입니다. 그런데 누군가 어디 사람이냐고 물을 때마다 자신의 고향을 말하는 대신 "나는 세계 시민이오"라고 대답했다고 합니다. 인간이라면 계급으로도, 출신지에 따라서도 차별되어선 안 된다고 믿었기 때문입니다.

차별은 자유를 빼앗는 또 다른 사회악입니다. 지금 우리나라는 단군 이래 가장 풍요로운 삶을 살고 있지만 피부 색깔이 다른 이민족이나 가난하고 궁핍한 사람에 대한 차별은 디오게네스가 살던 시대와 별반 다르지 않습니다. 경제적으로 부유해져도 노모스가 지배하는 사회에서는 자유와 행복이 더 늘어나지 않습니다.

직장 내에서 디오게네스식 자유 찾기

알렉산더 대왕이 소원을 물었을 때, 디오게네스가 다른 사람처럼 집도 돈도 권력도 필요 없었던 이유는 평생 지켜온 무소유의 신념과 자연의 이치에 따라 살아온 리듬이 그의 존재를 이미 부족함 없이 가득 채우고 있었기 때문입니다. 그 순간, 그에게 진정으로 필요했던 건 자연의 따뜻한 햇볕 한 줄기뿐이었죠.

처음 직장에 들어갈 때는 안정된 사회적 지위와 생활, 윤택한 미래와 멋진 휴가 등 많은 계획과 희망을 품습니다. 하지만 참고 견뎌야 하는 불합리한 일들, 끝없이 밀려오는 업무, 그리고 사람들과의 관계에서 오는 스트레스로 작은 일에도 분노하고 좌절하고 불안감에 시달립니다. 직장을 그만두더라도 사회에서 살아가는 이상, 관계와 기대에서 오는 압박감에서 벗어날 수 없습니다. 그렇다면 우리 자신이 달라지는 수밖에 없습니다.

지금 나를 옭아매는 노모스를 살펴보고 자신에게 질문을 던져보세요. 세상 사람들의 기준에 맞게 자신을 끼워 맞추고 그 기준에 따라 자신과 다른 사람들을 판단하지 않는지, 돈으로 모든 것을 해결하려 하고, 자신의 건강과 자신의 본래 면목을 모른 척하지 않는지, 내가 진정으로 원하는 것을 위해 스스로 어떤 노력을 했는지, 다른 사람들을 얼마나 진심으로 대했는지 등등. 그리고 답을 찾기 위해 자신을 면밀히 관찰해보는 겁니다. 책을 읽거나 멘토를 만나고, 낯선 곳을 여행하거나 이질적인 체험을 하는 것도 좋은 방법입니다.

이런 과정을 거치며 노모스가 원하는 기준이 아니라 나에게 맞는 기준을 새로 세우고 체화시켜 보세요. 오늘이 어제와 달라지기 시작합니다. 늘 보던 자연이 먼저 말을 걸고, 늘 만나던 사람들이 반가워집니다. 그렇게 노모스의 영향력을 점점 무력화시키면 어느 순간, 소비와 쾌락이 아니더라도 디오게네스의 햇볕처럼 나의 스트레스와 결핍을 무시로 해소시킬 수 있는 것들이 점점 늘어나게 될 것입니다.

디오게네스 Diogenes: BC 412~323
그리스의 철학자

스승 안티스테네스와 '견유학파'를 창시해 인위적인 관습, 제도, 종교를 부정하고 자연의 흐름과 합일하는 무소유의 삶을 실천했다. 거리의 통 속에서 구걸로 살아가면서 돈과 명예, 보이지 않는 이상을 좇는 사람들의 어리석음을 깨우쳐주기 위해 기이하고 충격적인 행동을 많이 한 것으로 유명하다.

어떻게 '나'로 살아갈 수 있을까?

마르틴 하이데거 '본래적 삶' / 정비아

철학 체방전

나는 이 세상에 왜 태어났을까?

직장인으로 살아가는 우리는 일어나자마자 부랴부랴 붐비는 지하철에 몸을 싣고 빠른 걸음으로 떼를 지어 회사로 향합니다. 그리고 저녁이 되면 우르르 밖으로 나와 고단함으로 꽉 찬 지하철에 다시 몸을 끼워 넣고 집으로 향합니다. 매일 이런 일상을 반복하다 보면 저절로 '도대체 내가 뭐 하는 건가? 왜 태어나서 이러고 사는가?'라는 물음이 튀어나옵니다. '내 삶의 의미는 무엇일까?'와 같은, 답을 찾기 어려운 물음도 솟구쳐 올라옵니다.

사는 일이 바빠 정작 내가 존재하는 이유를 생각할 틈이 없는 우리는 대부분의 시간을 가족을 건사하기 위해, 집 한 채 장만하기 위해, 휴가지에서의 낭만을 위해 돈 버는 일에 몰두합니다. 때때로 '삶의 의미'나 '존재의 이유'

에 대해 의구심을 갖기도 하지만, 다시 사는 일에 파묻혀버리기 일쑤입니다.

그런데 그 의구심을 끝까지 끌고 간 철학자가 있습니다. 하이데거는 평생을 '나는 왜 태어났는가? 나는 왜 존재하는가?'에 몰두했습니다. 대표 저서 『존재와 시간』에서 그는 '나는 왜 존재하는가?'라는 질문을 던집니다. 이는 '삶의 의미는 무엇인가?' 또는 '내가 할 수 있는 일은 무엇인가?'와 같은 물음과는 전혀 다릅니다. '삶의 의미'나 '할 수 있는 일'에 관한 질문이 이미 내가 '존재함'을 전제하고 있다면, '나는 왜 존재하는가?'는 그야말로 존재 그 자체에 관한 본질적인 물음이기 때문입니다.

존재 자체를 탐구하는 철학자

하이데거는 인간이야말로 자기의 존재에 관해 물을 수 있는 유일한 존재라는 전제에서 이 본질적 물음을 향한 여정을 시작합니다. 그리고 자기 존재를 물을 수 있는 유일한 존재인 사람에게 '현존재'라는 새로운 명칭을 선사합니다. 이는 '사람' 혹은 '인간'이라는 단어에는 없는 '스스로의 존재를 묻는 존재'라는 그만의 뜻, 즉 개념을 부여하기 위함입니다. 그리고 세계 속에서 다른 존재와 관계를 맺으며 살아가는 현존재를 '세계-내-존재'라고 명명했습니다. 이로써 하이데거는 "스스로의 존재에 의문을 갖는 현존재는 하나의 세계 안에서 자신의 가능성을 구현하는 동시에 다른 존재자들과 관계하면서 세계 내에 존재한다"라는 사실을 밝혀냅니다.

이는 인간을 이해하기 위해 신의 존재를 끌어들인다거나, 수학적으로 자연의 원리를 규명하려고 했다거나, 윤리적이거나 도덕적인 차원에서 인간을 논의했던 이전 철학의 사유방식과는 완전히 다른 접근이었기에 당시 사람들에게는 놀라운 것이었습니다. 하이데거는 온전히 인간이라는 존재에 집중함으로써 존재와 세계, 존재와 존재의 관계에 관한 새로운 철학적 지평을 열었습니다.

그렇다면 인간은 어떻게 '세계 속에서 자신의 가능성을 구현할 수 있을까요?' 하이데거의 다음 질문은 이것이었습니다. 하이데거는 스스로의 존재에 관해 질문할 수 있는 현존재가 겉으로는 주체적으로 삶을 영위하는 것 같지만, 실은 그렇지 않다는 점에 주목합니다. 즉, 대부분의 사람들이 자기도 모르는 사이에 물들어버린 습관에 따라 별생각 없이 살아가고 있음을 발견한 것이지요. 하이데거는 이를 '비본래적 삶'이라 규정하고, 비본래적 삶을 채우고 있는 것들로 '잡담'과 '호기심', '애매성'을 꼽습니다.

'잡담'과 '호기심'이 가로막는 것들

직장인들의 일상에서 공통점을 꼽자면 잡담과 호기심으로 점철된 애매한 삶을 산다는 게 아닐까 싶습니다. 실제로 매일의 삶이 어떻게 흘러가는지 떠올려봅시다. 우리는 원활한 직장생활을 위해 모두가 재미있어할 만한 TV 프로그램이나 우스운 이야기 혹은 직장 내에 떠도는 루머 등을 나눕니다. 주말에도 대부분의 시간을 TV를 보거나 인터넷 서핑을 하거나 유튜브를 보는 데 씁니다.

퇴근 후 집에 돌아오면 온몸이 물먹은 솜처럼 무겁습니다. 평일은 매일 바쁘고 할 일이 산더미라 그렇다 치더라도 주말에야 가능한 친구들 모임이나 가족과의 시간, 심지어 혼자만의 휴식 시간도 온전한 쉼을 누리지 못합니다. 오랜만의 동창 모임에서 실컷 웃고 떠들었지만 실은 정말 즐거운지 의문이 듭니다. 사회생활에 도움이 될까 싶어 동문 모임에 참석해 실컷 잡담을 늘어놓지만 정말 '좋은 관계'가 맺어진 것인지, 오히려 가볍게 말 옮기는 사람이 된 것은 아닌지 회의가 듭니다.

하이데거는 우리들의 일상적 삶이 깊이 있고 지속적인 관계를 맺기보다는 흥미와 비교, 욕구만을 문제시하는 잡담과 호기심에 사로잡혀 본질이 외면되고 있음을 누차 강조합니다. 요컨대, 나 자신의 고유한 가능성을 구현하지 않고 세상이 시키는 대로, 누군가 말해준 것을 그대로 받아들인 채 외면적 비교 속에서 산다는 겁니다.

나의 본래 존재 이유를 찾아서

이런 일상적 삶은 그야말로 일반적입니다. 대부분의 사람들이 일상적 삶에 떠밀려 자신의 본래 존재 이유를 망각한 채 살고 있기 때문이죠. 그래서 하이데거는 이런 비본래적 삶의 일상이 본래적 삶보다 열등하거나 저급한 단계를 의미하는 게 아니라는 점을 명시합니다. 즉, 일상적 삶이 지닌 비본래성은 현존재가 갖는 복잡한 측면을 드러내주는 것이며 본래적 삶에 이르기 위해 거쳐야 할 과정일 수도 있다는 겁니다.

하이데거는 잡담과 호기심, 애매성으로 점철된 '비본래적 삶'을 벗어나 '본래적 삶'을 회복하기 위해 '시간성' 위에 선 '실존'을 말합니다. 즉, '모든 존재는 언젠가 반드시 죽는다'라는 시간성 위에서 죽음이라는 극단적 한계 상황과 대면할 때 비로소 본래적 삶을 회복할 수 있다는 말입니다. 죽음에 대한 지각은 비록 '불안'을 낳기 하지만, 그 불안은 우리로 하여금 자기 삶을 더욱 적극적·주체적으로 받아들이게 하는 긍정적 역할을 합니다.

생각해 봅니다. '나는 왜 존재하는가? 나는 언젠가 죽는다. 그렇다면 현재 나는 어떻게 살아야 하는가?' 하이데거는 제1차 세계대전이 모든 전통적 가치와 의미를 붕괴시킨 시대의 공허감과 불안 앞에서 어떻게 하면 허무에 빠지지 않고 견실한 삶을 살 수 있는가에 관한 답을 스스로 내리기 위해 『존재와 시간』을 써 내려갔습니다. 『존재와 시간』은 그 어떤 철학도 끝까지 파고들지 못했던 존재의 본질적 문제를 일상성의 차원에서 파고들어 일상 속에서 존재의 이유를 이끌어냅니다. 자칫 일상의 환경 세계에 매몰될 수 있는 우리는 죽음을 자각할 때 비로소 '양심'에 귀 기울일 수 있으며, 단순한 잡담과 호기심, 애매성에서 벗어나 내 안의 가능성을 구현하는 본래적인 삶을 살 수 있다는 겁니다.

하이데거의 사유를 이해한 우리는 일상의 매 순간을 허투루 보내지 않게 됩니다. 나아가 일상의 매 순간을 주체적으로 만끽합니다. 직장에서 자유 시간이 주어졌을 때도 의미 없는 잡담과 뒷담화로 시간을 보내기보다는 자신의 삶에 더 집중할 수 있는 배움이나 활동에 시간을 투자합니다. 동료들과도 좋아하는 책에 관한 이야기나 현재 즐겁게 배우고 있는 악기와 음악에 관한 이야기를 나눌 수 있게 됩니다. 누구와 대면하더라도 있는 그대로의 모습을 주체적으로 드러내고 유지할 수 있습니다.

이런 변화의 근원에는 '나는 반드시 죽는다'라는 절대적 명제를 매일 매 순간 기억하는 현존재가 있습니다. 즉, 더 이상 내 삶을 무의미한 일로 채울 수 없다는 자각은 '지금 이 일이 내가 진정 원하는 일인가? 진정 내가 선택한 삶인가?'에 대해 깊이 있는 물음과 답을 반복하게 합니다. 그 과정을 통해 현존재는 스스로 원하는 삶이 무엇인지를 깨닫고 진정한 자기 삶의 주인으로 거듭나게 됩니다.

이제 우리는 잡담과 호기심으로 시간을 보내지 않을뿐더러 그런 행동이 더 이상 재밌지 않게 됩니다. 콩나물시루 같은 지하철에 몸을 싣고 출퇴근하는 길에서 오히려 살아있음을 느낍니다. 직장이 바뀌거나, 직장 내 관계가 변모해서가 아닙니다. 현재 직장에서의 경험과 관계가 궁극적으로 내가 추구하는 삶과 어떻게 연결되는지 넓은 시선으로 인식할 수 있게 되었기 때문입니다. 모든 일상을 스스로 계획하고 실행할 수 있다는 믿음이 생겼기 때문입니다. 직장에서의 생활도 일 분 일 초 허투루 보낼 수 없는 귀한 삶의 일부임을 깨달았기 때문입니다. 그리고 바로 이 지점에서 김대리, 김과장, 김부장이 아닌 '진정한 나'로 살아갈 수 있는 길이 열립니다.

마르틴 하이데거 Martin Heidegger: 1889~1976
독일의 철학자
대표 저서: 『존재와 시간』, 『형이상학이란 무엇인가』, 『칸트와 형이상학의 문제』

20세기 독일의 실존철학을 대표하는 하이데거는 후설에게 현상학을 배운 뒤
'존재'와 '시간'의 관계 내에서 인간의 삶이 이루어지는 장으로서의 세계를 이해한다.
하이데거는 현존재의 실존론적 분석을 위해 불안, 죽음, 양심 등의 여러 양태를
조직적으로 논의한 철학자다. 그의 현존재 분석 방법은 정신분석에서 문예론,
신학에까지 영향을 미쳤으며 존재 그 자체를 직접 묻는 방식으로서의 그의 사유는
인간 본연의 자세에 대한 견해에 많은 변화를 가져왔다.

삶의 경계를 구분하는 지혜

에픽테토스 '내적 자유' / 임명희

철학 처방전

어느 날 갑자기 세상을 떠난 동료

아이가 아파서 휴가를 내고 병원에 간 날, 사무실에서 문자가 왔습니다. "H가 출근하는 도중에 심정지로 사망했습니다"라는 소식이었습니다. 그 전날에도 전화통화를 한 동료였습니다. 미처 처리하지 못한 업무가 있어서 병원에 들렀다가 회사로 출근해서 그를 만나려던 참이었습니다. '설마…' 하면서 문자를 몇 번이나 다시 들여다보았습니다. 출근길에 심정지로 사망이라니. 제 컴퓨터에는 그 직원과 주고받은 사내 메일이 그대로 남아있었습니다.

그는 입사 24년 차였습니다. 남들이 다 기피하는 부서에서 오랫동안 묵묵히 일했고, 항상 친절하고 업무에 대해 조곤조곤 알려주곤 했습니다. 몸이

안 좋아 병원에 정기적으로 다닌다는 말을 나눈 적은 있지만, 출근해 일하는 데 어려움은 없어 보였습니다.

중학교 1학년, 아직 교복이 어색한 어린 아들과 아내가 장례식장을 지키고 있었습니다. 발인하는 날 아침, 이제 47세밖에 안 된 한 가족의 가장을 하늘로 보내기에는 너무나 찬란한 봄날씨였습니다.

그렇게 시간이 흘러갔습니다. H가 세상을 떠났지만 회사의 일상은 H가 포함된 100개의 모자이크 조각이 아니라 원래부터 H가 없는 99개의 조각인 듯, 부재감도 상실감도 없이 잘 돌아갔습니다. 손상된 한 조각은 금방 희미해졌습니다. 컴퓨터 모니터 바탕화면 한쪽에 저장해놓은 H의 사진 파일이 눈에 들어왔지만, 아직 그 파일을 열어보지 못하고 있습니다.

100세 인생이라더니

몇 주 뒤, 저는 퇴근 후에 매주 한 번씩 죽음에 대한 강의를 한 학기 동안 들었습니다. 새싹이 돋기 시작하는 계절에 일주일에 한 번 마주하는 소멸과 죽음. 저는 이 기간에 일상에서 잊고 살았던 죽음을 대면하게 되었습니다. 신문을 봐도, 뉴스를 봐도, 서점에 가도 죽음에 대한 내용만 저의 관심과 시선을 사로잡았습니다.

어느 주에는 강의 중에 강사가 100cm의 종이 자를 나눠주었습니다. 100세 인생이라고 말하지만 통계청에 의하면 현재 한국인의 평균수명은 82.7세입니다. 저는 100cm 종이 자에서 대략 20cm[20년]를 찢어냈습니다. 제가 아프지 않고 건강하게 움직일 수 있는 나이, 건강수명을 70세로 생각하고 다시 10cm를 잘라냈습니다. 그리고 10대, 20대, 30대, 40대를 거치면서 그 시기에 소중했던 추억들을 종이 자에 적었습니다. 이미 살아버린 지난 시간인 40cm가 또 없어졌습니다. 그리고 지금 50대 초반. 거창해 보이던 100세 인생, 100cm에 달하던 제 삶은 이제 50에서 70 사이만 남았습니다. 이렇게 보니 저에게 남은 시간이 너무나 잘 보였습니다. 딱 20년입니다. 앞으로 저는 봄바람에 흩날리는 벚꽃을 스무 번 볼 수 있습니다.

스무 번의 봄이 남았습니다. 여러분에게는 몇 번의 봄이 남았나요? 일상의 업무에 치여 잊고 살지만, 각자에게 주어진 삶의 시간을 어떻게 살 것인지 신중하게 선택하는 일은 우리 모두에게 중요합니다. 고대 그리스 스토아학파의 대표적인 철학자인 에픽테토스는 우리 인생의 이 근본적인 '선택'에 대해 지혜로운 답변을 줍니다.

노예 출신 철학자, 에픽테토스

에픽테토스는 로마 네로황제 시대의 노예 출신 철학자입니다. 우리에게 익숙한 철학자는 아니지만, 인생의 연극에 대한 비유 등 그가 한 말은 많은 책에서 잠언으로 인용됩니다.

그에 관해 내려오는 유명한 일화가 있습니다. 주인이 고문을 했지만 그는 신음소리 한 번 내지 않고 끝까지 견뎠다고 합니다. 결국 그의 다리가 부러졌는데, 그제야 그는 "그렇게 될 거라고 제가 말하지 않았습니까?" 하며 태연한 어투로 말했다고 합니다. 인내를 중요하게 여기는 스토아학파 철학자답죠? 그는 소크라테스처럼 글을 남기지 않았지만 후에 해방노예가 되어 학교를 세웠고, 그의 제자였던 아리아노스가 필사한 『대화록』과 이 책의 요약본인 『엥케이리디온』(Encheiridion)이 후대에 남았습니다. 『엥케이리디온』은 초기 기독교인들이 늘 손에 지니고 다니던 소책자로, 도덕에 대한 '손 안의 작은 책'을 뜻합니다.

나에게 달려있는 것과 달려있지 않은 것을 구분하는 지혜

『엥케이리디온』은 "존재하는 것들 가운데 어떤 것들은 우리에게 달려있는 것들이고, 다른 어떤 것들은 우리에게 달려있는 것들이 아니다"로 시작합니다. 예컨대 무언가를 믿고, 원하고, 싫어하고, 증오하는 건 우리 자신에게 달렸지만, 육체, 평판, 지위 등 이미 결정되어 있는 것은 우리에게 달려있지 않다는 뜻입니다. 돈만 있으면 무엇이든 얻을 수 있다고 부추기는 자본주의적 시각으로 보면, 고대 그리스인들이 우리에게 달려있지 않다고 여긴 모든 것이 자기 하기 나름일 수도 있습니다. 하지만 여전히 돈으로 살 수 없는 많은 소중한 가치가 우리 인생에 존재합니다.

내가 어떻게 하느냐에 따라 변화하는 나의 내면은 온전히 내가 책임져야 할 영역이기도 합니다. 반면, 외면의 세계는 내가 원하든 원하지 않든 상황에 따라 소멸하고 변화하는 영역입니다. 에픽테토스는 이 두 가지를 구분할 수 있는 지혜를 기르라고 합니다. 적절하지 않은 것에 사로잡히지 말고 때로는 어떤 것을 전적으로 포기해야 하고, 경우에 따라서는 미뤄야 한다고 말합니다. 무엇을 결정한다는 것은 불안감에 열어두었던 수많은 선택지를 하나씩 정리하는 것입니다.

즉, 스스로 경계를 정하는 주체적인 삶의 태도를 유지한다는 것입니다. 우리는 스스로 주체적인 선택을 했을 때야 비로소 자신의 의지로 선택한 좁고도 단단한 길로 기꺼이 들어갈 수 있는 용기를 지니게 됩니다.

자유, 삶의 태도로서의 가치

노예 출신인 에픽테토스 철학의 일관된 주제는 '자유와 노예'입니다. 외적인 상황과 제약으로부터의 자유가 있고, 자신이 스스로 부여한 내면의 노예가 있습니다. 여기서 에픽테토스의 자유는 사회적, 정치적 행위와는 구분되는 것으로 마음의 상태, 평정, 지혜로운 자가 지향하는 삶의 태도[15]에 관련된 것입니다. 따라서 에픽테토스에게 '노예'라는 외적 신분은 그를 구속하지 못합니다. 에픽테토스가 우리 시대에 산다면 이미 정해진 업무 내용과 결과, 외적 제약 그리고 매 순간 타인과의 비교와 경쟁 속에서 생활하는 직장인을 '노예'라고 명명할 것입니다.

직장인들은 대부분 매일 정해진 시간에 출근해 정해진 길만 따라 일렬로 조심스레 걸어갑니다. 그러면서 동료나 상사가 자신에 대해 어떻게 말하는지에 따라 마음의 평정이3 수시로 깨집니다. 에픽테토스는 일어난 사건 때문에 혼란에 빠지는 것이 아니라 스스로 만든 '사건에 대한 표상' 때문에 혼란에 빠진다고 말합니다. 깨어진 꽃병 그 자체가 끔찍한 것이 아니라 꽃병은 깨어져서는 안 된다고 생각하고 온 마음으로 그 생각에 집착하는 것이 자신에게 상처를 입힌다는 말이지요. 그 일 자체보다는 상대방이 무심

---

15. 『왕보다 자유로운 삶』(서광사) 중 '에픽테토스의 『대화록』 연구' 참조

코 한 행동에 대해 그 원인을 추정하고 그것을 스스로 믿기 때문에 마음이 더 심란해집니다.

삶의 경계를 구분하는 지혜

직장생활을 오래 하면 업무도, 주변 관계도 익숙하고 쉬워질 법하지만 그렇지 않습니다. 새로운 일은 계속 발생하고, 업무 스트레스도 줄지 않습니다. 세상을 떠난 동료 H 역시 매일 수없이 걸려오는 전화를 매번 친절하고 상냥하게 받았지만, 스트레스는 계속 쌓였습니다. 직장인들은 일요일 오후부터 마음이 예민해지기 시작합니다. 내일 출근해서 해야 할 일과 잠시 잊고 있었던 해결되지 않은 갈등으로 마음이 복잡해지기 때문입니다.

이런 순간에 에픽테토스의 지혜를 떠올려봅니다. 우리의 의지와 상관없이 월요일은 반드시 오고 맙니다. 월요일에는 다시 일상의 삶으로 되돌아가야 합니다. 그렇다면 구겨진 옷을 입고 잠들지 않는 것. 즉, 불편한 마음으로 일요일 밤을 마무리하지 않고 내일 출근 준비를 미리 해두는 것은 주체적으로 내 삶의 경계를 내가 정하는 일에 해당됩니다. 일요일 저녁을 어떻게 마무리하고, 월요일 아침을 어떻게 맞이하는가는 순전히 나에게 달려있습니다. 또한 내 일이 아닌 것에 대해 간결하고 명확하게 '거절'을 표현하는 것도 나에게 달린 것입니다.

우리에게 달려있는 것과 그렇지 않은 것에 대한 이해를 기반으로 하는 지혜로운 행동은 스스로 부여한 내면의 노예에서 벗어나 우리의 삶을 단순하고 자유롭고 풍성하게 해줄 것입니다.

여러분에게는 몇 번의 봄이 남아 있나요? 남은 시간을 늘리는 일은 우리에게 달려있지 않지만 그 시간을 어떻게 살 것인지 삶의 태도를 결정하는 것은 우리에게 달려있습니다. 미뤄두었던 결정을 내리고, 그 일을 책임지고 수행하는 주체적인 일상의 반복. 이를 통해 우리는 직장에 매인 노예의 삶을 걷어내고 자유의 힘을 얻어 앞으로 나아가고 변화할 수 있습니다.

에픽테토스 Epictetos: 55년경~130년경
로마의 철학자
대표 저서: 『대화록』

지금의 터키 지역인 파뤼기아의 히에나폴리스에서 출생했다. 네로의 스승인 세네카, 로마 황제 아우렐리우스와 함께 후기 스토아 철학의 대표적 학자로 꼽힌다. 후에 해방 노예가 되어 학교를 세워 제자들을 가르쳤다. 그가 남긴 『대화록』 총 8권 중 4권만 전해지고 있다.

직장만 그만두면 자유로울까

프리드리히 니체 '낙타에서 어린아이로' / 정예서

철학 처방전

자유롭게 산다는 의미는 무엇일까요? 최근 유엔의 새로운 연령 구분에 따르면 18~65세까지를 '청년(Youth)'으로, 66~79세까지를 '중년'으로 구분했습니다. 우리 사회의 평균수명이 100세를 향해 달려가고 있는 지금, 60세 직장 정년은 너무 이르기에 직업의 이모작, 삼모작의 시대가 현실로 다가온 것이지요.

직장인이 대부분인 우리 연구원의 연구원들이 '일과 자유'를 주제로 발표하는 걸 보면 대체로 직장에서 보내는 시간을 매여 있다고 생각하는 경향이 큽니다. 또 즐거움과 여유 있는 휴식에 관한 욕구가 높아 여행이나, 전원주택을 짓고 자유롭게 살고 싶다는 소망이 많습니다.

경제협력개발기구(OECD) 회원국 중 연간 노동시간이 2,000시간을 초과하고 있는 우리나라 직장인으로서 이런 쉼의 욕구는 당연합니다. 그러나 막상 여행을 하면서 무엇을 보고 싶은지, 전원주택을 지은 후에는 어떻게 살고 싶은지에 관해서는 대부분 구체적으로 대답을 하지 못합니다. 또 즐거움의 요소에서는 당연한 듯 '일'이 배제됩니다.

그렇다면 우리에게 일은 어떤 가치일까요? 마약 같은 월급 때문에 출근하는 것이 아닌 '일'의 의미에 대한 가치 말입니다. 예컨대 한 달에도 몇 번씩 회사를 그만두고 싶은 당신이라면, 직장에 대해 어떤 생각을 하고 있는지 스스로에게 물어봐야 합니다. 무엇 때문에 회사가 불편한지, 왜 사표를 내는 그날을 '해방'이라고 여기며 주인의 짐을 지고 사막을 가는 낙타처럼 마지못한 걸음을 걷고 있는지 말입니다.

그는 대기업의 직장인이었는데 어느 날 제게 회사를 중도 퇴사하고 세계 여행을 결심했다고 말했습니다. 평소에 탐구심이 많았던 제자였기에 저는 응원했고, 그는 여행을 떠났습니다. 그런데 얼마 후 그는 계획된 일정보다 무척 일찍 돌아왔습니다. 돌아온 이유를 묻는 제게 그는 여행이 길어져 일상이 되니 더 이상 여행을 계속할 이유를 찾지 못했다고 했습니다.

일상이 목적 없이 반복된다고 느낄 때 우리는 그처럼 부자유를 느끼는 걸까요? 저는 그에게 망치를 든 철학자, 니체를 소개했습니다.

자유로 가는 세 단계

『차라투스트라는 이렇게 말했다』에서 니체는 영혼 성장의 변화를 세 단계로 구분합니다. 이는 니체가 추구하는 '초인'에 이르는 정신성장의 세 단계로, 지금까지 우리가 빚을 지고 있는, 수많은 이들에게 천둥이 되어준 그 대목입니다.

니체는 첫 번째 단계의 정신을 '수동적 태도', 왜 주인의 짐을 지고 뜨거운 사막을 가야 하는지조차 모르는 낙타에 비유합니다. 이는 우리 인간이 '왜'라는 질문을 못하고 상황에 순응해 오직 '급여'만을 위해 일을 하는 것과 같은 단계입니다. 두 번째 단계는 '낙타'에서 '왜'라는 질문을 통해 도약한 정신, 니체는 이를 '사자'에 비유했습니다. 무조건적인 순종이 아닌, 의지대로 도전하는 정글의 힘을 지닌 용맹한 사자. 그러나 가진 것을 지키기 위해 늘 갈기를 세워야 하는 경계와 공격의 시기이기도 합니다. 세 번째 단계의 정신은 '어린아이'로 비유됩니다. 누구에게도 예속당하지 않는 단계, 즉 세상에 처음 왔을 때처럼 창의적일 수 있는 '무구한 아이'의 단계를 뜻하는 것이지요.

타자에게 무례하지 않으나 타자의 눈을 의식해 스스로를 규범에 가두지 않는, 놀이처럼 창의적으로 살아가며 거침없이 도전하는 정신의 상태입니다. 니체는 이 세 번째 단계에 이른 사람이야말로 '초인'이라고 부를 수 있다고 이릅니다.

니체는 또 "애초에 얻고 싶은 바가 명확하지 않았던 자들은 잃을 것도 명확하지 않다"라고 합니다. 위의 세 단계에 이르기 위해 우리가 기억해야 할 말이겠지요. 또한 니체는 "창조유희를 위해서는, 형제들이여, 성스러운 긍정이 필요하다. 이제 정신은 자신의 의지를 원하고 세계를 상실한 자는 자신의 세계를 되찾는다"라며 어린아이와 같은 긍정의 힘을 강조합니다.

주인도덕과 노예도덕

니체는 또 덕의 근원을 힘의 관계로 해석합니다. 선함, 나쁨, 삶의 행복 등과 같은 윤리적 개념을 이 힘의 관계로 재정의하고 있습니다. 니체는 "좋은 것은 힘의 의지를 강화시킬 수 있는 모든 것이고 나쁜 것은 상황을 극복하지 못하고 노예의 도덕에 머무르는 나약함"이라고 말합니다.

이런 힘의 관계를 토대로 니체는 『선악의 저편』에서 도덕을 주인도덕과 노예도덕의 두 가지 유형으로 구분합니다. 주인도덕은 자신에 대한 자발적 긍정으로 성장하여 가치를 선택하고, 스스로 선과 악을 결정하는 자의 도덕입니다. 따라서 주인도덕에서 좋음(gut)과 나쁨(schlecht)은 고귀함(vornehm)과 비루함(verächtlich)의 대립을 뜻합니다.

반면 노예도덕은 의존적이고 스스로 가치를 정하지 못하고 매 상황을 부정하는 사람들의 도덕을 말합니다. 따라서 노예도덕에서 선(gut)과 악(böse)의 대립은 위험하지 않음(ungefährlich)과 위험함(gefährlich)의 대립을 의미합니다.

이 두 가지 도덕은 혼합된 문화 체계뿐 아니라 우리의 영혼 속에서도 공존합니다. 그러므로 "인간은 완성된 형태가 아니라, 지금 생성되는 중에 있는 어떤 것이다"라는 니체의 말처럼 그 두 도덕은 우리 영혼 안에서 여전히 갈등하는 상태입니다. 이 상태를 그는 짐승을 거쳐 인간이 되는 초인의 과정, 즉 인간을 "짐승과 초인 사이에 놓인 밧줄"로 비유합니다.

또 "독수리는 무리를 지어 날지 않는다"라며 힘과 의지를 지닌 초인은 자유를 위한 고독을 감수할 줄 알아야 한다고 말합니다. 우리의 성장이 이 지점에 이르면 그때, 비로소 우리가 무엇을 하든 심리적 자유를 누릴 수 있는 참 자유 상태에 도달한 거겠지요.

위버멘쉬를 향해

조직 안에서 불화를 계속해서 겪고 있다면, 나는 낙타와 사자, 어린아이 중 어디에 속하는지 살펴봐야겠습니다. 앞서 말씀드렸던 거처럼 직장인들이 생각하는 자유의 의미가 퇴직 등의 자유로운 시간이라고 생각할 수 있습니다. 그러나 저는 사표를 낸 후의 자유를 누리는 것도 잠깐, 무소속을 견디기 힘들어 비 오는 들판에 우산 없이 서 있는 듯한 불안을 호소하던 퇴직자의 임상사례를 여러 번, 목격했습니다.

한 직장에 정착하지 못하고 이직을 반복하는 현상을 파랑새증후군이라고 합니다. 파랑새증후군은 입사 초기에 주로 발생하며, 현재에 만족하지 못하고 미래의 이상만을 꿈꾸는 증상입니다. 때문에 현실과 이상의 괴리가 클수록 오늘의 직장생활이 불행하다고 여기지요. 그렇다면 우리는 어떻게 현재의 조직 안에서 자유로움을 누릴 수 있을까요? 그것은 내게 주어진 업무를 어떻게 대하느냐의 태도에서 기인돼 열 걸음쯤 나아가 자유와 부자유의 차이가 됩니다.

진정 원하는 일이 있다면 주인의 도덕으로 자기 긍정을 하며 그 일을 위한 연착륙을 준비해야 합니다. 하지만 그에 앞서 회사가, 지금 하고 있는 일이, 내게 어떤 의미인가를 정립해 본다면 애매한 불안이 사라지고, 직장인으로서도 주인의 도덕으로 활기찬 일상을 가꿀 수 있지 않을까요.

거시적인 것이 아니더라도 아이처럼 도전하고 극복하는 '위버멘쉬' 과정이야말로 우리의 살아있음, 깨어있는 진정한 부자로 살아가는 길입니다. 참된 자유를 꿈꾸며 질문에 답을 구할 때까지 끊임없이 스스로에게 질문하고 도전하고 탐구해 보는 삶. 우리가 어린아이가 되는 그날까지 함께 말입니다.

또한 가끔 길을 잃을 때도 있었지만 이제껏 살아오신, 그대는 이미 낙타로, 사자로, 아이로 저마다의 과정을 거쳐 삶을 건너온 초인입니다. 그대가 계신 곳이 어디든 아이와 같은 혜안으로 창의성의 놀이를 즐기며 참 자유를 위해 다시, 힘차게 출발해 보시지요.

프리드리히 니체 Friedrich Wilhelm Nietzsche: 1844~1900
독일의 철학자이자 시인
대표 저서: 『반시대적 고찰』, 『인간적인 너무나 인간적인』, 『차라투스라스는 이렇게 말했다』, 『도덕의 계보학』, 『선악의 피안』

쇼펜하우어의 의지철학을 계승하는 '생의 철학'의 기수(旗手)이며, 키르케고르와 함께 실존주의의 선구자로 지칭된다. 쇼펜하우어의 영향을 받았으며, 바그너의 음악에 심취했다. 영원회귀 속에 인간 권력의 의지로 '초인'을 향해 끝없는 자기극복을 해야 한다고 주장했다.

5장

연봉만 오르면
부자가 될 수 있을까?

더 많은 돈을 소유하려는 욕망

탈레스 '만물의 근원' / 류충열

철학 체방전

부자 되세요

새해 인사로 "부자 되세요"라는 말이 유행한 적이 있습니다. 2000년대 초반, 모 카드회사의 TV 광고에서 유명 여배우가 한 말입니다. 카드회사로 서는 고객인 소비자가 부자가 되어야 카드를 많이 사용할 것이니 그리 광고했겠지만, 이 한 문장은 당시 어려운 경제상황 속에서 상당한 히트를 쳤습니다. IMF사태로 인한 경기후퇴와 실직의 어려움 속에서 다시 일어나보자는 당시의 사회적 분위기를 타고 연말연시 인사말로 그리고 그 후로도 오랫동안 덕담처럼 쓰였습니다. 이후 IMF 구제금융 사태를 조기에 졸업하긴 했지만 아직도 서민들의 경제생활은 그 시절에 비해 그다지 나아진 것 같지 않습니다.

돈과 철학은 왠지 잘 안 어울리는 것 같습니다. 당장의 배고픔을 해결하는 데 철학은 아무 도움이 안 될 것 같으니 말이죠. 그렇다면 더 많은 돈을 벌 수 있는 방법을 알려주는 철학은 없는 걸까요?

서양철학의 아버지가 돈 버는 법

기원전 6세기경 그리스에 탈레스라는 철학자가 있었습니다. "만물의 근원이 무엇인가?"라는 질문에 "물"이라 답한 것으로 유명하죠. 아리스토텔레스는 탈레스를 "그리스 최초의 철학자이며 과학자"라 했고, 니체는 "그리스 철학은 물이 만물의 근원이요 자궁이라는 명제로 시작한다"라고 하며 탈레스가 서양철학의 시초임을 시사했습니다.

당시 사람들은 가난한 탈레스의 모습을 보면서 철학이 아무짝에도 쓸모없는 것이라고 비난했습니다. 그런데 한번은 탈레스의 친구가 "돈 있는 사람만 잘 살고 돈 없는 사람은 못사는 세상이 너무 불공평하다"라고 한탄하자, 탈레스는 "돈을 버는 방법은 주변에 많이 있으니 머리를 쓰라"라고 답했다고 합니다. 이에 친구는 "내가 여행을 다녀오는 동안 어디 돈을 많이 벌어보게나" 하고 빈정거렸는데, 여행에서 돌아와 보니 탈레스가 엄청난 돈을 갖고 있었다고 합니다. 그는 어떻게 많은 돈을 벌게 된 걸까요?

탈레스는 기상연구를 통해 일정한 규칙에 따라 당시 귀한 작물이었던 올리브의 생산량이 좋을 때와 나쁠 때가 있다는 것을 알아냈습니다. 덕분에 어느 해에 풍작이 될 것인지 예상할 수 있었지요. 탈레스는 풍작이 예상되는 어느 해 한겨울에 올리브 기름 짜는 기계를 모조리 싼값에 빌렸습니다. 사람들은 올리브 수확철도 아닌 한겨울에 기름 짜는 기계를 빌리는 바보라며 그를 비웃었습니다. 하지만 이듬해 풍작이 들자 기름 짜는 기계의 임대료가 크게 올라 탈레스는 큰돈을 벌었습니다. 아리스토텔레스의『정치학』에 나오는 일화입니다.

철학과 돈을 버는 일이 전혀 다른 문제라고 생각하기 쉬운데, 이처럼 철학자가 돈 버는 재주까지 좋았다는 것을 알게 되니 왠지 그에게 돈을 많이 버는 방법을 배우고 싶다는 생각이 듭니다. 하지만 아쉽게도 오늘날 탈레스에 대해서 남아있는 정보는 그다지 많지 않습니다.

사고의 전환: 신에서 자연으로

탈레스 철학은 "세상은 물로 되어 있다" 혹은 "세상의 근본 재질(아르케)은 물이다"라는 하나의 명제로 표현됩니다. 지금은 초등학생조차 코웃음을 칠 생각이지만, 당시 시대상황에서 이 명제는 획기적인 사고의 전환이었습니다. 당시는 신화적 사고방식이 지배하고 있어서 '파도가 높은 건 바다의 신이 노해서'라는 식으로 자연현상의 원인을 초자연적 존재인 신에서 찾았습니다. 그러나 탈레스는 자연 만물의 현상을 학문적인 사고방식으로 생각하고 설명하려고 했습니다. 모든 사람이 만물의 근원을 신이라고 믿을 때 이를 부정하고 스스로 생각해 답을 찾아보고자 했던 거죠. 그래서 오늘날 그를 '서양철학의 아버지'라 칭하는 것입니다.

그는 이 세상에서 벌어지는 모든 '현상'의 바탕에는 뭔가 단순한 '본질'이 있을 것이라 생각했고, 그것이 '물'이라고 주장합니다. 초자연적인 존재에서 원인을 찾는 사고방식에서 벗어났다는 철학사적 흐름에서 보자면 '물'이 아닌 다른 어떤 것이어도 크게 차이는 없었을 것입니다. 탈레스의 제자인 아낙시만드로스는 만물의 근원을 "형태가 없는 무한정한 것"이라고 했고, 아낙시만드로스의 제자인 아낙시메네스는 "세상의 근본은 공기"라고 했는데, 이들을 모두 묶어 밀레투스[16]학파라고 합니다. 사람들이 자연 현상의 원인을 초자연적 존재에서 찾을 때, 탈레스를 위시한 밀레투스학파는 자연의 원인을 자연 안에서 찾았고 그 덕분에 철학과 과학이 탄생할 수 있었습니다.

돈은 목적인가, 수단인가?

왜 우리는 돈을 더 많이 가지려고 할까요? 돈은 교환을 위한 수단으로 발명된 것인데, 어느덧 목적이 되어버렸습니다. 마치 지구에 온 목적이 돈을 벌기 위해서인 것처럼 말이죠.

누구나 스트레스 상황에 처하면 생각할 수 있는 여유가 줄어듭니다. 개인차는 있지만, 인간이 사용 가능한 정신적인 에너지는 한정되어 있는데, 스트레스에 대응하느라 많은 에너지를 소모해버리기 때문입니다. 심리학자들은 이런 상황을 '터널시야 효과'로 설명합니다. 멀리 터널 출구에서 들어오는 빛만 보이고 주변은 캄캄해서 보이지 않는다는 뜻입니다. 경제적으로 여

---

16. 밀레투스: 탈레스가 태어났다고 알려진 지역의 이름. 그리스 본토가 아닌 소아시아(지금의 터키 지방) 개척지에 있던 항구도시. 그리스와 페르시아 사이의 무역 중심지로 다양한 문물이 쏟아져 들어와 그리스 본토 도시보다 훨씬 자유분방한 생활과 사고가 이루어졌다.

유가 없으니 정신적으로도 여유가 없고, 그래서 수단이 목적으로 변해버린 것을 알아차릴 겨를도 없습니다.

이때 철학은 우리가 잃어버린 목적을 되찾는 데 도움이 됩니다. '왜?'라는 근원에 대한 질문을 던지게 하니까요. 그뿐만 아니라 철학은 '어떻게?'라며 효율 좋은 수단을 고민하게 합니다. 마치 탈레스가 만물의 근원에 대한 탐구심을 확장해서 기상연구를 통해 올리브 생산의 규칙성을 파악하고, 이를 돈을 버는 데 활용할 수 있었던 것처럼 말입니다.

누구나 행복을 추구합니다. 행복의 조건이 개인에 따라 다양하기에 행복해지는 방법도 다양할 것입니다. 그래서 누군가는 돈으로 행복을 살 수 있다고 생각합니다. 하지만 욕망은 끝이 없고, 돈으로 살 수 없는 것도 많습니다. 쇼펜하우어는 "돈이란 바닷물과도 같다. 그것은 마시면 마실수록 목이 마른다"라고 했습니다. 우리의 삶에서 돈이 목적인지 수단인지 다시 살피고, 적절한 수준에서 욕망을 조절하는 지혜가 필요합니다.

탈레스 Thales: BC 624?~546?
고대 그리스의 철학자

밀레투스학파의 창시자로 여겨진다. 최초의 철학자, 최초의 수학자, 그리스 7대 현인 등의 별명을 가지고 있다.

높은 연봉이 꿈이라면
애덤 스미스 '보이지 않는 손' / 류충열

철학 체방전

누구나 하는 생각, 돈이 좀 더 많았으면!

　매달 월급날이 되면 통장에는 급여가 들어오지만, 그저 숫자일 뿐일 때가 많습니다. 출금해서 현금을 손에 쥐어보기도 전에 카드대금이며 공과금 등으로 대부분 빠져나가고 맙니다. 더 안타까운 경우는 지출이 수입보다 큰 직장인입니다. 미래의 수입을 담보로 마이너스 통장을 만들었는데, 여기서 헤어 나오지 못하는 경우도 있습니다.

　사회 초년생 때는 자신에 대한 투자가 효과적일 수 있습니다. 자기계발을 통해 키운 능력이 승진의 밑거름이 되거나, 더 좋은 직장으로 옮기며 몸값을 올릴 때 비장의 무기가 되기도 하니까요. 그러니 영어학원에 등록하거나 자격증 공부를 하는 등 자기계발비를 넉넉히 씁니다. 그렇게 해서 연봉인

상률이 투자수익률을 앞지를 수 있습니다. 하지만 막상 승진해서 관리자급이나 임원이 되면 더 이상 연봉을 올리기가 쉽지 않아집니다. 일종의 수확체감의 법칙이라고 하겠습니다.

한편 남보다 앞서다 보면 그만큼 시기와 견제를 받게 되니 직장생활이 마치 전쟁터와 같아집니다. 게다가 가족이 느는 만큼 집도 늘려야 하고, 자녀교육비 등 가계지출도 만만치 않게 커집니다. 그래서 돈 버는 데 특출한 능력이 없는 보통의 직장인 가장들은 평생토록 경제적으로 풍족한 상태가 되기 어렵습니다. 어디서부터 잘못된 걸까요?

문제는 경제

최근 정부가 소득주도성장 정책을 추진하고 있고, 이에 대해 각종 미디어에서 연일 문제점을 보도하며 세상이 시끄러웠습니다. 소득주도성장 정책이란 국민이 돈을 더 많이 쓸 수 있도록 소득을 늘려주겠다는 정책입니다. 공장에서 물건을 찍어내도 그걸 사줄 만한 경제적인 여유가 있는 소비자가 별로 없으니 시중에 돈을 풀어 수요층을 만들고 이를 바탕으로 경제를 활성화시키겠다는 생각입니다. 그런데 미디어에서는 이런 정부 정책을 비판합니다. 특히 최저임금의 부작용에 대한 뉴스가 연일 쏟아졌습니다. 최저임금을 너무 급하게 올리다 보니 영세한 자영업자나 중소기업들이 인건비 상승으로 어려움을 겪고 있다는 것입니다.

국민들의 가처분소득을 늘려주기 위해 정부가 그냥 돈을 찍어서 뿌려줄 수도 있지만(통화 공급) 이런 방법은 인플레이션을 유발할 수 있어 위험합니다. 마냥 돈을 찍어낼 수는 없고, 제로섬 체계에서 누군가에게 돈을 주려면 결국 누군가로부터 받아내야 하는데, 그건 세금이 됩니다. 그런데 고소득자나 부자들은 세금전문가의 도움으로 직장인보다 오히려 세금을 덜 내는 방법을 찾아냅니다. 그래서 가난한 사람들의 소득을 보전해주려면 부득이 중산층으로부터 세금을 걷을 수밖에 없습니다. 중산층이 몰락하는 원인 중 하나가 세금이라는 지적이 나오게 된 이유입니다.

경제가 성장하고 빈부격차가 심해지면서 '성장'이 우선이냐 '분배'가 우선이냐 하는 문제는 이미 해묵은 논쟁거리입니다. 먹고사는 문제가 해결되지 않으면 인간다운 삶이 불가능한데, 이 문제는 상대적이라서 해결이 어렵습니다. 오늘날 일반 서민들이 누리는 삶의 질은 과거 왕이나 귀족이 누렸던 수준이라고 합니다. 하지만 여기에 만족하는 서민은 없습니다. 그 이유에는 여러 복합적인 원인이 있겠으나, 결국 더 잘 사는 사람과 비교하게 되기 때문입니다.

경제학을 낳은 철학자

어떤 경제정책이든 모든 사람이 한목소리로 찬성할 수는 없습니다. 시대적 상황과 개인적 입장에 따라 각자 생각하는 정도에 차이가 있고 다른 의견도 있습니다. 그런데 모두가 입을 모아 '경제학의 아버지'라 일컫는 철학자가 있습니다. 바로 애덤 스미스입니다. 그는 스코틀랜드에서 태어나 영국에서 활동한 도덕철학자입니다.

그가 활동하던 시대는 중세 봉건주의가 끝나고 자본주의가 태동하던 시기였습니다. 애덤 스미스의 『국부론』은 '국가의 부'를 논한 최초의 근대적인 경제학 저술입니다. 이 책에서 그는 '보이지 않는 손'이 경제문제를 해결해주니 국가는 시장에 개입할 필요가 없다고 주장했습니다. 보이지 않는 손이란 수요와 공급에 의한 가격결정 메커니즘을 은유적으로 표현한 것입니다. 그는 "우리가 저녁을 먹을 수 있는 것은 푸줏간 주인이나 빵집 주인의 자비심 덕분이 아니라 자신의 이익을 추구하는 그들의 욕구^(이기심) 때문"이라고 말합니다.

영국 산업혁명 시기에 살았던 그는 개인의 야심^(혹은 탐욕)이 사회 번영의 원동력이 된다고 생각했습니다. 그래서 각 개인이 자신의 욕구에 따라 자유롭게 경쟁하도록 방임하면^(자유방임주의) 사회 전체가 보이지 않는 손에 이끌려 조화를 이루게 된다고 생각했고, 개인들이 사익을 추구하는 과정에서 사회적 공익이 달성된다고 보았습니다. 그리고 국가는 그 기능을 최소한으로 축소시켜 개인에게 간섭하지 말고 외부의 적을 막거나 치안을 유지하는 경찰관 정도의 일만 하면 된다고^(야경국가론) 주장했습니다.

이전까지는 개인의 이익을 추구하는 건 이기적인 것이고, 이기적인 것은 곧 나쁘다는 게 상식이었습니다. 그런데 애덤 스미스는 개인이 자신의 욕망에 따라 마음껏 돈을 벌어도 보이지 않는 손에 의해 공익이 실현된다며 개인의 사익 추구를 옹호했습니다. 자본주의가 싹트던 당시 시대에 사람들이 매우 좋아할 만한 논리였죠.

경제는 '차가운 머리'로, 철학은 '뜨거운 가슴'으로

그러나 애덤 스미스를 제대로 이해하려면 그가 『국부론』 이전에 쓴 『도덕감정론』을 살펴봐야 합니다. 스스로도 『국부론』보다 『도덕감정론』이 더 중요한 저작이라고 언급한 바 있습니다. 인간은 자신의 이익을 생각하는 존재이긴 하지만 자신의 이해관계에 상관없이 타인에게 관심을 갖는 본성이 있으며, 타인을 바라봄으로써 스스로 어떤 '감정'을 느끼는 존재라는 것이 『도덕감정론』의 출발점입니다.

인간은 자연스러운 이기심에도 불구하고 제3의 입장에서 타인을 평가할 수 있는 '공감' 능력이 있으며, 공감 능력을 바탕으로 다른 사람을 관찰할 때 결국은 자기 행동의 도덕성을 인식하는 존재라는 게 그의 생각이었습니다. 나아가 그는 탐욕이 경제성장의 원동력이기는 하지만 지나치면 폐해가 따르는 양면성이 있음을 꿰뚫어 보았습니다. 그래서 공동체의 정의를 위해 '공평한 관찰자'의 역할을 강조했습니다. 공평한 관찰자란 '자신의 행위에 대한 동기의 옳고 그름을 객관적으로 평가해줄 수 있는 자아'를 말합니다.

애덤 스미스에 따르면 인간은 '연약한 인간'과 '현명한 인간' 두 종류로 나뉩니다. 연약한 인간은 '타인이나 환경을 따라가는 인간'으로, 이기심과 탐욕이 있는 보통사람을 말합니다. 이들이 경제를 키웁니다. 연약하다고 해서 나쁘다는 의미가 아닙니다.

그리고 현명한 인간은 '공평한 관찰자를 지닌 인간'으로서 그 사회의 공적 가치를 지키는 사람입니다. 애덤 스미스는 "연약한 사람들은 경제성장을 이루고, 그 부작용은 현명한 사람들이 제어한다. 그것이 균형을 이룰 때 사회의 질서가 성립된다"라고 했습니다.

애덤 스미스가 살아 돌아온다면 신자유주의 물결로 가득한 이 세상을 어떻게 진단하고 어떤 해법을 제시할까요? 사실 애덤 스미스는 당시에도 자유방임주의를 비판했습니다. 그 시절에 국가는 중상주의 정책을 취하며 보호무역을 하는 등 기업과 야합하고 있었습니다. 중세의 길드 시스템이 유지되며 동업조합원들만이 경제적 자유를 누리던 시대였죠. 애덤 스미스가 말한 자유는 경제적 '갑·을' 관계에서 '갑'의 자유가 아닌 '을'의 자유를 말한 것이었습니다. 그러니 기득권의 독점과 특혜를 철폐하고 모두가 정의로운 법을 지킬 것을 주장했던 것입니다.

노동시장에서 수요와 공급에 따라 결정되는 노동의 가격, 즉 연봉을 높이려면 어떻게 해야 할까요? 무조건 근면성실하다고 해서 연봉이 높아지지는 않습니다. 애덤 스미스라면 이렇게 얘기하겠죠. "수요가 많지만 공급은 적은 곳을 노리세요."

애덤 스미스 Adam Smith: 1723~1790
스코틀랜드 출신 영국의 도덕철학자, 정치경제학자
대표 저서: 『국부론』, 『도덕감정론』

기업의 독점에 반대하고 사적 이익을 추구하는 개인의 행동이 결국 공익을 달성케 한다고 보았다. 노동 분업의 효율성을 높이 평가했다.

노동하지 않는 삶

막스 베버 '소명으로서의 노동' / 류충열

철학 처방전

고단한 일상을 탈출하는 꿈

우리는 가치 있는 일을 하며 돈도 벌 수 있다는 설레는 마음으로 직장에 발을 들여놓습니다. 그런데 시간이 흐르면서 반복되는 일상에 지치고, 어느 날 업무에서 더 이상 가슴 뛰는 즐거움을 느끼지 못하게 된 자신을 발견합니다. 설상가상으로 못된 상사나 동료를 만나 관계에 어려움을 겪기라도 하면, 결국 일상에서의 탈출을 꿈꾸게 됩니다.

번 아웃(burn out)된 상황에서, 모든 것을 내려놓고 싶어집니다. 어디 외국에 나가 1년쯤 쉬고 싶다는 꿈도 꾸게 됩니다. 하지만 당장 회사를 그만두자니 모아 놓은 돈이 없고, 돌아와서 재취업을 한다는 것도 만만치 않을 것 같아 용기를 내기 어렵습니다. 일을 그만두고도 자유롭게 지내면서 먹고살 수 있다면 당장이라도 때려치우고 싶은 마음이 굴뚝같은데 말입니다.

노동하지 않는 삶이 가능할까요? 노동에 대한 철학적 사유를 거슬러 올라가면, 먼저 노동을 철학으로 불러들인 카를 마르크스가 떠오릅니다. 그는 유산계급(부르주아, 자본가)과 무산계급(프롤레타리아, 노동자) 간의 갈등이 계급투쟁을 낳고, 따라서 자본주의는 필연적으로 공산주의로 이행하게 된다고 주장했죠. 그보다 후에 태어난 막스 베버(Max Weber) 역시 노동에 대한 깊이 있는 사유로 철학 발전에 기여했습니다. 그는 마르크스주의가 비과학적인 형이상학일 뿐이라고 비판하며 마르크스가 구분한 두 가지 계급 안에서도 각자의 상황과 필요에 따른 다양한 계층이 존재한다고 지적하며 비교사회학 관점에서 논의를 전개했습니다. 그는 『프로테스탄트 윤리와 자본주의 정신』이라는 저서를 통해 종교가 자본주의 형성에 기여한 점을 설득력 있게 주장했습니다.

예정설과 직업소명설이 노동에 끼친 영향

막스 베버에 앞선 시대적 상황을 잠시 살펴보자면, 16세기 유럽은 타락한 교회에서 천국행 티켓(면죄부)을 돈을 받고 파는 지경에까지 이르렀습니다. 이에 반발한 루터(1483~1546)는 구원이라는 은총은 오직 믿음을 통해 받는 은혜일 뿐 그 어떤 행위(예를 들어 선행)의 대가가 아니라고 주장했습니다. 루터에 이어 칼뱅(1509~1564)은 '직업소명설'을 주장했습니다. 사제나 목사 같은 성직만 거룩한 게 아니라 일반인이 갖는 모든 직업이 신의 소명(Calling)에 따르는 일이고, 그래서 거룩한 일이라는 것입니다. 그리하여 칼뱅은 상대적으로 천대받던 상공업자들에게 큰 지지를 받았습니다.

노동에 대한 당시 사람들의 생각은 '지나치게 일하지 않고 적당히 일하고 노는 것'이었습니다. 그런데 칼뱅주의자들은 근면 성실하게 일하면서 돈을 벌었고, 사치나 향락에 빠지지 않고 근검절약하는 생활태도를 지향했습니다. 그들은 번 돈을 재투자함으로써 점점 부자가 되었고, 상업자본을 형성해 자본주의 초기 자본가로 거듭나게 됩니다. 예정설에 따르면 부자가 되는 것은 곧 자신이 신의 축복을 받았다는 증거가 됩니다. 따라서 이들은 부자가 되기 위해 더 노력했고, 노동을 신성한 것으로 여기게 된 것입니다.

막스 베버는 종교사회학적 관점에서 자본주의의 성장사를 검토했습니다. 그는 가톨릭이 지배적이었던 유럽 북부에 비해 개신교의 영향을 받은 유럽 남부 지역에서 자본주의가 더 발전했다는 사실에 주목했습니다. 프로테스탄트는 16세기 루터의 종교개혁의 결과 로마 가톨릭에서 분리되어 나온 개신교를 말합니다. 개신교 중에서도 특히 칼뱅주의는 직업노동과 부의 추구를 신의 섭리로 받아들이고, 근면 성실 절약하는 태도를 강조했죠. 덕분에 기업가와 노동자 모두의 활동을 사상적으로 정당화하는 이데올로기가 될 수 있었습니다.

이후 프로테스탄티즘은 미국으로 건너가 서부 개척 시대에 프런티어 정신으로 이어집니다. 그러니 오늘날 아메리칸 드림의 정신적 뿌리는 프로테스탄티즘이라고 할 수 있습니다.

노동의 가치

오늘날 우리에게 노동이란 어떤 의미일까요? 성당 건축을 하는 벽돌공의 이야기가 있습니다. "무슨 일을 하고 있는가?"라는 질문에 첫 번째 벽돌공은 하루 품삯을 받기 위해 일한다고 답합니다. 두 번째 벽돌공은 아름다운 성당을 짓기 위해 벽돌을 쌓고 있다고 합니다. 세 번째 벽돌공은 신에게 영광을 돌리기 위해서라고 합니다. 똑같은 일을 하고 있지만 생각에 따라 일의 가치가 달라진다는 우화입니다.

매일 반복되는 일이지만 그 일에 어떤 가치를 부여하는지에 따라 노동의 의미와 가치는 달라집니다.

심리학자 미하이 칙센트미하이는 『몰입』(Flow)에서 사람들이 가장 행복을 느끼는 순간은 멋진 해변에서 저물어가는 석양을 바라볼 때가 아니라 뭔가에 몰입할 때라고 말합니다.

몰입은 잡념 없이 원하는 어느 한 곳에 모든 정신을 집중하는 것을 말합니다. 그것은 물이 흐르는 것처럼 편안한 느낌이고, 하늘을 날아가는 듯 자유로운 느낌이며, 몇 시간이 한순간처럼 짧게 느껴질 만큼 정신적·육체적으로 고양된 상태를 말합니다.

그렇다면 부를 추구하는 일이 곧 신의 섭리라고 여겼던 칼뱅파 프로테스탄트들이 노동을 할 때 바로 이런 몰입상태를 경험한 게 아닐까요? 그들에게 노동은 신에게 축복받았다는 증거를 행하는 것이었을 테니 노동하는 순간 온전히 몰입했을 테고, 완전한 행복감을 느꼈을 것입니다. 지금 당신에게 노동은 어떤 의미인가요?

지금 하고 있는 일이 어떤 일이든 당신이 가치를 부여하고 즐거움을 느낀다면, 그것은 더 이상 노동이 아닌 축복일 것입니다.

막스 베버 Max Weber: 1864~1920
독일의 사회학자
대표 저서: 『프로테스탄트 윤리와 자본주의 정신』

사회학뿐만 아니라 정치, 경제, 역사, 종교 등의 학문과 문화 일반에 대해 조예가 깊었다. 19세기 후반 사회과학의 발전에 크게 공헌했고, 오늘날에도 철학과 사회학에 큰 영향을 미치고 있다.

월급만으로는 부족해, 투 잡?

오컴 '이중진리설' / 정비아

철학 해방전

해마다 늘어나는 소비, 투 잡만이 길일까?

40대 직장인 H에게 걱정거리가 생겼습니다. 중학교 2학년에 올라가는 첫째 아이의 학원비 문제였습니다. 아이가 중2가 되었으니 이제는 영어·수학 학원만은 꼭 보내야 한다고 아내가 통보와 같은 부탁을 했고, 아이의 의견을 물어보니 아이 역시 학원을 다니는 게 필요할 것 같다고 합니다. 무작정 반대하기는 애매한 상황이 되었습니다. 달마다 꼬박꼬박 나가는 학원비도 문제지만 연년생인 둘째가 중2가 되는 내년은 또 어찌해야 할지 고민입니다.

교육비는 갈수록 늘어날 것이니 연봉이 더 높은 곳으로 이직을 할까도 생각했지만 여의치 않고, 그렇다고 눌러앉아 있자니 늘어가는 소비에 노후 대비가 막막했습니다. H는 퇴근 후 대리운전이나 배달 아르바이트를 해볼까 알아보는 중입니다.

아이들 교육비와 노후 준비에 대한 고민은 비단 H만의 문제가 아닙니다. 이는 오늘날 자녀를 둔 중장년층 대부분의 걱정거리일 터입니다. 아이가 필요하다고 하면 원하는 대로 해주고 싶은 게 부모 마음이고, 아이들의 미래를 위해 교육을 잘 시키고 싶은데, 그러기 위해서는 돈이 필요합니다. 한편, 100세 시대를 대비해야 하는 중년들에게 준비되지 않은 노후는 두려움 그 자체입니다. 그러니 직장인들이 퇴근 후 아르바이트로 투 잡을 고려하는 일이 다반사가 되고 있습니다.

그렇다면 정말 이 길밖엔 없는 걸까요? 자녀를 잘 키우기 위해, 행복한 노후를 위해 이 시대의 직장인들은 퇴근 후에도 또 다른 일터를 찾아 닥치는 대로 일을 하고 돈을 벌어야 하는 걸까요?

보편은 어디에 존재하는가?

오늘날이 모든 게 돈으로 해결되는 시대라면, 윌리엄 오브 오컴이 살던 중세 시대는 모든 것을 신앙으로 설명하고 신앙으로 해결하는 신앙의 시대였습니다. 그리고 그는 그런 신앙 지상주의 시대에 감히 신앙의 불합리함을 주장한 신학자입니다. 이쯤에서 그에 관해 흥미가 일어납니다. '어떻게 남들이 다 맞다고 하는 일에 혼자서 반대할 수 있을까? 도대체 뭘 믿고 그럴 수 있었을까?' 하고 말이죠. 돈이 있어야 안정된 노후를 살 수 있고, 돈이 있어야 아이들 교육도 시키고, 돈이 있어야 여가활동도 할 수 있다고 믿는 이 시대에 행복하고 여유롭게 사는 일은 돈과는 별개라고 말하는 것과 다름없으니까요.

중세 스콜라 철학은 신앙과 이성, 양쪽을 통합하는 체계를 만드는 데 힘썼고, 토마스 아퀴나스에 이르러 완성됩니다. 즉, 이성과 철학을 통해 기독교 교리를 설명할 수 있고, 신앙을 이성으로 증명하는 것이 가능하다고 믿은 것이죠. 그러나 이성과 과학으로 신앙을 증명할 수 있다는 믿음은 '과연 보편은 실제로 존재하는가?'에 관한 물음을 낳게 되었고, 이로써 보편의 존재 여부와 의미에 대한 '보편 논쟁'이 시작됩니다.

'보편 논쟁'은 스콜라 학자들의 '보편'과 '실재'에 관한 두 가지 입장의 대립입니다. 보편이 현실에도 존재하며 개별적인 것보다 우위에 선다는 '실재론'과, 보편적인 개념은 말에 불과하며 현실에서 존재하는 것은 오직 개별 존재뿐이라는 '유명론'의 입장이 대립하는 것이죠. 가령 '사람'이라는 개념이 실제로 존재하는가의 문제를 놓고, '실재론'의 입장에 선 학자들은 '김규민'이나 '정휘승'과 같은 개별 존재들에 앞서 '사람'이라는 개념이 우위에 있다고 주장합니다.

그러나 '유명론자'들은 실제 이 세상에 존재하는 것은 '김규민'이나 '정휘승'과 같은 개별 존재이지 '사람'이라는 언어적 기호 혹은 개념이 아니라고 주장하지요. 실재론자들은 플라톤의 이데아를 보편에 적용시켜 논리를 전개시켰으며, 유명론자들은 '보편이란 시공간에 존재하는 개별 사물에 관한 언급'이라는 아리스토텔레스의 논의에 기댔습니다.

유명론을 주장했던 대표적 학자로 오컴이 있습니다. 오컴은 '보편'이 개별 사물 속에 있다는 것 자체를 부정합니다. 그는 보편이란 그저 애매한 관념이고 사물을 총칭하는 기호와 같은 것일 뿐이라고 생각했습니다. 나아가 이성 역시 개별 존재 안에 형성되는 관념일 뿐 실재하지 않으므로 이름뿐인 것이라고 주장합니다. 요컨대, 오컴은 개별자는 그 자체로 이미 현실성을 갖고 있으며, 모든 지식은 오직 개별자의 경험에서 나온다고 주장합니다. 그래서 신에 대해 어떠한 경험도 할 수 없는 인간은 신에 대해 아무것도 알 수 없다는 것이죠.

이런 생각은 "믿음은 불합리하다"라는 결론으로 이어졌고, 오컴에 이르러 이성과 신앙은 완전히 분리됩니다. 오컴의 최종 결론은 과학과 이성은 진리이며, 신앙 역시 진리임을 모두 인정하는 '이중진리설'입니다.

시대가 쌓은 공든 탑을 무너뜨리다!

오컴의 철학을 읽다 보면 신앙의 중심에서 그 신앙의 불합리함을 외친 한 신학자의 무모하면서도 더없이 순수한 믿음을 만날 수 있습니다. 오컴의 '유명론'은 인간이라는 존재를 이성적 존재로 끌어내려 신앙을 지키려는 신학자의 마지막 절규인지도 모릅니다. 인간에게 인간 이상의 그 무엇, 즉 '보편'이라고 말하는 형이상학적 무언가가 내재한다고 본 '실재론'은 중세시대에 인간 중심의 사유와 권력을 합리화하는 데 급급했습니다. 그리고 그 합리화를 기반으로 교회와 성직자들은 스스로를 신의 경지로 끌어올렸습니다. 급기야 이는 면죄부 판매까지 가능하게 하였지요. 오컴은 성직자들의 세속화와 부정부패를 목격하고 인간은 개별 존재에 관한 개념만 인식할 수 있다는 유명론을 펼치면서 "믿음은 불합리하다"라는 주장을 합니다.

그의 "믿음은 불합리하다"라는 말은 믿음이나 신을 향한 부정적인 견해가 아니라 믿음이나 신앙을 '합리'를 넘어서는 '초합리'(super-rational)로 받아들였다고 보는 게 맞습니다. 이는 인간의 이성으로 규정지을 수 없는 종교와 신앙을 그 자체의 현상으로 받아들여 세속적인 개별 현실과 분리시킴으로써 교회와 성직자의 세속화를 막으려는 깊은 신앙의 발로인 셈이지요.

인간의 이성은 그것대로 진리이며, 신앙 또한 이성과는 다른 차원의 진리이니 실재와 보편, 이성과 신앙은 애초에 분리해서 생각해야 한다는 뜻입니다.

우리 시대의 이중진리설

그렇다면, 오늘날에는 중세와 같은 보편논쟁이 사라졌을까요? 이 시대는 더 이상 신앙과 종교를 중요하게 여기지 않습니다. 그러나 이 시대를 살아가는 우리가 맹목적으로 믿고 좇는 것이 있다면 그게 바로 이 시대의 신앙으로 대변될 수 있겠죠.

H는 아이들 교육을 제대로 시키기 위해 돈이 필요하고, 행복한 노후를 보내기 위해서도 돈이 필요합니다. 그러나 월급으로는 부족하다는 현실에 쫓겨 급기야 퇴근 후의 투 잡까지도 생각하고 있습니다. 이를 간단하게 표현하면 '좋은 교육=돈', '행복한 노후=돈', '걱정 없는 삶=돈'과 같은 도식이 됩니다. 한마디로 원하는 삶을 살기 위해 더 많은 돈을 벌어들여야 하는 게 이 시대의 대세인 듯 보입니다. 누구 하나 더 나은 삶 혹은 더 나은 미래가 어째서 돈과 직결되어야 하는가에 관해 묻지 않습니다. 오히려 더 많은 돈을 벌 수 있는 방법에만 몰두합니다. 바로 지금이 이 시대에 맞는 새로운 보편

논쟁이 절실한 때가 아닌가 싶습니다. 돈이 우리의 삶보다 우위에 존재하는 것이 맞는지, 삶이 돈보다 먼저인 것이 맞는지 그 근원부터 다시 따져보아야 하지 않을까요?

아이들을 제대로 교육시키기 위해 돈이 필요하다는 생각 이전에 아이들이 하고 싶은 것이 무엇인지 되돌아 짚어보고, 의식주뿐 아니라 삶의 전 영역을 장악하고 있는 돈의 권력에 휘둘리는 것이 맞는지 의심해볼 일입니다. 나아가 돈과 삶의 유착관계가 이대로 지속되어도 좋은지, 그 둘을 명확히 분리시켜 삶의 고유한 영역을 확보할 길은 무엇인지 역시 고민해볼 일입니다.

돈은 분명 필요합니다. 그러나 돈의 많고 적음과는 별개로 모든 인간은 삶 속에서 자유와 행복을 느낄 수 있어야 합니다. 오컴이라면 어떤 논리를 펼쳤을까요? 여전히 '둘 다 모두 맞다'는 이중진리설을 주장하지 않을까요? 돈과 행복은 둘 다 삶에 꼭 필요한 것이니까요. 다만, 그는 그 둘을 엄격하게 분리해서 생각하기를 제안할 것입니다. 돈이 많다고 해서 행복하다고 말할 수 없는 것이 바로 삶이고, 삶은 물질만으로는 설명할 수 없는 초물질적 영역이니까요.

오컴 William Of Occam(Ockham): 1285(?)~1349(?)
영국의 스콜라 신학자, 논리학자

유명론의 대표자인 오컴은 교황재판소에 의해 이단으로 몰려(1323) 4년간 아비뇽에 유폐되었다. 다행히 루드비히 황제의 힘으로 뮌헨으로 도주한 뒤 많은 저작을 남겼다. 그는 신앙과 이성의 조화를 추구해온 중세 스콜라 철학에 마침표를 찍은 신학자로, 이중진리설의 입장에 있었으며 논리학 분야에서 천재성을 발휘했다.

스스로 자신을 만들어가는 여자

시몬 드 보부아르 '제2의 성' / 임명희

철학 해방전

내가 무슨 잘못이라도?

"아침부터 뛰어오느라 힘드셨나 봐요." 출근시간에 맞춰 부랴부랴 도착한 부장에게 H대리가 말을 건넸습니다. 그런데 돌아온 것은 "나한테 신경 쓰지 마요"라는 퉁명한 말대꾸입니다. 부장은 회의 내용은 듣지도 않고 있다가 회의가 끝나자마자 훅 일어서서 의자를 밀치고 본인 자리로 갑니다. 부장의 뒷모습을 보며 H대리는 '혹시 내가 무슨 실수를 했나' 생각하며, 며칠 전 상황까지 기억을 되짚습니다. '저 부장과 부딪치면 일하기 힘든데…' 상대방이 왜 그러는지도 모르면서 H는 먼저 자기 잘못을 찾기 시작합니다.

직장인이라면, 이와 비슷한 경험이 있을 겁니다. 그녀가 아침 회의 전 부장과 대면한 건 채 1분도 되지 않는 짧은 순간이었습니다. 그럼에도 그녀가 굳이 자신에게서 잘못을 찾고 당황하는 이유는 뭘까요? 그 자리에 참석했던 다른 남자 동료들은 별로 신경 쓰지 않는데, 그녀는 불안해합니다. 여자로 태어난 것이 아니라 여자로 만들어진다는 보부아르의 말이 현실에서 와닿는 순간입니다. 그녀가 살면서 배운 모든 것, 즉 '환경, 사회, 조건, 교육, 문화가 내 잘못을 먼저 찾도록 참 섬세하게도 갈고 닦았구나' 하고 말입니다.

사르트르와의 계약결혼

1908년 파리에서 태어난 보부아르. 그 시절 프랑스 상류사회는 어머니들끼리 먼저 만나 사회적 지위를 확인하고 나서야 아이들이 어울려 놀 수 있었습니다. 보부아르가 학교에서 영어와 라틴어를 배우자, 어머니는 보부아르가 무슨 책을 읽는지 확인하기 위해 영어와 라틴어를 독학했을 정도였죠. 심지어 어머니는 일일이 편지를 검열하고, 볼연지를 바른 보부아르를 보고 마치 악마를 본 듯 경악하며 따귀를 때릴 정도로 보수적이고 폐쇄적이었습니다. 무신론자이자 연극배우가 되고 싶었던 아버지와 한때 수녀를 꿈꾸었던 독실한 신자 어머니의 대립적인 이질감 속에서 보부아르는 유년시절을 보냈습니다.

보부아르는 무신론적 실존주의를 선택했고, 소르본 대학 철학교수 자격 시험을 준비하면서 사르트르와 만나 계약결혼에 이릅니다. 이 계약결혼에는 세 가지 원칙이 있었습니다. 그중 하나가 '모든 사실을 다 말한다'입니다. 이 조건으로 인해 사르트르와 보부아르는 많은 위기를 겪었습니다. 하지만 상대를 검열관, 재판관이라 부르며 서로에게 가차 없는 학문적, 문학적 비판자이기도 했던 이들은 1929년부터 1980년까지 50여 년에 걸쳐 철학적 동지관계를 유지할 수 있었습니다. 누구도 상대방에게 종속되지 않고, 평등하고 완전한 주체로 존재할 수 있는 관계를 만들어가고자 노력하는 것이 이 계약결혼의 목표였습니다.[17]

모든 사람은 혼자다, 그러나 혼자만은 아니다

'모든 걸 숨김없이 말한다'에서 더 나아가면 보부아르가 주장한 '애매성의 윤리학'과 이어집니다. 누구나 자신의 자유는 절대적이기에 타인과의 충돌은 피할 수 없습니다. 그렇다면 타인의 자유는 억압하고 무시해도 되는 걸까요? 인간이 처한 이 모호한 상황을 보부아르는 '애매성'이란 개념으로 말합니다. 나와 타인의 관계는 상호 인정과 대립을 통해 이루어지기에 "나의 자유는 오직 타인의 자유를 통해서만 성취"된다는 자유의 윤리학을 주장합니다. 누군가는 서지현 검사의 '미투'가, 태안의 김용균이 나와 무슨 상관이 있느냐고 말할 수 있습니다.

하지만 이 외면은 결국 나의 자유도 억압하게 만들 것입니다. 보부아르는 이를 극복하기 위해 서로의 자유 확장에 구체적으로 개입하는 상호 주체

---

17. 『제2의 성』(여성학 백과사전. 살림) 참조

적 윤리학을 주장합니다. 모든 사람은 혼자이지만, 결코 홀로 존재할 수 없습니다. 그렇기에 타인과의 애매함과 경계선을 껴안고 그 결과에 대해 서로 고뇌하는 보부아르의 윤리학이 우리에게 더 필요해지고 있습니다.

제2의 성, 주체에 의해 정의되는 존재

시몬 드 보부아르가 『제2의 성』을 발표한 것은 1949년입니다. 1,000쪽에 달하는 이 책은 '사실과 신화'와 '현대여성의 삶'으로 구성되었습니다. 유목민에서 중세, 현대 여성의 삶에 이르기까지 여성들의 실제 삶의 모습을 통해 어떻게 여자로 만들어졌는지, 여성 억압의 원인을 보여줍니다.

이 책에서 보부아르는 세상의 주류이며 판단의 기준인 남성과 이 기준에 의해 정의되는 여성 즉 '제2의 성'이 된, 타자화되고 주류에서 배제된 여성에 대해 말합니다. "여자는 여자로 태어나는 것이 아니라 만들어지는 것이다"라는 이 유명한 말은 『제2의 성』 2부의 첫머리에 나옵니다. 태어날 때 정해진 생물학적 성인 '섹스'와, 성장하면서 구성되는 사회적인 성인 '젠더'에 대한 이야기입니다. 이 책은 출간 당시 남자들을 조롱하는 천박하고 구역질 나는 책이라는 비난을 받았습니다. 하지만 여전히 계속되는 가부장적 제도와 여성에 대한 소외는 『제2의 성』을 페미니즘의 고전으로 살아있게 합니다.

탈 코르셋의 바람

'페미니즘 운동의 어머니'라 불리는 시몬 드 보부아르 덕분일까요? 우리 사회를 격하게 몰아쳤던 미투 열풍 등으로 여성에 대한 인식이 조금씩 변화하고 있습니다. 2018년 예능 프로그램 「밥블레스유」에서 수영복을 입고 당당하게 카메라 앞에 선 개그우먼 이영자씨를 통해서도 그 변화의 바람을 확인할 수 있습니다. 그녀는 흔히 말하는 늘씬한 수영복 몸매와 거리가 멉니다. 하지만 그녀는 "내 몸이니까" 스스로 더 당당해지려고 수영복을 입었다고 방송에서 말했습니다. 사회에서 정의한 여성스러움의 외적 기준을 벗어 던진 그 행동 자체가 탈코르셋(脫 corset)이었습니다. 몸을 날씬하게 보이도록 꽉 조여주는 보정 속옷인 코르셋은 이제 그만 입겠다는, 탈피하겠다는 행동입니다.

아직도 계속되는 '제2의 성'

그러나 여전히 곳곳에서 "다른 의도는 없었다" "일이 커지면 너만 불편하다"라는 한마디로 정리되는 여성에 대한 성폭력과 불평등, 빈곤은 계속되고 있습니다. 우리나라는 남성이 100만 원 벌 때 여성은 64만 원을 받을 정도로 성별 임금 격차가 큽니다. 이를 하루 8시간 기준으로 환산하면 여성들은 오후 3시부터는 무급노동으로 일하는 것과 같습니다. 덕분에(?) 한국은 OECD 국가 중 성별 임금격차 1위를 달리고 있습니다. 여성이 여전히 제2의 성으로 살고 있음을 통계는 객관적으로 보여줍니다.

모두가 평등한 사회로

부장의 일방적이고 위압적인 태도에 H대리는 마치 자신이 잘못한 듯 어찌할 바를 몰랐습니다. 보부아르의 말처럼 분노를 드러내지 않고 참고 인내하는 여성 역할에 길들여진 H대리는 쉽게 입을 열지 못했습니다. 열지 못한 입처럼 직장에서는 여전히 뚫지 못하는 유리천장이 있습니다. 일상에서 여자다움의 관습에 부딪힐 때마다 나는 어떻게 행동할지, 어떻게 대답할 것인지 나를 억압하지 않으면서 표현하는 훈련이 필요합니다.

2018년 서지현 검사를 시작으로 그동안 차마 말하지 못했던 이들이 용기 내어 왜곡된 성 권력 구조와 불평등을 이야기하고 있습니다. 페미니즘은 단순히 남성을 가해자로 여성을 피해자로 구분하는 것이 아닙니다. 성별 권력 관계가 어떻게 작용하는지 인지하고, 그 안에서 모두가 평등해지고자 하는 사회변화 운동입니다. 보부아르가 주장하는 상호주체의 윤리학 역시 아무도 소외되지 않는 모두의 자유를 함께 존중하기 위함입니다.

시몬 드 보부아르 Simone de Beauvoir: 1908~1986
프랑스의 실존주의 사상가, 소설가
대표 저서: 『초대받은 여자』, 『타인의 피』, 『레 망다랭』(공쿠르상), 『제2의 성』,
『모든 사람은 혼자다』, 『그러나 혼자만은 아니다』

사회참여의 실존주의 철학자. 여성억압의 근원을 분석한 『제2의 성』으로
여성해방운동에 큰 반향을 불러일으켰다.

팀에서의 실수, 내겐 현재가 있어

아우렐리우스 아우구스티누스 '시간의 세 겹' / 정예서

철학 해방전

얼마 전. 저는 드라마, 「로맨스는 별책부록」을 재미있게 시청했습니다. 이 드라마의 배경이 되는 직장은 출판사입니다. 우리 연구원에서도 한 가지 주제를 정해 책을 쓰던 연구자들이 수십 권의 책을 출간했으므로 그 직장의 에피소드들이 흥미로웠습니다. 또 남녀 주인공의 배려하듯 나누는 순순한 대화를 듣는 것도 즐거웠습니다.

방영된 에피소드 중 하나는 저도 일터에서 경험했던 실수입니다. 입사한 지 얼마 안 된 신입 편집자 오지율 사원은 출간을 앞둔 단행본의 저자 프로필을 마지막으로 정리합니다. 그리고 드디어 클래식한 하드커버로 꽃단장을 한 책이 출간됩니다. 1년 동안 각자의 부서에서 협업으로, 주력으로 공을 들였던 따끈한 신간을 받아 들었을 때 저자는 물론이고 모두들 얼마나 가슴

이 뛰었을까요. 그러므로 직원들이 기대감으로 신간의 표지를 연 순간, 아뿔싸! 이를 어쩌나요. 저자 프로필에서 오류가 발견됩니다. 그런데 그 책의 초판 발행부수는 1,000부도 3,000부도 아닌 5,000부입니다. 그러니 이 난감한 사태를 어떻게 해결해야 할까요. 저자 프로필을 마지막으로 정리했던 오지율 사원의 실수는 업무를 꼼꼼히 하지 못한 명백한 잘못이고, 개인의 위기뿐 아니라 부서, 나아가 회사 전체의 이미지를 실추시키는 일입니다.

실수를 되돌릴 수 있을까요?

오지율 사원의 직속상사인 송해린 대리는 상사에게는 신임받고 신입직원에게는 두려움의 대상인, 능력 있는 무서운 직장 선배입니다. 그런 송해린 대리는 마지막을 점검하지 못한 자신의 실수이니 책임을 지겠다며 상사들에게 백배 사죄합니다. 그리곤 1년간 책에 쏟은 정성과 5,000부의 종이가 아까워 폐기를 못 한다며 스티커 정정 작업을 결정합니다. 쥐구멍이라도 들어가고 싶은 심정의 오지율 사원은 분노에 찬 상사의 지시를 받들어 도망치듯 창고로 갑니다.

책의 얼굴이라 할 수 있는 저자 프로필, 표지 다음 장에 스티커를 붙이는 작업을 해야 했던 오지율 사원의 잘못은 동료에게 어떻게 기억될까요? 이 책을 읽는 독자 여러분도 업무상 과실의 기억이 없지 않으시겠지요? 저도 오래 일을 해오며 여러 번 잘못한 기억이 있습니다. 울고 싶을 만큼 자책이 되는 실수를 했을 때, 누구의 말도 도움이 되지 않을 때,『고백록』을 통해 시간의 세 겹을 전한 철학자 아우구스티누스에게 기대 보시지요.

성(聖) 아우구스티누스

'서양의 가장 위대한 교부'라고 불리는 아우구스티누스는 청소년기에 공부는커녕, 불량한 친구들과 어울려 도둑질과 거짓말 등 나쁜 일을 일삼았습니다. 뿐만 아니라, 남의 집 정원에서 배를 훔쳐 먹는 정도로는 죄의식도 느끼지 못했지요. 또 당시 대부분 젊은이들처럼 분방했던 그는 19세 때 결혼도 하지 않은 채 아들을 낳아 미혼부가 됐습니다. 그 외에도 여러 여성과 연애를 하며 방탕하게 보냈던 시절을 아는 이들은 그가 후일 살아가게 될 삶에 대해 감히 짐작도 할 수 없었지요.

성 아우구스티누스의 '시간'에 대한 철학적 연구는 짐작해 보건대 그 자신의 방탕한 과거에 대한 아쉬움, 시간을 함부로 쓴 애석한 과거를 돌아보며『고백록』을 쓰는 과정에서 시작됐을 것입니다. 아우구스티누스의『고백록』은 루소와 톨스토이의『고백록』과 더불어 '세계 3대 고백록'으로 일컬어집니다. 총 13권에 이르는 장대한 분량의 이 책은 신에게 보내는 서간문 형식으로, 어린 시절부터 신을 만나기까지의 과정을 낱낱이 고백하고 있습니다.

오랜 방황의 시간을 보내고서야 비로소 자신이 가야 할 길을 깨닫고 일생, 종교 안에서 영성적인 삶을 살았던 그는『고백록』의 한 장을 시간에 대한 탐구로 할애하고 있습니다. "시간이란 무엇인가에 대해 나는 알고 있는 듯하지만, 그러나 누군가 내게 그것을 묻고 내가 대답하려 한다면 결코 쉽지 않다." 시간에 대한 천착으로 그는 시간의 비존재성을 "과거는 지나갔고 미래는 아직 오지 않았으며 현재는 머물러 있지 않다"라고 말하게 됩니다.

우리는 그동안 시간의 경험 주체자로서, 현재의 입장에서 과거를 지난 사건으로, 현재는 방금의 시간으로, 미래는 오고 있는 사건으로 인지해 왔지요. 그런데 아우구스티누스는 시간을 과거, 현재, 미래로 규정짓는 것은 옳지 않다고 말합니다. 우리가 습관적으로 과거-현재-미래로 시간을 구분하는 것에 관해 아우구스티누스는 과거와 미래는 존재하지 않고 유일하게 현재만이 분절되지 않는 형태로 존재한다고 보았습니다. 과거와 미래는 그 자체로 존재하지 않지만, '과거는 현재에 대한 기억으로, 미래는 현재에 대한 기대'로써 존재한다는 겁니다. 그런데 이러한 관점에 따르면, '100년 전', '10년과 20년 뒤'처럼 시간의 길이를 나타내는 말을 쓸 수가 없습니다. 왜냐하면 아우구스티누스의 주장은 과거와 미래의 시간을 규준할 수 없다는 것을 전제하기 때문입니다.

현재의 과거, 현재의 현재, 현재의 미래

아우구스티누스는 또 시간은 '과거의 현재, 현재의 현재, 미래의 현재' 로 존재하는, 다시 말하면 시간은 순환하는 것이 아니라 직선적으로 흐르는 거라고 합니다. 그는 또 과거, 현재, 미래로 환원되지 않는 '흘러가는 시간'을 세 겹의 현재로 규정하고 예시를 세 가지 제시합니다. 과거도 현재도 아직 오지 않은 미래도 결국 현재의 연속선상에 있다는 그가 전하는 삼중의 시간은 현재의 과거, 현재의 현재, 현재의 미래가 된다는 거지요. 그의 말처럼 시간을 잴 수도, 나누지도 않는다면 과거의 잘못은 현재에서 바로잡을 수 있다니. 실수를 만회하고 싶은 오지율 사원이 환호성을 지를 일입니다.

아우구스티누스는 『고백록』에서 "과거의 현재는 '기억'이고 현재의 현재는 '직관'이며, 미래의 현재는 '기대'입니다. 이렇게 말하는 것이 허용된다면 나는 세 가지의 시간이 존재한다고 말하고 싶습니다"라고 합니다.

아우구스티누스의 말에 기대어 본다면 오지율의 실수는 이미 존재하지 않는 과거이기에, 내일, 즉 아직 도래하지 않은 시간을 현재로 맞으며 회복 가능하다고 생각해 볼 수 있습니다. 현재의 과거를 맞이한 오지율에게 사무실 풍경의 현재는 어제와 분명 다릅니다. 직원들이 각자의 부서에서 어떻게 좋은 책을 만들까 논의하는 말들이 그녀의 커진 귀로 생생하게 들립니다. 그러니 어제, 과거의 존재는 사라졌으나 바로 그 과거로 인해 현재에 생기가 돌 수 있는 거지요. "현재의 시간은 길다. 지나간 과거도, 오지 않을 미래도 현재 안에 있다"라는 구절은 우리에게 큰 위로가 될 수 있지 않을까요?

이 철학자에게서 우리가 또 주목할 부분은 윤리사상입니다. 아우구스티누스는 인간의 윤리는 '인간의 심리', 즉 '사랑과 의지'에서 생성된다고 보았습니다. '윤리'에서 가장 중요한 것은 사물의 가치를 알려주는 학문적 지식(scientia)이 아니라, 질서를 이해하는 철학적 지혜(sapientia)라는 것입니다. 그리하여 지혜가 알려주는 내면의 빛을 따라 올곧게 사랑하고자 하는 의지를 다음과 같이 강조합니다. "이미 자신 안에 있는, 무엇이 진리인가를 알려주는 내면의 교사는 지성과 도덕적 빛까지 비출 수 있으며 이 빛은 특히 신으로부터 인간에게 주어진 양심(conscientia)을 통해서 가능하다."

"사랑하시오, 그리고 당신들이 원하는 것을 하시오"

"사랑하시오, 그리고 당신들이 원하는 것을 하시오."(Dilige, et quod vis fac.) 윤리의 핵심을 사랑에서 찾고 있는 그의 윤리학은 '사랑의 윤리학'이라고 불립니다. "모든 인간행위의 원동력은 사랑이다. 인간은 사랑하지 않고 존재할 수 없다"라고 말한 아우구스티누스는 결과가 좋더라도 사랑 없는 마음으로 행했다면, 윤리적 행위가 아니므로 사랑을 실천하려면 반드시 윤리에 기반을 두어야 한다고 강조합니다.

또 아우구스티누스는 사물을 사랑하는 태도에 따라 두 종류의 사랑으로 구분합니다. 예컨대 사물을 목적으로 사랑하는 것을 향유(frui)라 하고, 목적을 위한 수단으로 사물을 사랑하는 것을 사용(uti)이라고 지칭합니다.

최근 남녀를 불문하고 성을 상품화한 행위로 인해, 저명인사들이 하루아침에 나락으로 추락하는 것을 목격하는 이때, 그의 말은 참으로 필요 적절한 일침이 아닐 수 없습니다. 즉 인간의 사랑을 결정하는 기준이 되는 '가치의 질서'는 '존재의 질서'에 따라야 한다는 것입니다. 외적인 사물은 신체를 위해서, 신체는 영혼을 위해서, 영혼은 신을 향유하기 위해서라는 단계를 제시하고 있습니다. 이처럼 아우구스티누스가 말하는 최고의 덕은 신을 사랑하는 것이지만, 신과 이웃, 또 사물을 사랑한다면 신 안에서 모든 계명이 완성될 것이라고 전하고 있습니다.

당신에게로 향하도록

『고백록』에서 아우구스티누스는 "주여, 당신께서는 나를 당신에게로 향하도록 만드셨나이다. 내 영혼은 당신 품에서 휴식을 취할 때까지 편안하지 못할 것입니다"라며 "신은 우리 영혼에 내재하는 진리의 근원이므로, 신을 찾고자 한다면 스스로의 영혼을 통찰해야 한다. 마땅히 사랑해야 할 신을 사랑하는 자가 의인(義人)이고, 신을 미워하면서까지 자신을 사랑하는 자는 악인(惡人)"이라고 말합니다. 이렇듯 그가 특히 주목했던 연구 주제는 '신과 영혼'이었습니다.

버트런드 러셀은 아우구스티누스의 시간론이 칸트의 시간론보다 명료하며 현대 과학의 관점과도 잘 어우러진다고 평가했습니다. 시간의 신비를 풀고자 하는 열망으로 활활 타오른다고 했던 이 철학자는 돌이키고 싶지 않은 자신의 과거를 현재에서 어떻게 치환해야 할지 끊임없이 연구했습니다. 아우구스티누스의 여러 연구 중에서 특히 시간에 대한 고찰을 전하는 이유도 그와 다르지 않습니다. 우리 연구원에서 치유와 코칭 백일 쓰기 참가자들이 과거 세션을 쓸 때는 저도 기도와 묵상 시간이 여느 때보다 배로 늘어납니다. 각자의 상황에서 온 과거의 아픔, 스스로 잘못했다고 생각하는 과거의 시간이 몹시도 힘겹게 느껴지기 때문입니다.

생의 주기에 따라 늘어나는 각자의 역할. 하지만 연습을 못한 채 역할을 수행하며 일어나는 시행착오는 당연한 것입니다. 실수로 스스로가 한없이 초라하고 미울 때, 시간의 세 겹을 제시해준 아우구스티누스를 만나, 현재의 중요성을 환기해 보시도록 권해드립니다.

아우렐리우스 아우구스티누스 Aurelius Augustinus: 354~430
로마의 철학자, 사상가
대표 저서: 『고백록』, 『삼위일체론』, 『신국론』

누미디아(북아프리카) 타가스테(수카라)에서 태어났다. 초대 그리스도 교회가 낳은 위대한 철학자이자 사상가로 고대문화 최후의 위인이었으며 중세의 새로운 문화를 탄생하게 한 선구자로 꼽힌다. 한때 마니교에 심취했으나 문학을 공부하며 마니교에서 멀어지게 됐고, 신플라톤주의에서 그리스도교에 이르기까지 방대한 연구를 시작했다. 인간의 참된 행복을 찾고자 하는 탐구와 함께 아우구스티누스가 특히 관심을 가졌던 연구는 '신과 영혼'이었다.

6장

성장을 향한 터닝포인트,
어떻게 가능할까?

세계관을 어떻게 바꿔?

토마스 쿤 '패러다임' / 차경숙

철학 해방전

공약 불가능한 세계

해외법인에서 수년간 근무하고 돌아온 기획팀 H부장은 얼마 전 무척 황당한 일을 겪었습니다. 근무 분위기가 많이 바뀌었다는 이야기는 들었지만, 그때 일은 지금 떠올려도 이해가 되지 않습니다. 기획팀의 중요한 월례 이벤트인 경영회의를 준비할 때면 팀원 모두 야근하며 자료를 만들었습니다. 그날도 시간에 쫓겨 자료를 만들고 수정하느라 퇴근시간이 된 줄도 몰랐습니다. 그래서 3년 차 사원 B가 퇴근하겠다고 말했을 때는 무슨 급한 일이라도 생긴 줄 알았습니다. 하지만 B의 대답은 "오늘, 아내 생일이에요." 순간 자신의 귀를 의심했지만 B의 표정은 당당했습니다. 결국 B는 정시에 퇴근을 했고, H부장은 제일 늦게 사무실에서 나왔습니다.

미국의 과학철학자 토마스 쿤이라면 H부장과 B사원의 세계관을 '공약 불가능성'으로 설명할 겁니다. 세상 무엇보다 회사일이 우선인 H부장의 사고의 틀과 회사일보다 1년에 한 번뿐인 아내의 생일이 더 중요한 B사원의 사고의 틀은 약분이 되지 않는, 비교불가능한 관계입니다. 서로가 인식하고 판단하고 예측하는 인식의 틀이 완전히 다르기 때문에, 자신의 입장에서는 자신의 생각이 논리적이고 합리적이지만, 공통분모에 해당하는 합의점은 찾을 수 없습니다.

토마스 쿤은 이런 인식의 틀, 세계관을 패러다임(paradigm)이라고 명명했습니다. 즉 H부장과 B사원은 공약 불가능한 패러다임에 갇혀 있어 서로를 온전하게 이해하지 못합니다. 그럼 두 사람이 노력하면 세계관이 좁혀질 수 있을까요? 쿤에 따르면 현재의 패러다임을 다른 패러다임으로 바꾸는 것은 기독교인이 이슬람교로 개종하는 것만큼 힘든 일이라고 합니다.

아리스토텔레스는 바보인가?

토마스 쿤이 패러다임이라는 이론을 개발하게 된 동기는 과학사 강의를 준비하면서 부딪친 난관을 해결하기 위해서였습니다. 하버드대에서 물리학

박사 학위를 받을 만큼 과학적 재능도 뛰어나고 인문학적인 관심과 소양도 풍부했던 쿤은 하버드대가 1947년에 시작한 교양과학 교육 사업에 참여하게 되었습니다. 그가 맡은 건 과학사 강의였습니다. 아리스토텔레스의 자연과학에 대한 수업을 준비할 때, "무거운 물체는 땅의 본성이 크기 때문에 아래로 빨리 떨어진다"라는 아리스토텔레스의 운동 이론에서 고민에 빠졌습니다. 초등학생도 아는 기본적인 물리법칙에 위배되는 논리를 어떻게 하버드생에게 설명해야 할까?

고민을 거듭한 끝에 쿤은 자신이 기원전 아리스토텔레스가 살았던 시대가 아닌 뉴턴의 근대적 역학 개념으로 아리스토텔레스의 운동이론을 이해하려고 했다는 사실을 깨달았습니다. 2,000년 전 사람들은 운동을 위치상의 변화뿐 아니라 자신의 본성을 실현하는 과정이라고 사유했습니다. 예를 들어 병아리에서 닭으로 성장하는 과정도 병아리가 닭이라는 본성을 실현해가는 운동이라고 생각했던 것입니다. 즉 아리스토텔레스의 자연관은 뉴턴의 근대 과학관과 서로 공약이 불가능한 패러다임이었던 겁니다.

"패러다임은 주어진 과학 공동체의 구성원들이 공유하는 믿음, 가치, 기술 등으로 이루어진 전 체계를 나타낸다."[18]

정상과학과 과학을 넘어선 패러다임

토마스 쿤이 바라본 과학은 점진적으로 발전하지 않고 혁명처럼 급격하게 변해왔습니다. 코페르니쿠스의 '지동설'과 아인슈타인의 '상대성 이론'처

---

18. 『과학혁명의 구조』(토마스 쿤 지음, 김명자·홍성욱 옮김, 까치글방) 참조

럼 이전의 과학적 입장과 단절된 패러다임의 등장이 좋은 예입니다. 그렇다면, 새로운 패러다임이 등장하면 그 이후 어떤 일이 일어날까요?

그동안 신봉했던 믿음과 가치가 새로운 패러다임에서 더 이상 설 자리를 잃게 되므로 과학자들은 기존의 패러다임으로 해결되지 않는 새로운 문제를 해결하는 데 전념하게 됩니다. 쿤은 이 시기를 '정상과학'이라고 부르며, 정상과학 시기를 통해 합리성과 명료성을 획득한 지식은 새로운 가치 판단과 예측의 기준이 되고, 새로운 패러다임을 공고하게 만든다고 했습니다.

정상과학은 새로운 패러다임이 자리를 잡으려면 꼭 필요한 과정이지만 많은 과학자들은 자신들의 연구와 실험을 미해결 과제를 푸는 퍼즐 풀기쯤으로 한정해버리는 쿤의 생각에 동의할 수 없었습니다. 대신 그의 이론은 정치, 사회, 경제 등 아예 다른 분야에 빠른 속도로 옮겨가게 되었고 지금은 어느 분야에서나 사용하는 보편적인 개념이 되었습니다.

완벽한 패러다임은 없다

'교육의 패러다임이 바뀌어야 입시 지옥이 사라진다', '소유에서 공유로 패러다임이 바뀐다' 또는 '4차 산업혁명 패러다임이 도래하면 직업과 노동의 의미가 어떻게 바뀔까?' 등 패러다임 뒤에는 거의 항상 '바뀐다'는 표현이 나옵니다. 이는 우리가 패러다임이라는 말을 사용할 때 이미 지금의 패러다임에서 벗어나고 싶다는 욕망을 내재하고 있음을 뜻하는 것이지요.

하지만 패러다임을 바꾸는 것은 정말 어렵습니다. 한 인디언 추장이 서부개척시대의 미국 대통령에게 보낸 편지를 보면 패러다임에 따라 세계가 얼마나 다르게 구성될 수 있는지 알 수 있습니다. 땅을 사겠다고 제안한 미국 정부에게 추장은 답신합니다.

"어떻게 당신은 하늘과 땅을 사고팔 수 있다고 생각하십니까? 우리는 공기나 물을 소유하고 있지 않습니다. 그런데 어떻게 당신이 그것들을 우리에게서 살 수 있습니까?"

이후 인디언들이 어떤 비참한 결말을 맞이했는지, 우리들은 잘 알고 있습니다. 그럼 인디언의 패러다임은 틀리고 미국을 건설한 유럽인의 패러다임이 맞는 걸까요?

패러다임은 새로운 미해결 과제가 나오면 얼마든지 전복될 수 있는 인식의 틀입니다. H부장은 자신의 패러다임으로 몇 년새 급격하게 달라진 근무 환경을 온전히 수용할 수 없다는 것을 알고 당황합니다. 하지만 기존의 패러다임으로 해결할 수 없는 문제들이 자꾸 나오면 결국 새로운 패러다임으로 전환하지 않을 수 없습니다.

이처럼 어떤 문제든 다 해결할 수 있는 만능 패러다임은 존재하지 않습니다. 그렇다면 패러다임에서 아예 벗어날 수는 없을까요?

혼란스러운 퍼즐 맞추기

토마스 쿤은 그럴 수 없다고 합니다. 지금의 패러다임을 벗어나면 새로운 패러다임이 다시 그 자리를 차지하기 때문입니다. 그리고 일단 패러다임이 바뀌면 예전의 패러다임은 금방 잊히고 상기되지 않는 특성이 있습니다. 수직 서열의 표상인 직급제를 없애려는 시도가 유행처럼 번졌을 때, 사장부터 신입사원까지 모두 직급 대신 영어 이름 부르기로 성공한 조직이 있습니다. 이곳에서는 직급제 타파로 새로운 조직문화를 성공적으로 정착시켰기 때문에 예전의 서열 중심 패러다임은 소환되지도 상기되지도 않습니다.

하지만 직급 대신 모든 사람의 이름 뒤에 '님'을 붙여 부르기로 한 어느 회사에서는 사람들의 반발과 부적응으로 직급과 '님'이 혼용되어 사용되고 있습니다. 새로운 패러다임을 위한 퍼즐 맞추기는 이처럼 시행착오를 겪으며 진행됩니다.

주 52시간 근무제 도입으로 근무시간에 대한 새로운 패러다임이 요구되자 그에 맞는 퍼즐을 맞추려는 다양한 시도도 이어지고 있습니다. 선택적 근로시간제를 채택하기도 하고, 아예 출근 시간을 1시간 늦추기도 하고, PC오프제로 야근을 원천 차단하는 방법도 적용해봅니다. 어떤 퍼즐이 성공할지는 당장 알 수 없지만, 이 혼돈의 시기를 겪는 개인은 이래저래 피곤합니다.

질문 바꾸기

거기에다 개인의 패러다임까지 충돌하면 혼란은 더욱 가중됩니다. 그럴 때마다 완벽한 패러다임은 없고 기존의 패러다임으로 해결하지 못하는 문제가 지속적으로 발생하면 패러다임의 전환이 필요하다는 것을 기억하세요. 내가 보고 듣고 경험한 것들이 나의 사유의 발목을 잡고 인식의 한계가 되지 않도록 하려면 질문을 바꿔야 합니다. 토마스 쿤도 답을 얻을 수 없을 때는 질문을 바꿔야 한다고 했습니다.

H부장은 항상 가족이나 집안일보다 회사 일이 먼저였고 그런 노고를 인정받아 남들보다 빨리 승진을 할 수 있었습니다. 그에게 승진은 개인의 성취인 동시에 사회적인 성공의 잣대였습니다. 하지만 B사원에게 승진은 인생의 중요한 목표가 아닙니다. 이럴 때, "승진 안 할 거야?"라는 질문은 B사원에게 아무 의미가 없습니다. "오늘은 아내를 위해 봉사하고 다음에 다른 동료들이 비슷한 이유로 먼저 퇴근할 때는 남아서 함께 마무리해 줄 거지?" 이

렇게 질문을 바꾸면 개종보다 힘든 패러다임의 전환도 덜 고통스럽게 맞이할 수 있습니다.

토마스 쿤 Thomas Khun: 1922~1996
미국의 과학철학자
대표 저서: 『코페르니쿠스 혁명』, 『과학혁명의 구조』

하버드대 물리학과를 졸업하고 물리학자가 되고자 했지만 과학사를 강의하면서 과학사와 과학철학 분야에서 명성을 쌓았다. 『과학혁명의 구조』(1962년 출간) 에서 과학적 세계관을 구성하는 인식의 틀인 '패러다임'이라는 개념을 발표해 엄청난 지지와 비판을 동시에 받았다. 그의 패러다임 이론은 사회과학에서 더 널리 사용되고 있다.

행복한 하루의 지참심(心)은?
토마스 아퀴나스 '신 존재 증명' / 이민서

철학 처방전

'오 마이 갓'

각자의 업무에 몰두하느라 조용한 사무실에 갑자기 "오 마이 갓"(Oh My God)이라는 괴성이 공기를 가릅니다. 통계 관련 업무를 맡고 있는 1년 차 새내기 L사원이 오전 내내 작업한 문서를 날려버린 것입니다. 평소 무신론자라고 자처하던 L이었기에 그의 '오 마이 갓'은 사람들을 더 놀라게 했습니다.

무력한 상황에서 자기도 모르게 터져 나오는 '오 마이 갓'. 분석심리학자 카를 구스타프 융은 인간이 'Oh God'을 외칠 때는 "놀라거나 화가 나거나 절망할 때, 특별히 효과적이거나 강력한 뭔가를 의미한다"고 말했습니다. 어쩔 수 없는, 인간의 힘으로는 도저히 해결할 수 없는 상황에서 초월적인 존재를 찾는 것은 어쩌면 인간의 본성이 아닐까 하는 생각이 듭니다.

그렇다면 당신은 신이 있다고 믿으시나요? 이 질문은 신을 향한 의심이 용납되지 않았던 중세 유럽 사람들도 던지던 질문이었습니다. 그러고 보면 시대를 막론하고 인간은 신의 존재에 대해 끊임없이 질문을 해왔습니다. 고대로부터 철학자들 또한 신에 대해 의심을 품었고, 중세 신학자나 철학자들은 신의 존재를 증명하기 위해 끊임없이 고민했지요.

결과를 통해 원인의 인식으로, 신 존재 증명

이러한 고민에 해결책을 제시한 철학자이자 신학자가 있습니다. 그는 "철학은 신학의 시녀"라는 말로 우리에게 잘 알려진 토마스 아퀴나스입니다. 토마스 아퀴나스는 "신은 존재한다"라는 말을 무조건적인 진리로 받아들이기 전에, 신앙을 공유하는 사람이라면 누구든 신의 존재를 납득할 수 있도록 증명되어야 한다고 생각했습니다. 그래서 그는 신학을 공부하는 학생들을 대상으로 저술한 그의 대표적 사상서 『신학대전』에서 다섯 가지 방식으로 신의 존재를 증명했습니다.

첫째는 '운동변화'에 의한 증명입니다. 이 세계에 있는 것들은 모두 움직임이 있는 것이 확실하며 그것은 감각으로 확인됩니다. 그런데 움직여지는 모든 것들은 다른 어떤 것에 의해 움직여지는데, 이를 움직이게 하는 어떤 것을 무한히 소급해 갈 수 없다고 토마스 아퀴나스는 말합니다. 만일 무한한 소급이 인정된다면 어떤 것을 처음 움직이게 하는 자가 없게 된다는 겁니다. 따라서 다른 것으로부터 움직여지지 않는 어떤 제일동자(第一動者)에 필연적으로 도달하게 되는데, 사람들은 이런 존재를 신으로 이해한다는 것입니다.

두 번째는 '능동인'에 의한 증명입니다. 우리는 감각계에서 작용하는 어떤 것들의 요인이 되는 질서를 발견할 수 있습니다. 그러나 어떤 것이 자기 자신을 움직이게 하는 원인인지 발견되지 않고 운동변화에서와 마찬가지로 다른 어떤 원인을 가정해야 한다는 것이지요. 이 또한 어떤 작용의 원인을 무한히 소급하는 것은 불가능하므로 우리는 어떤 제1원인을 인정해야 하며 이런 존재를 우리는 하느님이라 부른다는 것입니다.

세 번째는 '우연성과 필연성'에 의한 증명입니다. 우리는 사물 세계에서 존재할 수도 있고 존재하지 않을 수도 있는 것을 발견하게 되는데, 그것들은 생성 소멸합니다. 그 과정에서 어떤 한순간에 존재하기 시작하거나 어떤 순간에 존재하기를 멈추는 우연적 존재자를 볼 수 있습니다. 그런데 세상에 이러한 우연적 존재자만 있다면 어느 순간 이 사물계는 아무것도 없는 텅 빈 순간이 도래한다는 겁니다. 이것은 명백한 허위로, 없는 것은 있는 어떤 것에 의해 존재하기 시작했으며 필연성이 원인이 되는 어떤 것, 그 자체로 필연적인 어떤 존재를 인정할 필요가 있는데 그것이 바로 신이라는 겁니다.

네 번째는 '단계'에 의한 증명입니다. 이 세상에 있는 모든 존재에는 완전함의 단계가 있다는 얘기입니다. 사물계에는 선성(善性)과 진성(眞性)과 고상성(高尙性)에 있어서 더하고 덜한 사물들이 발견된다는 것이지요. 서로 다른 여러 사물이 더하고 덜하다는 것은 최고도(最高度)의 어떤 것이 있음으로 해서 말해진다는 겁니다. 어떤 영역에 있어서 최고도의 것으로 불리는, 모든 사물계에 있어서 존재와 선성과 모든 완전성의 원인인 어떤 존재를 우리는 신이라고 부른다는 겁니다.

다섯 번째는 '목적'에 의한 증명입니다. 우리는 햇빛을 향하는 식물이나 종족 번식을 위한 나름의 방법을 가진 작은 생명체들도 어떤 의도를 가지고 목적 때문에 작용하는 것을 봅니다. 이것은 어떤 의도에서부터 목적에 도달하는 것이 명백한데, 인식을 갖지 않는 것들은 인식하게 하며 깨닫게 하는 어떤 존재에 의해 지휘된다는 것이지요. 마치 화살이 사수에 의해 지휘되는 것과 같이 모든 자연적 사물들을 어떤 목적에 따라 질서지어주는 어떤 지성적 존재가 있다는 겁니다. 이런 존재를 우리는 신이라고 부른다는 것입니다.

토마스 아퀴나스는 우리가 확인할 수 있는 결과를 통해 원인을 향한 인식으로 나아감으로써 신 존재를 증명하고자 했습니다. 결과의 고유한 원인이 존재한다는 것을 우리는 논증할 수 있으며 하느님이 존재한다는 것은 우리에게 있어 자명한 것이 아니지만 우리에게 알려진 결과를 통해 논증될 수 있다고 생각한 겁니다.

신앙 절대사회에 이성적 사유의 중요성을 일깨워

토마스 아퀴나스의 신 존재 증명 바탕에는 아리스토텔레스의 철학이 많은 영향을 미쳤습니다. 아리스토텔레스는 모든 완성된 이미지는 어떤 목적을 갖는다는 목적론적 세계관을 주장했습니다. 토마스 아퀴나스는 이러한 목적론적 세계관을 토대로 신의 존재 위치를 자리매김했습니다. 그는 무생물, 식물, 동물, 인간, 신으로 향하는 위계질서를 통해 "신은 위계적 질서의 맨 위에 위치한다"라고 말하고, "모든 사물은 위계적 질서를 통해 신으로 향한다"라고 주장했습니다.

또한 그는 아리스토텔레스의 행복론을 바탕으로 이교도들도 어느 정도까지는 행복한 삶을 영위할 수 있다고 했습니다. 요컨대 인간이 하느님의 계시 없이도 어느 정도는 덕 있고 행복한 삶을 영위할 수 있다고 본 것이지요. 다만 도덕적인 덕은 일시적인 것으로 종교적인 덕이 영원한 행복을 가져다준다고 말합니다.

이처럼 토마스 아퀴나스는 신앙이 절대적인 사회에서 인간의 이성을 인정했습니다. '신을 무조건 믿어야 한다'라고 맹목으로 흐르기 쉬운 신앙에 대해 이성적 사유의 중요함을 일깨워 이성과 신앙의 조화를 이룩했습니다. 이것이 토마스 아퀴나스가 중세 '스콜라 철학'의 완성자로 불리는 이유입니다.

영성과 신앙심으로 행복한 하루를 열어

신의 존재를 증명하고 신을 믿으며 평생을 신학에 바쳤던 토마스 아퀴나스와 달리 현대를 살아가는 우리의 신 개념은 그와 많은 차이를 보입니다. 그럼에도 무의식적으로 '오 마이 갓'을 외치는 우리에게도 신에 대한 믿음, 즉 신앙은 존재하는 것 같습니다.

'Oh God'에 강력한 무언가가 있다고 말한 융은 "신에게는 쉽게 헤아릴 수 없는 신비로움이 있으며 정확한 개념을 정하는 것이 불가능한, 고유한 존재"로 인간의 정신은 "본성적으로 신앙심이 있다"라고 말합니다. 그래서 그는 "자신의 대극의 십자가를 지고 완전한 개인으로 살아가는 것이 신앙"이라고 합니다. 중국의 주역(周易) 전문가 쩡스창 교수 또한 "나에게도 신명이 있다는 것을 깨닫고 스스로를 잘 단속해서 품성을 갈고 닦아야 한다"라고 했지요. 동서양을 막론하고 우리 인간에게는 기본적으로 영성이 존재하며 신앙심이 있다는 말입니다. 그래서 우리는 '절대적 타자나 절대적 자기에 대한 신뢰적·합일적인 태도'인 신앙심을 바탕으로 '고귀하고 높고 선한 것을 추구하는 삶의 실제'인 영성[19]을 추구하며 살아가는 것 같습니다.

출근 준비로 분주한 아침이지만 하루를 시작하기 전, 내 안의 잠재된 영성을 꺼내어 충만한 하루를 보낼 수 있도록 염원과 응원을 담은 메시지 하나를 가슴에 새기는 시간을 가져보면 어떨까요? 오늘 하루 내가 가져야 할 마음가짐과 행동에 대해 생각하고 그것을 푯대 삼아 즐거운 하루를 살아내는 것, 그것이 현대인의 신앙이자 믿음이 아닐까 생각해봅니다.

---

19. 『두산백과사전』 참조

토마스 아퀴나스 Thomas Aquinas: 1224말/ 1225초~1274
이탈리아의 가톨릭 신학자이자 도미니크 교단의 수사
대표 저서: 『명제집 주석』, 『대이교도 대전』, 『신학대전』

신 중심의 입장을 유지하면서도 인간의 상대적 자율을 확립해 인간중심적·세속적인 근대사상운동의 기점을 마련했다. 중세신학의 완성자라고 불리며 1322년 성인의 반열에 올랐다. 1879년 토미즘이 전체 가톨릭(기독교) 교회의 철학으로 공인되었고, 1931년 모든 철학과 사변 신학은 그의 학설에 따라서 강의되어야 한다는 규정이 새롭게 정립되었다.

나는 직장에서 얼마나 성장할 수 있을까?
피타고라스 '지성과 영성의 조화' / 김상현

철학 처방전

뜻밖의 발령, 낯설고 고된 일

경영지원팀에서 근무하다 갑자기 영업부서로 옮긴 적이 있습니다. 10년 가까이 사무실 책상에서만 일을 해오다가 갑자기 밖으로 나가 세일즈를 하라는 인사발령이 마치 회사를 그만두라는 명령처럼 느껴져 큰 충격을 받았었죠. 문책성 인사이기는 했지만, 제가 힘들어했던 가장 큰 이유는 '과연 내가 영업활동을 할 수 있을까?' 하는 두려움 때문이었습니다. 낯선 고객을 만나 상품과 서비스를 설명하고 현장을 찾아다니는 활동은 제게 익숙한 일이 아니었고 제 능력 밖의 업무라는 생각에 스트레스를 많이 받았습니다.

개인사업체를 운영하는 요즘, 당시의 제 모습을 가끔 떠올려봅니다. 예전에는 회사나 상사 탓을 많이 했었죠. 지금 돌아보면 '일'에 대한 저의 그릇된 가치관이야말로 정말 큰 문제였다는 반성을 하게 됩니다. 내 일과 남의 일을 자로 잰 듯 구분하는 태도, 관리직과 영업직을 완전히 분리된 별개의 조직처럼 여기는 인식 등이 저를 힘들게 한 것은 아닌지 되돌아보게 됩니다. 이러한 저의 생각은 한 명의 위대한 철학자를 만나게 됨으로써 더욱 확신을 갖게 되었습니다. 그는 바로 피타고라스입니다. 그에게 있어 지식이나 활동의 경계는 무의미해 보입니다. 수학과 음악, 과학과 종교, 동양과 서양의 지식과 문화를 모두 보여주었던 인류 최초의 지식인으로서 피타고라스는 매우 신비롭고 매력적인 인물이라 할 수 있습니다.

피타고라스, 그는 과연 누구인가?

많은 이들에게 '피타고라스 정리' 정도로만 알려져 있는 피타고라스는 대부분의 위대한 고대 철학자들이 그러했듯이 수학자이면서 동시에 철학자였고 정치가이자 종교지도자였습니다. 그와 그의 제자들의 오랜 활동은 피타고라스학파를 형성하게 되었고 많은 업적을 쌓았습니다. 하지만 그의 활동에 비하면 현재 남은 자료는 거의 없습니다. 붓다와 함께 피타고라스를 언급하면서 "그들의 삶이 이미 전설이 되어버렸기 때문에 역사적으로 정확히 파악할 수 없는 신적인 인간의 한 사람"이라 말한 학자가 있을 정도로 그는 베일에 쌓인 신비로운 인물입니다.

피타고라스는 만물의 근원을 '수'로 보았습니다. 그는 모든 숫자의 기본을 1, 2, 3, 4로 보고 이 네 개의 숫자는 귀족 계급이고 나머지는 평민이라고 생각했습니다. 또한 귀족계급에 속하는 숫자에 각각 다른 의미를 부여했습니다. 예를 들면 1은 최초의 자연수일 뿐만 아니라 우주 만물의 근본이자 영속성의 기원으로, 2는 대립/차이/같지 않음/상호성 등을 나타내고, 3은 조화/아름다움/질서/신성을, 4는 완성을 의미하고 정의의 근거가 된다고 생각했습니다.

피타고라스는 수학이란 네 가지 양상을 지녔고 각기 고유한 방법으로 우주의 모든 현상을 설명한다고 믿었습니다. 네 가지 모습이란 구체적으로 산술, 음악, 기하학, 천문학을 말합니다. 산술은 양을 표현하고, 음악은 그 숫자 사이의 관계성을 나타냅니다. 기하학은 정적인 3차원 형상을, 천문학은 움직임을 갖는 입체들을 나타냅니다. 피타고라스에게 있어 수학이란 이렇게 자연을 이해하고 다루는 방법이었을 뿐만 아니라 우리의 마음을 물리적 세계로부터 돌리기 위한 수단이기도 했습니다. 피타고라스는 우리 눈에 보이는 물리적 세계란 일시적이며 실제가 아니라고 생각했기에 근본적인 원리를 찾기 위해 수학을 사용한 것입니다.

피타고라스가 생각하는 근본적인 원리란 보다 영적인 색채를 띠고 있습니다. 제자들에게도 "신들과의 일치를 계속적으로 자각하며 살라"라고 가르쳤다고 합니다. 그러기 위해서는 영혼을 깨워 우리 내면의 신적인 부분을 정화하려는 노력이 필요하다고 여겼으며, 우리 삶이 신들과 함께 조화를 이루며 살아갈 수 있도록 하는 데 모든 교과과정의 목적을 두었습니다.

피타고라스는 일단 우리 영혼이 정화되고 나면 서로를 기꺼이 도우며 격려하게 된다고 생각했습니다. 그래서인지 피타고라스학파 제자들 간의 우정 또한 매우 유명했고, 그리스 사람들은 특별한 친절함을 보여주는 사람들을 피타고라스학파라고 부르기도 했습니다.

과연 얼마나 성장할 수 있을까?

직장인들은 대체로 안정을 추구하는 반면 조직은 항상 변화해야 합니다. 시장 상황 또는 고객의 요구, 경영진의 판단 등에 따라 전략적으로 민첩하게 움직이지 못하면 경쟁에서 살아남기 어렵습니다. 따라서 조직 내의 구성원이라면 언제든지 자신의 역할이 바뀔 수 있음을 이해해야 합니다. 고객의 취향이 변하는 속도만큼 빠르게 자신에게 필요한 역량을 개발해야 하고, 익숙하지 않은 역할이라도 유연하게 받아들일 수 있어야 하며, 새로운 지식을 습득하고 낯선 환경에 쉽게 적응할 수 있는 역량을 키워야 할 것입니다.

인간이 생각할 수 있는 거의 모든 지식을 다루었던 피타고라스를 만난 뒤, 공부나 성장에 있어 한계를 두는 것이 얼마나 불필요한 것인지 깨닫게 되었습니다. 문과나 이과, 관리직과 생산직, 정신노동과 육체노동, 동양과 서양, 남성성과 여성성 등의 이분법적 사고가 편협한 고정관념에 불과하다는 것을 알게 된 것이지요.

큰 조직을 벗어나 있는 현재. 일에 대한 가치관이 많이 변했음을 깨닫게 됩니다. 쉽게 말해 세상에 못할 일은 없어 보입니다. 잘할 수 있는 일과 잘할 수 없는 일, 중요한 일과 중요하지 않은 일, 익숙한 일과 익숙하지 않은 일은 있어도 찾아보면 모두 내가 할 수 있는 일입니다.

나는 과연 직장에서 얼마나 성장할 수 있을까? 가끔 스스로 던져보는 질문입니다. 물론 노력과 결과는 비례하지 않습니다. 아무리 노력해도 여러 가지 다양한 변수 때문에 커다란 실패와 좌절을 겪을 수도 있습니다. 하지만 한 가지 분명한 사실은 우리 스스로 그어놓은 한계를 넘어서는 순간 생각지도 못했던 그 이상으로 무한히 성장할 가능성이 열린다는 것입니다.

피타고라스 Pythagoras: BC 580~500
그리스의 정치가, 수학자, 철학자, 종교지도자

에게해에 있는 사모스 섬에서 출생. 그리스뿐 아니라 이집트와 페르시아 등
여러 나라에서 천문학, 수학, 기하학, 점성술 등 다양한 공부를 했다. 이탈리아
남쪽 크로톤으로 이주해 자신의 뜻을 펼치고자 제자를 가르치기 시작하면서
피타고라스학파를 형성하게 되었다. 세상의 원질을 물질이 아닌 '수'(數)라고 생각해
플라톤을 비롯한 후세의 철학자들에게 영향을 끼쳤으며 종교적인 공동체 생활을
유지했다.

현대인에게 종교가 필요할까?

안셀무스 '신에 대한 이성적 접근' / 김상현

철학 처방전

나는 타인을 사랑할 수 있을까?

저는 올해(2019년) 초에 가톨릭 신자가 되었습니다. 예비신자 교리교육을 마치고 세례를 받음으로써 새로운 종교를 갖게 되었습니다. 살아갈 날이 살아온 날보다 많지 않은, 적지 않은 나이에 새로운 신앙을 고백한다는 것이 여간 부끄러운 일이 아니었습니다. 오랜 시간 종교는 제 삶과 관계없는 분야라고 생각했고, 영원한 무신론자로 살게 될 줄 알았던 제가 종교를 갖게 된 이유는 어느 날 문득 "나는 타인을 사랑할 수 있는가?"라는 질문 하나가 강하게 떠올랐기 때문입니다.

이성에 대한 사랑뿐만 아니라 가족, 친구, 동료 그리고 관계 맺으며 함께 살아가는 많은 이웃을 나는 과연 사랑하고 있는가? 성경 말씀에는 "네 이웃을 네 몸처럼 사랑하라"라고 하는데 과연 가능한 것일까? 크리스천은 과연 어떻게 생각하고 실천하고 있는지 궁금해졌고, 의문에 대한 답을 조금씩 찾아보기 시작했습니다.

스콜라 철학의 아버지, 안셀무스

종교를 접하며 새롭게 만난 철학자가 바로 안셀무스입니다. '스콜라 철학의 아버지'라 불리는 안셀무스는 이탈리아 북서부 아오스타라는 곳에서 1033년에 태어났습니다. 아버지와 많은 갈등을 겪었으며, 어머니로부터 종교 교육을 받았고 당시 최고의 교육기관이라 불리던 베네딕트 수도원에서 종교, 문법, 수사학, 논리학 등을 공부했다고 합니다. 베네딕트 수도원에 들어온 지 1년 후 아버지가 사망하자 정식으로 수도원에 입교해 수사가 되었습니다. 이후 안셀무스는 베크 수도원의 부원장, 수도원 학교의 교장 등을 역임하면서 그의 대표작인 『모놀로기온』, 『프로슬로기온』과 같은 작품을 남겼으며 베네딕트 수도원 학교를 프랑스 최고의 학교로 만들었습니다.

제자들에 대한 사랑이 담긴 헌신적인 교육으로 존경을 받은 안셀무스는 곧 베크 수도원의 원장이 되었고, 그의 명성은 프랑스뿐 아니라 영국까지 알려지게 되었으며 1093년에는 영국 최고의 종교적 권위를 갖고 있던 캔터베리 대주교에 부임하게 됩니다. 하지만 당시 복잡한 정치와 종교의 갈등은 안셀무스의 삶을 평탄치 않게 만들었습니다. 그럼에도 다른 이단이나 정치세력에 대항해 교회의 입장을 세우고, 종교적으로 이상적인 생활태도를 유지했다는 점에서 지금까지도 높은 평가를 받고 있습니다.

안셀무스 사상의 핵심은 신앙과 이성의 관계에 대한 논의라고 할 수 있습니다. 안셀무스가 활동하던 중세를 흔히 '암흑기'라 표현합니다. 서양철학사 책을 펼쳐보면 중세시대 뚜렷하게 활동한 철학자는 몇 명 되지 않습니다. 그만큼 종교의 시대였고, 교회철학의 시대였다고 할 수 있습니다. 그렇다고 중세 전체를 인류 역사와 문명의 퇴행기라고 치부하는 것은 지나친 평가라고 할 수 있습니다. 왜냐하면 그 시대에도 사상적인 진보가 꾸준히 지속되었고 시대 흐름에 맞는 새로운 철학이 등장하기도 했습니다. 안셀무스가 바로 그 대표적인 인물입니다.

안셀무스 이전까지 '이성'은 교회의 권위를 바로 세우기 위한 수단에 불과하다고 여겼습니다. 페트루스 다미아누스(11세기 수도사, 교회개혁가)가 "이성은 신학의 시녀"라고 표현했을 정도로 이성이란 유일한 진리인 신앙에 다가가기 위한 도우미로 여겨졌습니다. 성 아우구스티누스의 "믿기 위해서 안다"라는 명제도 이성을 수단으로 보는 말입니다. 한편 11세기에 들어오면서 이성은 신학으로부터 완전히 독립적이라고 주장하는 학자들이 나타납니다. 이 두 가지 극단적인 흐름 속에서 양자를 조절하는 중간자적 입장을 취한 사람이 바로 안셀무스입니다.

그는 신앙의 문제를 단지 신앙으로만 해결하려 하지 않고 이성을 이용해 증명하고자 했습니다. 신의 존재를 이성적인 근거와 논리로 접근했던 그의 사상은 후에 스콜라 철학을 확립하는 계기가 됩니다.

신이란 과연 무엇인가?

안셀무스는 신이란 "그것보다 더 큰 것을 생각할 수 없는 어떤 것"으로서 보통의 이성을 갖춘 사람이라면 누구나 이를 인정할 것이라고 했습니다. 그렇다면 안셀무스의 "그것보다 더 큰 것을 생각할 수 없는 어떤 것"이란 과연 무엇일까요?

전 세계 종교 인구는 감소하고 있습니다. 서구에서도 점차 줄고 있는 교회와 신도 수를 우려하고 있습니다. 한국 사회 종교 인구의 고령화도 심각해 보입니다. 젊은 사람들이 이전 세대보다 기존 종교를 기피하는 상황을 종교가 저물어가고 있는 시대라고 불러도 지나친 표현은 아닐 것입니다.

하지만 기성 종교의 신자 수가 감소한다고 해서 종교에 대한 인간의 관심이 줄어들었다고 성급히 판단할 수는 없을 것입니다. 인간은 자신만의 신을 찾기 위한 활동을 여전히 계속하고 있으며, 새로운 신을 창조하기도 하고 더 나아가 스스로 신이 되고자 애쓰고 있기 때문입니다. 놀라운 과학기술의 발전과 함께 최근 등장한 빅데이터와 인공지능의 영향으로 신과 인간의 관계, 종교의 미래 모습은 또 어떻게 변화해 갈지도 매우 흥미롭습니다.

현대인들은 대부분 집단의 한 구성원으로 바쁘게 살아갑니다. 특히 기업과 같이 효율을 중시하는 조직 안에 오래 있다 보면 거대한 시스템의 아주 작은 역할만을 수행하면서 노동의 소외를 겪고 시야가 좁아질 가능성이 큽니다. 경쟁이 치열한 조직 내에서 각자 맞닥뜨리게 될 지상과제는 무엇보다 자신의 생존일 것이고, 조금 더 넓게 본다면 팀 또는 부서의 성과라고 할 수 있습니다. 하지만 집단 구성원 모두가 자신의 생존과 이익만을 추구하다 보면 문제가 일어나지 않을 수 없습니다. 조직 전체적인 관점에서 심각한 비효율과 손실이 발생할 수 있으며 개인적으로는 일터 내 갈등의 원인이 되기도 합니다.

자신이 하고자 하는 일이 잘 풀리지 않을 때 또는 직장 내 인간관계에서 심각한 갈등상황에 놓였을 때 한 발쯤 물러서 보는 것은 어떨까요? 이때 안셀무스가 이야기한 "그것보다 더 큰 것을 생각할 수 없는 어떤 것"을 떠올려 보는 게 문제 해결의 실마리가 될 수 있습니다. 자신이 처한 상황을 거리를 두고 객관적이고 긍정적으로 바라볼 수 있을 때 지혜롭고 담대하게 장기적으로 유용한 의사결정을 내릴 수 있기 때문입니다.

안셀무스는 "신에 대한 앎은 인간 정신에 의해서 직접적으로 되는 것이 아니라, 인간이 지니고 있는 신과의 유사함에 의해서 점차적으로 알게 된다"라고 했습니다. 종교가 있고 없고, 또는 어떤 종교를 믿는지와 관계없이 모든 인간은 신과 유사한 선한 본성을 갖고 있다고 생각합니다. 다만 굴곡진 삶의 경로를 힘들게 헤쳐 나오느라 잠시 가려져 있었을 뿐입니다.

"그것보다 더 큰 것을 생각할 수 없는 어떤 것"이 무엇일까 계속 생각하다 보면 최종적으로 인류가 지향하는 가장 보편적인 궁극에 이르게 됩니다. '사랑', '평화', '자비', '공존', '공헌', '희생', '아름다움', '선'과 같은 가치를 예로 들 수 있겠지요.

'저절로 굴러가는 바퀴'와 종교의 역할

암 투병 사실이 알려지면서 포털 사이트 실시간 검색어 순위에 올랐던 이어령 교수는 최근 한 언론과의 인터뷰에서 "종교를 믿는 것과 신을 믿는 것은 다르다. 기독교든, 불교든, 도교든 모든 종교의 궁극에는 '저절로 굴러가는 바퀴'와도 같은 게 있다. 스스로 움직이는 절대의 존재다. 인간은 단 1초도 무엇에 의존하지 않고 스스로의 힘으로 존재할 수 없다"라고 이야기했습니다. 우리 시대의 지성으로 불리기도 했던 노 교수가 생의 마지막 순간을 기다리며 담담하게 전하는 '저절로 굴러가는 바퀴' 또한 이러한 보편적 가치를 말하는 것이 아닐까요?

얼핏 보면 '먹고사니즘'이나 '조직의 논리'에 압도되어 한 치 앞도 내다보지 못하고 살아가는 듯 보이는 직장인들도 그러한 생각만으로 삶을 채우기에는 무언가 부족하다는 사실을 직감적으로 알고 있을 것입니다. 내면에 대한 깊은 성찰 없이 또는 더 크고 넓은 보편적 가치에 대한 평화로운 의지 없이 단 한 발도 앞으로 나아가기 어렵다는 진실을 무의식적으로 느끼고 있을 것입니다. 그렇기 때문에 우리는 여전히 종교가 필요한 시대를, 오히려 직장인들에게는 종교의 역할이 더욱 중요한 시대를 살아가고 있다고 할 수 있습니다.

안셀무스 Anselmus Cantuarienses: 1033~1109
이탈리아의 신학자
대표 저서: 『모놀로기옴』, 『신은 왜 인간이 되지 않았나』

초기 스콜라의 신학자로 북이탈리아의 아오스타에서 태어났다. 인생의 말년에 캔터베리의 대주교로 재직했기 때문에 캔터베리의 안셀무스(Anselm of Canterbury)로도 불린다.

지금 하고 있는 업무, 언제까지 할 수 있을까?

프란시스 베이컨 '4대 우상론' / 정비아

철학 체방전

멈출 수 없는 직장인의 불안

직장생활 23년 차인 J는 요즘 만날 때마다 "이 일을 언제까지 할 수 있을까" 하며 불안해합니다. 이야기를 가만히 들어보면 오랜 업무에서 오는 매너리즘과 함께 매 순간 경쟁을 해야 하는 업무환경에서 오는 부담감이 적잖게 작용하는 듯합니다. 일처리가 빠르고 허드렛일도 마다하지 않는 부하직원과 신입사원들 틈바구니에서 J가 차별화된 경쟁력을 유지하기는 어려워 보였습니다.

직장인 J의 고민은 프리랜서인 저에게도 크게 와 닿았습니다. 프리랜서 역시 경력이 많아질수록 일을 받을 때 어려움이 많습니다. 경력이 많은 프리랜서는 회사 측에서 부담이 되기 때문이죠. 그래서 경력이 많아질수록 일을 받기가 힘들어집니다. 이런 환경이다 보니 직장생활을 오래 할수록, 업무 경력이 많을수록 '이 일을 언제까지 할 수 있을까?'라는 불안이 커집니다.

이런 와중에 철학자 베이컨의 삶과 사유는 직장인의 불안을 단순히 가라앉히는 것뿐 아니라 나아갈 길을 제시한다는 측면에서 주목할 필요가 있습니다.

베이컨의 일생 수난사

베이컨의 아버지는 엘리자베스 1세가 통치하던 대영제국의 높은 관료였습니다. 그래서 베이컨은 어릴 때부터 엘리트 관료가 거치는 전형적인 코스를 밟았습니다. 그런데 베이컨이 18세 때 갑자기 아버지가 돌아가시면서 수난이 시작됩니다. 16세 때부터 정치에 뜻을 두고 프랑스 주재 영국 대사의 수행원으로 일하던 그는 아버지가 돌아가시자 그 일을 더 할 수 없는 상황이되었고, 당장 생활에 곤란을 겪게 됩니다.

그는 혼자 힘으로 출세하기로 결심하고 피나는 노력으로 변호사 자격을 얻었습니다. 그리고 '웅변술이 필요 없는 웅변가'라는 격찬을 받으며 지방 의회에 들어가죠. 그러나 엘리자베스 여왕의 결정에 반대하는 연설로 미움을 사게 되고, 그가 어려울 때 많은 도움을 주었던 여왕의 전 애인 에식스 경이 반역 혐의로 고발되면서 더 깊은 고난에 빠집니다. 그의 사치스러운 생활도 이 고난에 단단히 한몫을 합니다. 당시 사람들은 그를 '과시와 사치를 즐기는 출세욕과 권력욕에 불타는 사람'이라고 평가합니다.

그는 엘리자베스 1세가 죽고 제임스 1세가 왕이 되면서 다시 출세가도를 달립니다. 사람들의 평가와는 별개로 고속승진을 거듭해 48세에 법무차관, 52세에 법무장관을 거쳐 57세에 대법관의 자리에 오릅니다. 그러나 오르기만 할 수는 없는 법, 왕을 강력하게 옹호하던 그는 의회의 공격 대상이 되고, 재판과정에서 피고에게 돈을 받은 일이 빌미가 되어 런던탑에 갇히고 맙니다. 요즘 직장인으로 바꿔 생각해보면, 베이컨은 상사가 바뀌면서 승승장구하다가 외부 상황의 변화 때문에 한순간에 잘리게 된 것과 같습니다.

떠나야 할 때를 아는 이의 삶

당시 법관이 피고에게 돈을 받는 일은 비일비재하게 일어나는 관행이었습니다. 그러므로 피고에게 돈을 받았다는 사실만으로 법관 자리에서 물러나는 일은 이례적인 것이었죠. 그러나 베이컨은 저항하지 않고 잘못을 인정합니다. 그리고 순순히 런던탑에 갇히는 벌을 받지요. 그리고 풀려난 후 그는 학문에만 전념합니다.

'사치를 즐기고 출세욕과 권력욕에 불타는 사람'이라는 평가를 받았던 그가 이처럼 순순히 출세와 권력을 내려놓을 수 있었던 건 어떤 이유에서였을까요? 추측하건대 그는 권력의 자리에서 떠나야 할 때가 언제인가를 알았던 게 아닌가 싶습니다. 동시에 출세욕이 강했던 그가 순순히 법관의 자리에서 내려온 것은 양심에 꺼리는 행동을 한 자신을 향해 내린 벌이기도 했겠지만, 그의 현실감각이 한몫하지 않았을까도 생각해 봅니다.

직장생활을 하면서 처음부터 '내가 이 일을 언제까지 계속할 수 있을까?'라는 의문을 갖는 사람은 별로 없습니다. 처음엔 '뭐라도 내게 주어지는 일은 열심히 하겠다'라는 생각이 가득합니다. 그런데 빠르면 6개월 이내, 그 후로는 3년, 6년, 9년 주기로 자신이 하는 일에 회의가 들기 시작한다고 합니다. '이 일이 내게 맞는 일일까?'부터 '더 이상 이 업무는 못하겠어' 또는 '이 회사에서는 더 이상 내 입지를 다질 수 없어' 등등 개인적인 적성부터 관계 혹은 업무 시스템 내에서 설 곳이 없다는 것이 주된 이유입니다.

그런데 이런 이유를 가만히 살펴보면 주체가 '회사'입니다. '회사가 ~하기에 내가 ~하다'라는 문장으로 귀결됩니다. '내가 ~하니 ~를 해봐야겠다'라는 주체적인 사고는 없습니다. 이 지점에서 위기를 기회로 만든 베이컨의 주체적 판단과 선택을 주목해야 합니다.

관찰과 실험에 기반을 둔 인간의 지식을 믿어라!

사실 베이컨은 틈틈이, 지속적으로 학문 연구를 하고 있었습니다. 그는 젊은 시절 배웠던 전통적인 스콜라학파와 아리스토텔레스의 가르침을 넘어서는 지식을 추구하고자 했습니다. 그의 말을 빌리자면 "생활에 도움이 되는 지식"이야말로 진정한 지식입니다. 이러한 그의 생각에서 "아는 것이 힘이다"라는 명언도 나옵니다. 그리고 이로써 베이컨은 모든 지식의 근원을 '신'에 기대었던 신 중심의 관념에서 벗어나 인간을 중심으로 하는 세계관을 마련합니다. 즉, 인간이 스스로를 능동적 주체로 인식하는 경험적 사유 기반을 단단히 다진 것입니다.

그는 우선 기존의 편견을 뿌리 뽑아야 한다고 주장합니다. 그리고 인간이 지닌 '4대 우상'을 제거해야 진정한 학문적 토대가 갖추어진다고 강조합니다. '4대 우상'이란 모든 것을 인간 중심으로 해석하는 '종족의 우상', 개인의 편견에서 비롯되는 '동굴의 우상', 대중의 언어에서 만들어지는 잘못된 생각인 '시장의 우상', 기존 이론이나 권위에 기대는 '극장의 우상'을 말합니다. 이 우상들을 뿌리 뽑고 관찰과 실험에 기반을 둔 귀납법이 진정한 지식이라고 그는 강조합니다. 그리고 후에 그의 이론을 이어받은 '경험론'은 이 중심 전제를 이어나갑니다.

베이컨이 최고의 권력, 법관 자리를 순순히 내려놓고 철학자로서 제2의 인생을 살 수 있었던 이유는 남들이 보기에는 사치와 권력에 물들어 사는 듯 보였던 그가 사실은 스스로 추구하고 원하는 지식의 탐구를 지속하고 있었다는 사실에서 찾을 수 있습니다. 즉, 성공을 추구하던 그였지만 성공 이외에 자신이 원하는 것이 무엇인가를 알고 그것을 지속적으로 틈틈이 탐구하고 있었던 것입니다. 성공과 출세를 얻고자 노력했지만 그는 성공과 출세에 자신의 삶의 선택권을 넘겨주지는 않았습니다. 그래서 성공과 출세가 한순간에 무너지는 인생의 위기를 오히려 학자로서의 삶을 살아나가는 기회로 삼을 수 있었던 겁니다.

우리는 현재의 삶을 꾸리기 위해 돈을 벌어야 하고, 돈을 벌기 위해 직업을 가져야 하고, 그래서 때때로 원하지 않지만 필요하기에 선택한 직장을 다니느라 삶의 대부분을 보냅니다. 그러다가 뒤늦게 '이 일이 정말 내가 원하던 일이었는가?'라는 근원적인 물음으로 돌아가 괴로워하기도 하고, '이 일을 언제까지 할 수 있을까?' 하며 타의적인 삶의 환경에 자신을 던져놓고 결정을 당할 때까지 스스로를 혹사시키기도 합니다.

인간은 경험하고 관찰함으로써 알게 된다!

그러나 베이컨을 거울삼아 스스로를 혹사시키는 혹은 미혹한 삶의 굴레에서 벗어날 수 있는 길을 찾을 수 있습니다. 베이컨은 신과 성경의 권위에 반하는 인간 이성의 힘을 믿었으며, 인간 스스로 경험해 얻은 것만이 진정한 지식이라고 생각했습니다. 이는 그 당시 시대적 상황을 고려할 때 결코 쉽게 얻은 생각이 아닙니다. 신과 성경의 권위가 여전히 기세등등하던 시절입니다. 그럼에도 베이컨은 스스로의 경험에 기반한 주체적 사고만을 '지식'으로 삼아야 한다고 생각했습니다.

그렇다면 우리가 틀에 박혀 바꾸기가 도저히 어렵다고 생각하는 직장에 대한 인식의 틀도 바꿀 수 있지 않을까요? 그리고 그 틀을 바꿀 가능성이 있다면 '내가 이 업무를 언제까지 할 수 있을까?'라는 막연한 불안 대신 주체적으로 자기 삶의 계획을 세운 후, 선택을 통해 직장생활 기간을 스스로 결정할 수 있게 되지 않을까요?

'4대 우상'을 제거한 후 시작되는 인생 2막

자, 이제 '이 업무를 언제까지 할 수 있을까?'라는 삶의 물음에 답할 수 있는 자가 누구인지 짐작하셨을 것입니다. 사실 우리는 이 물음에 누군가 안심이 되는 답을 해주길 기다리고 있었는지도 모릅니다. 직장에서 "당신은 당신이 원하는 만큼 이 회사에서 일할 수 있습니다"라는 답변을 듣고 싶었는지도 모르지요. 그러나 이 질문에 답할 수 있는 사람은 오직 질문을 한 자기 자신뿐입니다.

이제 우리에게 필요한 것은 베이컨이 말한 '4대 우상'을 다시 불러들여 지금 우리가 지닌 편견이 어떤 우상에 의한 것인가를 생각해내는 것입니다.

베이컨의 '4대 우상'을 불러들여 일상에 깃든 편견의 틀을 깨버리면 '이 일을 언제까지 할 수 있을까, 다른 선택을 하기엔 이미 늦은 게 아닐까?' 하는 불안한 질문과 두려운 삶에서 벗어날 수 있습니다. 그리고 내 '생활에 도움이 되는 지식'을 얻기 위해 꾸준히 삶을 개척해 나갈 수 있습니다. 이렇게 실생활 속의 문제를 해결하는 실질적인 앎을 추구하며 살아갈 때, 우리는 능동적인 삶의 주체로 거듭날 수 있습니다. 그 어떤 고난도 삶의 기회로 만들어 버린 베이컨처럼 말입니다.

프란시스 베이컨 Francis Bacon: 1561~1626
영국의 철학자
대표 저서: 『학문의 진보』, 『노붐 오르가눔』, 『뉴 아틀란티스』, 『수필집』

베이컨은 죽기 5년 전까지 법률가로 살았으나 바쁜 공직 생활 중에도 학문의 가치를 강조했다. 실험과 관찰을 통한 확고하고 유용한 지식을 얻기 위해 그는 편견을 제거하는 '우상론'과 귀납적 방법을 강조했다. 그의 자연철학과 과학적 방법론은 17세기 근대 과학혁명에 중요한 기여를 했으며 그는 고전경험론의 창시자로 철학사에 길이 남았다.

급여 통장처럼 아름다운 행복 통장
아리스토텔레스 '**최고 선은 행복**' / 정예서

철학 해방전

참꿈과 가꿈을 구별하라

꿈의 사전적 정의는 '실현하고 싶은 이상이나 희망'입니다. 또 '실현될 가능성이 아주 적거나 헛된 기대 또는 생각'이라고도 정의하고 있습니다. 꿈이 이뤄진 듯 생생하게 그려 보는 꿈 풍광. 저는 지금까지 500여 명에 가까운 분들께 꿈 풍광을 들었고, 100여 번에 이르는 꿈 강의를 했습니다. 대부분 직장인이었던 그분들의 꿈이 어떤 과정을 거쳐 풍광으로 실현될 수 있는가에 대한 강의였습니다. 그런데 많은 분들이 이루고 싶은 꿈 이야기를 할 때, 들뜬 듯 상기된 얼굴이 됩니다. 그건 아마도 원하는 것을 이루었을 때 스스로 행복할 거라는 믿음 때문이겠지요.

요즘 직장인의 꿈 목록에는 마치 유행처럼 '세계여행'이나 '주택 짓기' '바리스타' 등이 포함돼 있습니다. 일탈을 꿈꾸는 직장인에게 여행은 참 매력적인 도구입니다. 그러나 길 위에 몸을 두는 여행이 일상이 되거나 매일 정성껏 내린 차 한 잔이 아닌, 익명의 손님에게 수십 잔의 차를 내는 일상이 계속된다는 걸 인지해야 합니다. 막상 그 일을 시작하고, 꿈꾸던 일상이 반복되어도 정말 괜찮을지, 만약 애써 이룬 꿈임에도 회의감이 든다면 우리는 또 다른 꿈을 꾸게 되겠지요. 물론 그 직업이 천직이 된다면 더할 수 없이 좋은 선택이겠지만 말입니다. 그러니 내 꿈이 일상이 되어도 좋은 '참꿈'인지 '가꿈'은 아닌지 여러 번 진술하고, 재진술하며 그 꿈을 이뤄야겠습니다.

그런데 이런 과정에서 우리가 꿈을 구술하는 장면은 아리스토텔레스가 『시학』에서 이야기했던 '미메시스'와도 같습니다. 아리스토텔레스는 『시학』에서 '뮈토스' 즉 플롯은 행동의 모방이며 이야기의 순서를 정한 극의 줄거리라는 뜻이라고 말합니다.

예술가들이 외적 사물이나 시, 회화 등을 모방한다는 뜻으로 '미메시스'를 정의한 플라톤에 반해 아리스토텔레스는 모방을 넘어서는 현실의 재현으로 그 의미를 확장한 거지요. 플라톤에게 미메시스는 '모방'의 의미로 국한되지만, 아리스토텔레스에게는 앞서 말씀드린 '모방'과 '재현'을 모두 포함하는 의미였습니다. 또 아리스토텔레스는 "감상자의 측면에서 볼 때 '미메시스'는 즐거움의 대상이 아닐 때에도 그 대상에 대해 추론하고, 배움을 얻으면서 기쁨을 느끼는데, 이는 이 과정에서의 배움이 모든 사람에게 최고의 즐거움을 주는 이유"라고 말합니다.

아리스토텔레스의 『형이상학』 첫 구절인 "모든 사람은 본성적으로 알기를 원한다"와 같은 맥락입니다.

그러므로 아리스토텔레스의 미메시스는 모방을 넘어선, 창조적 재현의 '뮈토스'입니다. 그렇다면 '뮈토스'는 과연 오늘날 비극에서만 적용될까요? 혐오와 고통뿐 아니라 다른 사람이 미메시스한 작품을 보면서도 내 직관으로 연결되고 스스로 재현하려는 충동을 발현하며, 파편화됐던 내 삶의 이야기를 줄거리로 꿰는 데 지대한 도움을 줍니다. 이렇듯 타자의 이야기를 들으며 내 이야기를 재해석하고 깨닫게 되는, 즉 앎의 과정을 통해 최고의 즐거움에 도달할 수 있게 됩니다. 우리 연구원의 치유와 코칭 백일쓰기 과정도 이와 흡사하며, 우리가 꿈을 이루는 과정도 이와 다르지 않습니다. 그 과정은 아래와 같습니다.

첫 번째: 내가 그것을 하고 싶다는 끌림(꿈 조각을 모두 수집하는 단계)

두 번째: 수집한 조각들을 분류(꿈을 거듭 진술하며 참꿈과 가꿈을 구분하는 단계)

세 번째: 꿈의 구슬을 꿰어 꿈을 형상화(실행의 단계)

아리스토텔레스가 '뮈토스'라 명명한, 나만의 독창적인 재현의 단계. 그러므로 우리의 꿈이 이른바 부러움의 대상을 모방하는 것에 그쳐서는 안 되겠죠. 꿈을 그리는 건 내 안의 보석을 발견할 수 있는 훌륭한 동기가 되겠지요. 그러나 욕구 또한 계층을 이루고 있기에 하위기준의 욕구가 충족되면 다음, 또 다음 단계로 상향되기에 꿈은 갈망, 즉 욕구의 다른 말입니다. 그러니 그 불안한 선택의 나침판이 되어주는 참꿈과 가꿈을 잘 구별해야 합니다.

생각 속의 보석이자 현재의 동력

오늘부터 참꿈을 위한 일곱 가지 풍광을 그리고 그 풍광 안으로 걸어 들어가는 걸 상상해보세요. 아마도 지금 그대가 이고 있는 하늘의 별이 불현 듯 빛나는 걸 발견하게 되실 겁니다. 우리가 꾸는 꿈은 이처럼 생각 속의 보석이자 현재의 동력이 됩니다. 생애주기별로 공익과 사익이 적절한 균형을 이루고, 직장생활을 하면서 스스로를 평생 이끌 애드벌룬 같은 꿈지도 한 장을 가슴에 간직하는 것. 또 지지를 아끼지 않는 가족 구성원 각각의 꿈지도를 그려본다면 더없이 좋은 꿈 소통이 되겠지요.

행복은 추구하는 것이 아니라 느끼는 것

아리스토텔레스는 『니코마코스 윤리학』에서 "인간 최고의 선은 행복이고 따라서 인간의 행위가 궁극적으로 지향하는 목적은 행복"이라고 말합니다. 또 그는 도덕적 행동의 습관화를 통해 성품을 고양하는 것에 초점을 둔 정의를 그리스어로 '행복', '좋은 삶', '좋은 영혼'을 뜻하는 '에우다이모니아'(eudaemonia)라고 이릅니다. 에우다이모니아는 세상을 비판하는 것이 아니라 신의 뜻과 조화를 이루며, 우리가 살고 있는 곳에서 최선, 탁월함으로 삶을 이끄는 좋은 영혼이라는 말입니다. 아리스토텔레스가 주장하는 행복한 삶이란 개인적 삶을 넘어 공동체 속에서의 좋은 삶입니다. 결국 사회관계 안에서 덕에 이르는 행위를 통해서만 진정한 행복에 다다를 수 있다는 것이지요.

특히 아리스토텔레스는 인간의 신적인 능력은 배우는 용기나 절제가 가능한 윤리적 품성이며, 그것이 사회적 관계에서 정의나 우애의 덕으로 발현된다고 말합니다. "인간이 가진 고유한 능력으로 최선을 다했을 때 즐거움이 완성된다"라고 하는 이 철학자. 현대를 사는 우리 직장인의 삶에 비추어 당장 적용해본다면, 직장에서 즐거움을 느낄 수 있지 않을까요?

누구에게나 평등하게 주어지는 '시간'이 제가 글을 쓰는 지금도 손가락 사이로 마구 흩어져 달아나고 있습니다. 행복은 추구하는 것이 아니라 '현재' 느끼는 것입니다. 꿈을 이루기 위해 내 미래를 담보하고 내 꿈을 위해 공동체나 가족이 희생하거나 조직에 민폐를 끼치고 있다면, 과연 그 꿈은 누구를 위해 무엇을 위해 이룰 가치가 있는지 생각해봐야겠습니다.

아리스토텔레스 Aristoteles: BC 384~322
고대 그리스의 철학자
대표 저서: 『오르가논』, 『니코마스윤리학』

트라키아의 스타게이로스에서 출생하여 플라톤의 학교에서 수학했다.
BC 335년에 자신의 학교를 아테네 동부의 리케이온에 세웠는데, 이것이
페리파토스학파(Peripatetics: 소요학파, 逍遙學派)의 기원이 됐다. 그의 연구는 존재와
그 구성, 인간의 활동을 대상으로 하는 실천학(윤리학, 경제학, 정치학)이 포함되며,
창조성을 대상으로 하는 제작술(製作術), 여기에는 시(詩) 등 예술 활동이 포함된다.

스타벅스에서
동료에게 보내는
초대장

고대 '탈레스'부터 현대 '시몬 드 보부아르'에 이르기까지 철학자 42인이 전하는 말을 들으며, 여기까지 오는 길은 어떠하셨는지요.

여러 관련 통계에 의하면, 직장인의 70%가 미래에 대한 두려움 때문에 직장인 사춘기증후군, 3개월 단위로 이루어지는 업무평가와 실적 결산 등으로 인해 겪는 강박증, 원만한 대인 관계를 위해 항상 웃어야 한다는 생각에 표정은 웃고 있지만 마음은 더 우울해진다는 '스마일 마스크 증후군' 등을 앓고 있다고 합니다. 그런데 직장인의 이 모든 증후군은 어디서 기인된 것일까요. 그것은 우리가 비자발적 상태라고 느끼는 부자유한 심리에서 비롯되는 게 아닐까요?

이 책의 필자들, 대부분이 직장인이었던 연구원들도 처음 우리 연구원을 찾아왔을 때는 위와 비슷한 현상에 노출돼 있었습니다. 그러니 저자가 되겠다는 생각보다는 '어떻게 살면 내일, 더 행복한 삶을 살 수 있을까'라는 스스로의 결핍을 연구하게 됐지요. 그 질문에 즉답을 할 수는 없었지만 인문학 특히 동서양 철학서를 탐독해 읽고 쓰는 것을 반복하며 연구원들은 반복의 미학을 발견합니다. '무미건조한 일상인 듯했던' 그 반복이 성장의 한 과정이며, 인간을 원하는 지점으로 데려다주는 중요한 요소라는 걸 발견하게 된 거지요. 이후 연구원들은 그 과정에서 결핍을 채우고 나아가 인문학을 전하는 저자가 되기에 이릅니다. 당신이 반복되는 일상을 사랑하며 꿈을 위한 배밀이를 하고 있다면 당신은 이미 일상의 영웅입니다.

하여 이 책에서 저를 포함한 8인의 연구원들은 동료의 입장으로 조직에서 만난 질문에 미력하나마 답이 될 수 있는 철학자들을 소개하고자 했습니다.

또한 이 책의 제목을 굳이 『스타벅스에서 철학 한 잔』으로 지은 이유는 일과 중 차를 마시는 시간이 직장인의 유일한 여백이라는 것, 현학적으로 느껴지는 철학이 대중적인 장소를 뜻하는 '스타벅스'에서 쉽게 읽히는 '쓸모 있는' 지식이 되기를 바라는 중의적 의미가 담겼습니다.

70억 인구 중 딱 한 사람인 '내'가 귀한 시간을 '어떤 가치를 위해 소비하고 있는가'라는 인식만 하고 있어도 우리가 느끼는 '만성적 부자유한 심리상태'는 쉬이 극복할 수 있을 것입니다. 그런 마음으로 철학서들을 통해 먼저 경험한 깨달음의 기쁨을 나누고자 펴낸 『스타벅스에서 철학 한 잔』. 그러므로 이 책은 직장인이 동료에게 철학을 권하는 겸손한 초대, 철학의 에피타이저쯤으로 생각해 주시길 바랍니다.

버트런드 러셀은 "신체를 위해 음식이 반드시 필요하다는 건 알지만 정신을 위한 양식을 마련해야 한다는 건 잊는 게 사람이다. 그러나 철학의 가치는 진정한 재화다"라고 말합니다. 그의 말처럼 이 책의 책장을 덮은 후, 끌림이 있는 철학자의 손을 잡으세요. 그리고 맛있는 요리를 맛볼 수 있는 철학의 숲을 산책하시길 권합니다. 생의 정찬인 듯한 요리의 디저트까지 드시고 나면 재화에 버금가는 인생관, 세계관을 선물받은 거처럼 충만함을 느끼실 겁니다. 그 충만함으로 어디에 계시거나 유의미하면서 자유롭고, 평화와 선이 함께하는, 또한 어린아이와 같은 창의성으로 나날이 깨어가는 스스로를 만나게 되는 경험을 하게 되시겠지요.

니체는 "인간이란 자기 안에 혼돈 속에서 춤추는 별을 탄생시켜야 한다"라고 말합니다. 의식하지 못했어도 여러분은 이미 그 '춤추는 별'로 이제껏 살아오신 게 아닐까요?

이 책의 마지막 장에 도달한 직장인인 당신, 또는 미래의 직장인인 당신이 철학하는 인간으로 행복하기를, 어른의 놀이터 〈함께성장인문학연구원〉이 응원합니다.

공동체, 어른의 학당 첫 번째 실험 후
인사동에서 **정 예 서** 드림

〈함께성장인문학연구원〉은 〈구본형변화경영연구소〉에서 때로 사자같이 무리를 짓고, 때로 어린아이와 같이 무구히 뛰어노는 것이 삶이라는 것을 스승 구본형에게 배운 정예서가 2009년 6월, 인사동에 '어른의 놀이터'로 만든 학당이다.

지난 11년 동안, 대부분 직장인인 400여 명의 사람들이 소통이 화두인 시대의 대화방식 '마법의 포스텝'을 비롯 '치유와 코칭 백일쓰기' '인문의 숲' '나를 세우는 네 가지 기둥' '신사와 숙녀의 품격' '가족의 탄생' '참꿈과 가꿈' '생의 첫 책 쓰기' '수요독서회' 등을 공부하며 '사람으로 행복하게 살기'를 탐구해왔다.

연구원들은 1인 1권 책쓰기를 통해 40여 권의 책을 펴냈고, 1인 기업가, 작가적 삶을 향해 두 번째, 세 번째 책을 집필 중이다. 이 땅의 모든 사람이 인문학(Humanities)이 무엇인지만 인식해도 날마다 매스컴에 오르내리는 사건·사고는 현저히 줄 것이라고 믿으며, 인문학을 오래 공부한 연구원들은 이제 놀이터를 확장하는 인문학 전도사로서의 출사표를 던졌다. 함께 성장하는 어른의 놀이터 '에피쿠로스의 정원' '아우구스티누스의 공동체'를 지향하며 여러 재미있는 실험과 사회 안의 역할을 모색 중이다. 부산, 광주, 대구, 충주, 경기, 서울 등 여러 곳에 〈함께성장인문학연구원〉, 어른의 학당이 있다.

〈함께성장인문학연구원〉
홈페이지 https://cafe.naver.com/east47
이메일 uebermensch35@daum.net